高职高专经济管理基础课系列教材

招聘管理实务
(微课版)

吴　敏	崔　静	主　编
张　艳	魏文佳	副主编
余海燕	王　朋	
李　远	刘　莉	参　编
	吴婷琳	

清华大学出版社

北　京

内 容 简 介

本书以工作过程为导向、工作任务为载体，以职业活动能力培养为目标，对招聘管理实务的知识体系和技能体系进行了重构和梳理。本书内容由课程导入和 7 个项目构成，包括：招聘基础分析、设计招聘流程、制订招聘计划、选择招聘渠道、面试与甄选、人员录用及招聘评估。每个项目都围绕着项目主题通过项目概述、学习目标、技能目标、案例导入、相关知识、工作任务、案例分析与讨论、思考与练习以及拓展阅读，使读者掌握相关的知识和技能。

本书的读者对象为人力资源及管理专业的在校大学生，该专业接受继续教育的学生，以及对人力资源与管理学等相关学科和实践内容感兴趣的学习者。

图书在版编目(CIP)数据

招聘管理实务：微课版/吴敏，崔静主编. —北京：清华大学出版社，2022.2

高职高专经济管理基础课系列教材

ISBN 978-7-302-60073-2

Ⅰ. ①招… Ⅱ. ①吴… ②崔… Ⅲ. ①企业管理—招聘—高等职业教育—教材 Ⅳ. ①F272.92

中国版本图书馆 CIP 数据核字(2022)第 023068 号

责任编辑：章忆文　陈立静
装帧设计：刘孝琼
责任校对：李玉茹
责任印制：朱雨萌

出版发行：清华大学出版社

网　　　址：http://www.tup.com.cn, http://www.wqbook.com
地　　　址：北京清华大学学研大厦 A 座　　邮　　编：100084
社　总　机：010-83470000　　　　　　　邮　　购：010-62786544
投稿与读者服务：010-62776969, c-service@tup.tsinghua.edu.cn
质量反馈：010-62772015, zhiliang@tup.tsinghua.edu.cn
课件下载：http://www.tup.com.cn, 010-62791865

印 装 者：三河市君旺印务有限公司
经　　销：全国新华书店
开　　本：185mm×260mm　　印　张：16.25　　字　数：395 千字
版　　次：2022 年 4 月第 1 版　　　　　印　次：2022 年 4 月第 1 次印刷
定　　价：49.00 元

产品编号：091716-01

前　　言

随着中国经济社会的快速发展、经商环境的日臻完善，各种类型的企业不断快速涌现，用人需求呈现多样性、层次性的特点；随着互联网技术的发展、大数据的快速广泛应用，招聘技术也呈现移动性、社区性等特点。这对人力资源招聘相关工作者既是机遇又是挑战。而现有的招聘管理类书籍有两点缺失，一是可作为高职类学生的校本教材的种类少，二是多数书籍内容陈旧。鉴于此，我们在"重庆市人力资源管理专业资源库建设项目"的建设过程中，根据行业发展与需求以及高等职业教育人力资源管理专业的人才培养目标编写了本书。

本书以工作过程为导向、工作任务为载体，通过校企双方合作，以职业活动能力为目标，对知识体系和技能体系进行了重构和梳理。教材内容采用以项目为单元、工作内容为任务载体的结构。本书以项目为单位组织内容，以工作任务为内容选择参照点，以行为导向为方法，根据职业能力培养的需要，将课程内容设计为具体技能的工作任务。本书选取的项目均是基于招聘管理工作过程而提炼出的典型工作岗位和工作任务，项目内容与招聘管理岗位实践紧密结合，具有创新性。在具体的项目内容设计上，遵循"理论适度，重在技能"的理念。

本书由课程导入和 7 个项目构成。课程导入主要介绍招聘的意义、原则及与人力资源其他职能部门的关系，招聘管理的由来、内容、地位、作用、职能及原则，我国企业招聘管理存在的问题、招聘管理的发展及本书的结构安排和学习建议。7 个项目分别为招聘基础分析、设计招聘流程、制订招聘计划、选择招聘渠道、面试与甄选、人员录用及招聘评估。

本书由重庆青年职业技术学院的吴敏、崔静担任主编，北京华科易汇科技股份有限公司的魏文佳和重庆青年职业技术学院的张艳、余海燕、王朋担任副主编，重庆青年职业技术学院的李远、刘莉、吴婷琳担任参编，共同编写完成。其中，崔静和魏文佳负责编写本书的结构及样章；吴敏和张艳负责编写课程导入、项目 1；魏文佳和余海燕负责编写项目 2；王朋和李远负责编写项目 3；刘莉和吴婷琳负责编写项目 4；崔静负责编写项目 5、项目 6、项目 7。全书由吴敏、崔静和魏文佳负责统稿。

本书在编写过程中充分吸取了招聘管理工作中的企业实践经验，重庆青年职业技术学院项目课程组的相关老师对本书的编写及修改工作给予了大力支持，并提出了宝贵的修改意见，在此一并表示感谢。

由于时间与编者水平所限，书中难免存在不完善及需要改进的地方，恳请广大读者在阅读、学习本书的同时，能够提出宝贵的建议。

编　者

目　　录

课 程 导 入

　　招聘(Recruitment)，狭义上是指当组织出现人力资源(HR)需求后，借助一定的渠道吸引或寻找具备任职资格和条件的求职者或适合者，采取科学适用的方法从中甄选和确定合适的候选者并予以聘用的工作过程。广义的招聘包括招募、选拔、录用、评估等一系列管理活动。

　　招聘管理(Recruitment Management)就是对组织所需的人力资源展开招募、选拔、录用、评估等一系列活动，并加以计划、组织、指挥与控制，系统化和科学化管理，借以保证一定数量和质量的员工队伍，满足组织发展的需要。

0.1　招聘的意义、原则及与人力资源其他职能工作的关系

0.1.1　招聘的概念

　　从招聘概念上看，它至少有如下含义。

1. 招聘的目的是满足企业自身的发展需要

　　招聘主要是对企业人力资源的供需矛盾进行调和，为企业战略目标的实现奠定人才基础。

2. 招聘的依据是企业人力资源规划和招聘岗位的分析说明书

　　只有将招聘纳入企业人力资源规划和岗位分析说明书的轨道中，才能保证企业招募的人员符合企业的发展需求，从而有利于企业的发展、壮大。

3. 招聘的对象是组织内外部的人力资源，而且是那些有能力并对企业有兴趣的人员

　　从根本上说，招聘实际上是用人单位与应聘者互相博弈的过程。从应聘者来讲，其对应聘企业的选择实际上就是在心目中对企业进行一次"面试"和"筛选"，综合考虑企业的形象、企业的文化、岗位的发展前景等多种因素。从招聘方来讲，企业最后的录用决策也是对应聘者的工作经历和发展潜力等多方面考虑之后才做出的。

　　扫描二维码，观看微课 01　招聘的内涵及原则。

0.1.2　招聘的意义

　　招聘的意义主要有以下几点。

微课 01　招聘的
内涵及原则

1. 招聘人才的结果影响企业今后的发展

招聘人才的结果表现为企业是否获得了所需要的优秀人才，而人才是企业发展的第一要素。现代社会竞争的制高点是人才的竞争，只有拥有高素质的人才，企业才能繁荣昌盛，在竞争中立于不败之地。

2. 招聘工作有利于企业文化的宣传，同时也丰富了企业的文化

应聘者在招聘的过程中了解到了企业的组织结构、经营理念、管理特色、企业文化等，从而对企业文化起到了宣传的作用。同时，应聘者的教育背景、工作经历、经验和教训以及思维方式等都不一样，所以在解决问题时会有不同的方法和见解，从而使企业文化更加丰富和全面。

3. 招聘工作的质量将影响企业人员的稳定性

每个企业都希望自己的员工队伍尽可能地稳定，以免人员流动率高使企业经济活动蒙受难以估计的损失。一个有效的招聘系统将使企业获得能胜任工作并对所从事工作感到满意的人才，从而减少企业人才的流动。

4. 招聘工作直接影响人力资源管理的费用

有效的招聘工作能使企业的招聘活动开支既经济又有效，并且由于招聘到的员工能够胜任工作，可以减少日后对员工培训与能力开发的支出。

0.1.3　招聘的理念

招聘理念是指企业在招聘活动中的一种思想倾向，虽然没有明显地表现出来，却直接导致了招聘行为的差异。招聘理念是整个招聘过程和活动的指导思想，确定一个科学、适宜的招聘理念对设计和组织高效的招聘工作有着重要作用。

0.1.4　招聘的原则

与招聘理念对应，招聘原则是招聘理念的具体化标准，现代企业员工招聘应该坚持以下几个原则。

1. 双向选择原则

双向选择原则是目前劳动力市场上人员招聘的通行原则。用人单位根据自身发展和岗位的要求自主地挑选员工，劳动者根据自身的能力和意愿，结合劳动力市场供求状况自主选择职业，即企业自主选人，劳动者自主择业。招聘中的双向选择原则，一方面能使企业不断地提高效益，改善自身形象，增强自身吸引力；另一方面，还能使劳动者为了获得理想的工作，努力提高自身的知识水平和专业素质，在招聘竞争中取胜。

2. 效率优先原则

效率优先原则是市场经济条件下一切经济活动的内在准则。效率高的一方能在激烈的市场竞争中赢得主动权，人员招聘工作也不例外。效率优先在招聘中的体现就是根据不同的招聘要求，灵活选用适当的招聘形式和方法，在保证招聘质量的基础上，尽可能地降低招聘成本。不管企业采用何种方法招聘员工都要支付费用，这就是雇用成本，主要包括招聘广告的费用，对应聘者进行审查、评价和考核的费用等。一个好的招聘系统，能够保证企业用最低的雇用成本获得适合该职位要求的最佳人选，或者说，用尽可能低的招聘成本录用到同样素质的人员，即体现效率优先原则。

3. 发展潜力原则

发展潜力原则即组织招聘员工时，不仅要看其综合素质与现时职位的符合程度，更要重视其具备的可持续发展、可开发的潜力。

4. 确保质量原则

一般来说，选聘人员时应尽量选择素质高、能力强的人才，但也不能一味地强调高水平，而应当是人尽其才、用其所长，并保证整个企业人力资源结构的合理化。企业招聘到最优的人才并不是最终目的，而只是手段，最终目的是使每个岗位上的人员都是最合适的，达到企业整体效益的最优化。在选聘人员时，要确保用人的质量，必须根据企业人力资源规划的用人需求以及工作分析得出任职资格要求，运用科学的招聘方法和程序开展招聘工作，并坚持能位相配和群体相容的原则。简单地说，就是要根据企业中各个岗位的职务性质选聘相关的人员，而且要求员工队伍内部保持最高的相容度，使团队成员之间心理素质差异得以互补，形成群体优势。

5. 按需招聘原则

按需招聘原则是指招聘一定要根据组织工作的实际需要和组织未来的实际需要制定招聘政策，不能一味地跟风而实行人才高消费。

6. 重点招聘原则

在组织人员的招聘过程中，要坚决贯彻"二八"法则，要尽量招聘属于 20% 的重点人才。

7. 公平公正原则

人员招聘必须遵循国家的法律、法规和政策，面向全社会公开招聘；必须对应聘者进行全面考核，公开考核结果；应该根据考核结果择优录用。这种公平公正原则是保证企业招聘到高素质人员和实现招聘活动高效率的基础，是招聘的一项基本原则。在招聘过程中，不公正的情况是很容易出现的。例如，不能对应聘者一视同仁，甚至对不合格人员给予照顾，而歧视某类人员等。这种违反公平公正原则的做法，有的是以公开的歧视表现出来的，如男性 35 岁以下人员可以应聘；有的则以隐蔽的形式加以表现，如不公开拒聘女性，但实际上使女性成为男性的"陪考"等。

0.1.5　招聘与人力资源其他职能工作的关系

作为一个重要的管理职能，招聘与其他人力资源管理职能有着密切的关系。招聘工作在企业的人力资源管理中处于首要地位，企业若要持续发展，就必须保障人力资源的供给，因为企业在发展的任何时期都会需要不同类型、不同数量的人才。只有进行有效的人力资源的招聘，才能充分满足企业发展对人才的需求。另外，招聘工作的质量也将直接影响企业引进人才的质量，这是人力资源管理的第一道关口，因此必须做好招聘工作。简单地说，人力资源规划规定了招聘的目标，即招聘方所要吸引的人员的数量和类型，而工作分析既决定了对特殊人员的需求，也向招聘者提供了企业的相关工作描述。此外，能否向招聘人员提供高薪酬和福利在一定程度上决定了招聘的难易程度，即招聘效果与薪酬和福利有关。

0.2　招聘管理的由来和内容

0.2.1　招聘管理的由来

在人力资源管理系统中，系统的各个部分都是在组织人力资源管理过程中不可或缺而又紧密相连的，而针对组织的整体日常良好运作、职能部门协调共事，招聘管理在组织人力资源管理体系中有着举足轻重的地位。一个不适合的组织环境，能力、素质、知识和技能都不符合岗位要求的人很可能给组织造成时间成本、机会成本的流失，招聘中最重要的是对应聘者才能的正确认知和识别，这是人岗匹配的基础。

只有把合适的、优秀的人才放到适合的岗位上，才能充分发挥应聘者的才能，为组织创造价值。在当前知识经济条件下，人才竞争日趋白热化，组织对人才的需求越来越大、越来越强烈，而招聘管理作为人力资源管理乃至组织的重要活动，其成功与否直接关系到组织未来的命运。因此，进行有效的招聘管理可为组织提供源源不断的发展动力。

而传统意义上的招聘概念侧重于员工招募、甄选和聘用的过程，其中更侧重于招募与甄选，教材名称也多为"招聘与选拔"或"招聘与录用"。随着人们对招聘工作性质认识的不断深入，评估的工作也显得越来越重要。因此，为了更好地体现招聘作为人力资源管理的一项职能，体现招聘的全过程或环节，本书采用"招聘管理"作为书名，以此来体现企业人力资源管理的子流程或环节，即通过人员规划、招募、甄选、录用和评估等一系列连续的、可实际操作的、科学规范的活动来使人力资源工作者更好地为企业人力资源工作服务，进而更好地为企业的战略服务。

因此，招聘管理就是对组织所需的人力资源展开人员规划、招募、甄选、录用和评估等一系列管理活动，并加以计划、组织、指挥与控制，借以保证一定数量和质量的员工队伍，满足组织发展的需要。

0.2.2 招聘管理的内容

从招聘管理的定义中我们不难看出，招聘管理是一项系统工程，需要分阶段来执行，要有一个完整和科学的工作流程。它的具体内容是由招募、甄选、录用、评估四个阶段组成的。

1. 招募(Recruiting)

招募主要包括招聘计划的制订与审批、招聘渠道的选取、招聘信息的设计与发布，以及组织应聘者。招募的主要目的是吸引求职者的注意，宣传组织形象，扩大组织在劳动力市场中的影响力，把组织所需的潜在员工吸引过来，同时，达到劳动力供需双方信息的充分交流与沟通，顺利达成交易的目的。

2. 甄选(Selection)

甄选是从职位申请者中选出组织需要的最合适的人员的过程。它包括资格审查、初选、笔试、面试、心理测试以及其他测试、体检、个人资料核实等内容。在这一阶段，人力资源管理工作的质量将直接影响组织最后的录取质量，这也是招聘管理中技术性最强和难度最大的阶段。

3. 录用(Employment)

录用阶段主要包括新人上岗引导、新员工培训和访查等工作内容。其目的是帮助新员工适应工作岗位，尽快熟悉和驾驭工作内容。这项工作看起来似乎琐碎和无关紧要，实际上它是唤起新员工工作热情、使其顺利融入企业文化的关键。有不少组织由于不重视录用阶段的工作，甚至新员工在录用后对组织和本职工作缺乏认识，还不适应就直接上岗，导致新员工无法较快地胜任本岗位，难以表现出令组织满意的工作绩效。

4. 评估(Assessment)

评估是招聘过程中必不可少的一个环节。评估的内容包括：招聘结果的成效评估，如成本与效益评估、录用员工数量与质量评估；招聘方法的成效评估，如对所采用的选拔方法的信度与效度加以评估。

通过对成本与效益进行评估，可以掌握招聘费用的支出状况，分析哪些是应支出项目，哪些是不应支出项目，这有利于降低今后招聘的费用，提高招聘效益。录用员工数量的评估是对招聘管理工作有效性检验的一个重要方面。通过数量评估，分析在数量上满足或不满足需求的原因，有利于找出各招聘环节中的薄弱之处，改进招聘工作；同时，通过录用人员数量与招聘计划数量的比较，为人力资源规划的修订提供依据。录用员工质量的评估是对员工的工作成果、工作行为、工作态度、实际技能和工作潜力展开评估，它是对招聘的工作成果与方法有效性检验的另一个重要方面。质量评估既有利于对招聘管理所采用的方法、手段和技术进行改进，又有利于对员工培训、晋升和职业生涯管理提供必要的依据。信度评估与效度评估是对招聘过程中所采用的甄选方法的正确性与有效性进行的检验，这无疑会提高招聘工作的质量。

可以说，以上四项内容是招聘管理系统工程中不可缺少的子系统，它们紧密相连、环环相扣，构成了招聘管理的全过程。

0.3　招聘管理的地位和作用

0.3.1　招聘管理的地位

在人力资源管理系统中，招聘管理是其中的一个子系统，而且是最基础的始发系统，它决定着组织中各项人力资源管理业务能否顺利开展。

自 20 世纪 90 年代以来，以生产经营为目的的组织，其发展呈现出两大明显趋势：一是随着外部环境的剧烈变化，组织的规模和管理模式不断调整；二是为了保持活力和竞争力，组织在员工队伍建设方面，更加关注员工目标与需求和组织自身目标与需求的平衡。这两大趋势都对组织的招聘管理提出了越来越高的要求。它要求组织能根据企业战略和对人员的规划，不断地补充新鲜血液，同时还应招聘到能与岗位完美匹配，并能通过实现组织目标最终实现员工个体目标以及满足其职业发展目标的需要。

倘若根据组织的需要实施招聘管理，却因为招募阶段缺乏规范的程序和流程，或因为选拔阶段缺乏科学有效的方法和手段，而导致招聘的新员工根本无法胜任工作，则最终必然制约战略目标的实施，动摇实现生产经营目标的基础，以至于组织中对其进行培训也无法弥补，更谈不上依据绩效表现对其进行晋升和发高薪，可见，招聘管理与组织发展的关系，奠定了它在人力资源管理中的基础地位。

0.3.2　招聘管理的作用

人是一切工作的基础。人员招聘管理工作之所以处于组织中人力资源管理工作的基础地位，是由人员招聘管理工作的内容和在人力资源管理中的地位决定的。对于新成立的企业来说，人员配置无疑是企业运转的前提条件。如果不能招聘到一定数量和质量的员工，完不成企业的人员配备，企业就无法正常运营。对于已经运转的企业来说，企业环境的变化和战略目标及企业结构的调整，都要求企业的人力资源系统呈开放状态，不断输入和输出人力资源，以保证企业形成健康的生产力，实现可持续发展。具体来说，在人力资源管理中，招聘管理的作用主要表现在以下几个方面。

1. 有效的招聘管理可以提高员工满意度和降低员工流失率

一开始就聘用到合适的人员，会给用人单位带来可观的经济收益。据估计，这种经济收益相当于现有生产力水平的 6%～20%。甚至有专家认为，特别是在小型组织中，招聘管理的有效与否可能是造成盈利和亏损差别的关键所在。总之，有效的招聘管理意味着员工与他的岗位相适应，能带给他较高的工作满意度和组织责任感，进而减少员工旷工、士气低落和员工流动等现象，因此也减少了组织对人员调整和重置的成本费用。

2. 有效的招聘管理会减少员工培训负担

新招聘的员工，犹如制造产品的原材料，其基本素质的高低、技能和知识的掌握程度、专业是否对口等，对员工的培训及使用都有很大影响。如果企业的人员招聘管理工作做得不好，引进了素质较差或专业不对口的员工，在对其进行培训时不但需要花费更高的成本，而且还不一定能成为合格的员工。相反，素质较好、知识技能较高、专业对口的新员工接受培训的效果相对较好，培训成本较低，成为合格员工的概率较高。

3. 有效的招聘管理会增强团队工作士气

组织中大多数工作不是由员工单独完成的，而是由多个员工共同组成的团队完成的，这就要求组织在配备团队成员上，应了解并掌握员工在认知和个性上的差异状况，按照工作要求合理搭配，使其能和谐相处，创造最大化的团队工作绩效。所以，有效的招聘管理能增强团队的工作士气，使团队内部员工彼此能配合默契，愉快和高效率地工作。

4. 有效的招聘管理会降低劳动纠纷的发生率

员工在工作中不可避免地要和他的上司、同事、下级以及客户产生工作上的联系。在工作关系的处理上，员工自身由于工作技能、受教育程度、专业知识上的差异，处理语言、数字和其他信息能力上的差异，特别是在气质、性格上的差异，为了利益而发生劳动纠纷是不可避免的。倘若我们严把招聘关，尽量按照企业文化的要求去招募和甄选候选人，使新员工不仅在工作方面符合岗位的任职资格，而且在个性特征和认知水平上，特别是在自身利益追求上也符合组织的需求，就会降低劳动纠纷的发生率。

5. 有效的招聘管理会提高组织的绩效水平

利用规范的招聘程序和科学的选拔手段，可以吸引和留住组织中的精英。优秀的员工是不需要或较少需要工作环境适应期的，他们共同的特点就是能够很快地转换角色，进入状态，能够在很短的时间内创造工作佳绩而无须对他们做大量的培训。可以说，创造员工的高绩效、推动组织整体绩效水平的提高，是一个组织追求有效招聘管理的最高境界。

微课 02　配置的内涵及原则

扫描二维码，观看微课 02　配置的内涵及原则。

0.4　招聘管理的职能和原则

0.4.1　招聘管理的职能

通常，招聘任务的提出有以下几种情况：一是新组建一个企业或部门；二是企业或部门业务扩大，人手不够；三是员工队伍结构调整，需引进所需人员；四是因晋升、调配、辞退、辞职等原因造成职位空缺，需补充人员；五是根据企业发展战略和人力资源战略的规划或预测需提前培养或储备一批人才。

组织人员招聘管理工作，就是为了满足以上一种或几种情况发生后对人力资源的需求，以保持组织各项工作的连续性和稳定性，保证组织的稳定和发展。有人说，80%的利润是由组织中20%的员工创造出来的，因此，组织有时需要通过引进人才来获得人才竞争优势，从而争取组织整体的竞争优势，促进组织的发展壮大。

要实现以上工作目的，招聘管理工作就应该发挥出"吸铁石""蓄水池""补氧器"和"调节器"四项基本职能。

1. 吸引人才——"吸铁石"

组织招聘管理的职能之一就是吸引人才。组织的生存与发展必须有高质量的人力资源。招聘管理就是为了确保组织发展所必需的高质量人力资源而进行的一项重要工作，是对市场上稀缺资源的争夺。所以，要想得到组织所需要的人才，就要吸引人才的注意力，使组织如同强大的"吸铁石"一般，对人才具有较强的吸引力。因此，组织必须通过一系列招募工作，宣传自己，让社会了解组织的一切真实信息，认同组织的价值观，这样才有可能广泛地吸引人才。

2. 储备人才——"蓄水池"

经常听到"人才库""人才池"这样的名词，有些组织招聘员工并不是对应眼前特定的岗位，而是着眼于将来，为组织的未来进行必要的人才储备。组织在生存和发展时面临诸多挑战与机遇，可能随时会进行重大的战略调整，招聘管理工作可以满足组织发展和变化的要求，使其招聘的人员形成一个人才库，如同组织内部有一个储备人才的"蓄水池"，以备不时之需。

3. 补充人才——"补氧器"

招聘到新的员工可谓是给组织补充了新鲜的血液和氧气，"补氧器"功能的发挥可以不断地为组织输送新生力量。特别是对职业经理人和技术创新者的招聘，可以为组织注入新的管理思想，给组织带来技术上的重大革新，为组织增添新的活力。

4. 调节人才——"调节器"

招聘管理工作的成功完成也体现了对组织和员工双方的调节职能。从组织角度看，它有利于组织永葆活力。在一个组织的业务和管理职能不断调整的情况下，会相应地提出新的人员需求和淘汰不合格员工，这就使招聘管理工作更趋日常化和制度化。从个人角度看，成功的招聘，可以使组织外部的劳动力更多地了解组织，使组织内部的员工根据自己的能力、兴趣与发展目标来决定自己是否加入组织，与组织共同发展。这对员工发挥潜能和修正自身职业生涯规划都十分重要。可见，"调节器"的职能可以确保组织与员工都能得到可持续发展。

以上几种职能的完成都是围绕招募、甄选、录用、评估等管理环节开展的，要有效地完成这些职能，还必须健全和完善招聘管理的基础工作，如制订战略性人力资源规划、拥有畅通的管理信息系统、建立系统的工作职位分析和评价制度，以及完善的劳动人事规章制度等。

0.4.2 招聘管理的原则

1. 合法性原则

招聘工作应严格遵守国家相关法律和政策的规定，不得违背法律法规的要求，否则组织将承担相应的法律责任。我国《中华人民共和国宪法》(以下简称《宪法》)第四十八条规定："国家保护妇女的权利和利益，实行男女同工同酬，培养和选拔妇女干部。"《中华人民共和国劳动法》(以下简称《劳动法》)第十二条规定："劳动者就业，不因民族、种族、性别、宗教信仰不同而受歧视。"第十三条规定："妇女享有与男子平等的就业权利。在录用职工时，除国家规定的不适合妇女的工种或者岗位外，不得以性别为由拒绝录用妇女或者提高对妇女的录用标准。"第十五条规定："禁止用人单位招用未满16周岁的未成年人。文艺、体育和特种工艺单位招用未满16周岁的未成年人，必须依照国家有关规定，履行审批手续，并保障其接受义务教育的权利。"因此，组织在制订招聘计划时，首先应保证其招聘条件或者招聘过程合法化，避免因违反相关法律、法规的规定而引起法律诉讼。

2. 公平竞争原则

公平竞争原则是指组织在招聘过程中，应当平等地对待所有的应聘者，努力营造一种公平竞争的氛围，从而有利于优秀人才脱颖而出。要想达到招聘的数量和质量的要求，还需要通过一系列统一、规范、严格的考核，这是公平竞争所不可缺少的。公平竞争原则对成功的招聘关系重大，如果应聘者在招聘过程中遭遇歧视或受到不公正的对待，一方面组织可能会丧失优秀的人才，而人才是组织的生存之本，尤其通过内部渠道挑选人才时更应如此。如果利用员工推荐的方法举荐人才，就应该遵循公平竞争的原则以避免通过裙带关系弥补岗位空缺，否则，会挫伤其他员工的积极性，进而导致员工对组织的不满和较高的离职率。另一方面，组织在应聘者心目中的形象会受到负面影响，这与组织树立良好形象、扩大其在社会中的积极影响的目的无疑是背道而驰的。如果应聘者之间的竞争不激烈，那么组织的选择余地也会相应减少，挑选出满意人才的可能性就会降低；反之，越激烈的竞争越有利于挑选出组织所需要的人才，同时激烈的竞争可以更好地反映出应聘者心理素质的好坏。应该看到，我国劳动力市场法规的不完善，户口歧视、性别歧视、相貌歧视等现象屡见不鲜，但随着社会主义市场经济的进一步发展和法制体系的不断完善，类似情况将逐步得到改观，例如，一些大中城市为了吸引人才已经取消了户口限制。

3. 公开原则

公开原则是指把招聘的岗位、需求人数、所需人员的资格条件、招聘工作的起始及截止日期、待遇条件等向社会公开。采用公开原则，不仅可以将招聘工作置于公众监督之下，从而防止不正之风、"暗箱"操作等现象的出现，而且可以吸引更多的应聘者提交申请，扩大组织的选拔范围，这样有利于组织挑选出优秀人才。公开原则也体现了组织广揽人才的要求。

在组织内部招聘时，需要特别注意公开原则的重要性。如果组织决定从内部渠道吸收人才，就要让尽可能多的员工知道组织有哪些职位空缺，还可以将比较详细的招聘计划放在组织内部员工都可以看到或了解到的地方，如公告栏、内部电视、内部网站、电子邮件等传递信息的媒介上，其中的内容应该包括岗位名称、工作说明、待遇条件、任职资格等。通过这种方式，有能力并符合应聘条件的员工就有可能提出申请。这种方式可以很好地避免不公平竞争现象的出现，诸如任人唯亲、靠裙带关系提拔则会对组织造成不良影响。

4. 真实性原则

组织在实施招聘计划时，应向应聘者提供真实的组织情况介绍和工作岗位，包括该职位的优势和缺点，让应聘者比较客观、准确地了解该项工作，这项原则被专家称为真实性原则。如果组织在招聘过程中只是向应聘者"报喜不报忧"，那么应聘者会对组织产生很高的预期，一旦进入组织，发现与预期不符合，那么应聘者的积极性必定被挫伤，从而表现出的工作绩效无法满足组织的要求，导致离职率高，结果是组织和个人都将遭受损失；相反，如果组织在应聘者入职前向其介绍了客观的组织情况，在工作后将会降低和消除低落情绪，员工因该方面原因而出现的离职率也会降低。此外，遵循真实性原则的好处还在于可以让应聘者在正式工作之前调整好心态，做好驾驭工作的各项准备，以及易于赢得应聘者对组织的忠诚度。在一些发达国家和地区，起初人们对坚持这一原则持怀疑态度，而现在越来越多的组织开始认可并遵循这项原则了。遵循真实性原则可采用多种方法，如带领应聘者参观组织、将反映组织特别是应聘岗位实际情况的录像播放给应聘者、提供书面介绍材料等。

5. 全面性原则

在招聘过程中，不但要考核应聘者的"才"，还要考核其"德"；不但要测试应聘者的"智商"，还要测试其"情商"；不但要关注应聘者的"身体素质"，还要关注其"心理素质"。全面性原则既体现了组织的需要，又体现了未来员工个体的需要；既体现了组织近期的需要，也体现了组织长期的需要。

6. 合适性原则

把合适的人放在合适的岗位上是组织在招聘管理中应该遵循的原则。这一原则首先要求组织因事择人。也就是说，组织应严格按照人力资源规划的供需计划吸纳人员，结合该职位工作的特点、难易程度、责任大小，选择具有一定资格、能力和水平的人担任此项职务，以保证任职工作的科学性与正确性。人力资源规划是依据组织的战略目标确定的，它预测了组织在未来环境中人力资源的供给与需求。因此，招聘管理工作应以此项计划来实行，以此确保组织对人力资源数量与质量的需要，既不应该为某人而专门设置职位，也不能为某职位配置超过实际需要的人员而造成冗员，否则，就会出现人浮于事的情况，导致人工成本的增加、工作效率的降低等诸多问题。

其次，还要求组织能够用人所长。也就是说，组织必须考虑有关人选的专业特长，量才录用，要善于挖掘应聘者的专长，并且要分析该项专长是否与职位有关。如果相关，则结合因事择人原则安排应聘者从事该职位。组织既要避免用人所短，又要防止人才高消费，否则同样会导致人工成本增加、工作效率下降。遵循这一原则，不但可以为组织找到合适的人选，而且员工个人工作时也会因为有兴趣而努力工作，从而充分发挥其积极性、主动性和创造性。

7. 效益原则

参与招聘管理的人员应力争用最低的成本招聘到最适合组织的人员。也就是说，应尽量使招聘成本最小化、招聘效率最大化。如果耗时过长、费用过高，即使招聘到组织需要的人才，也会由于成本的增加而为组织带来不必要的耗费；如果降低了成本，却为组织招聘了不适合的人员，那么也会为组织带来额外的支出，比如，重新招聘所需的费用、解雇员工而产生的额外支出等。因此，对从事生产经营活动的组织而言，节约成本、提高效率，从某种意义上说，就是为组织带来了利润。通常，衡量招聘管理活动效益高低的方法，就是在一个周期的招聘管理活动结束之后，进行成本—收益评估。

8. 内外兼顾原则

组织可从组织内部和组织外部两条渠道获取所需人员。如果从组织内部挑选，由于组织已经熟悉员工的敬业精神和对组织的忠诚度，了解员工的实际工作能力和水平，就可以减少或取消许多甄选方法，进而可以减少招聘成本与培训成本；同时由于员工熟悉本组织的管理风格、工作氛围，工作时也会更加得心应手；从内部获取所需人才可以增强组织的凝聚力，让员工感觉到在组织内个人职业生涯的发展是有希望的，努力工作会得到回报。但是，这种方式的缺点是可能会带来"近亲繁殖"的问题。如果从组织外部选拔，则会增加招聘与入职培训成本，而且新员工不了解组织的工作环境，所以通常需要经历磨合期才能适应新环境。但是，新员工的加入如同给组织注入了新鲜血液，如果从外部吸收技术人员，则可能会给组织引进新技术、新工艺，从而带来技术的变革；如果从外部招聘管理人员，那么可能会给组织引进新的管理理念、管理方法和管理风格，进而提升组织的管理效率。

例如，世界大型跨国公司——德国西门子电气公司除了利用报纸广告、人才招聘会、猎头公司等渠道选拔人才之外，其他渠道首选是内部招聘。西门子公司为每位优秀员工提供了良好的发展通道。该公司招聘的目标人选要求能力高于所聘岗位一级甚至两级，而不是仅仅限于所聘岗位的要求。乍一听有些大材小用，实际上却是为员工下一步发展创造条件，可谓用心良苦。西门子公司给工作勤奋、不断进取的员工提供了晋升机会，员工在工作一段时间后，如表现出色都会被提升，即使本部门没有职位可供提升，也会安排到别的部门。优秀员工可以根据自己的能力设定发展规划，一级又一级地向前发展。

0.5 我国企业招聘管理存在的问题及招聘管理的发展

0.5.1 我国企业招聘管理存在的问题

1. 没有制订招聘计划或者招聘计划不科学、不合理

这种情况的出现是由于公司领导对人员招聘工作不够重视，人力资源管理部门的管理水平有限，没有根据公司整体发展战略规划来制订人力资源的战略规划，招聘时不是依据企业的人力资源战略规划制订的招聘计划，而仅是凭着短期内企业某些岗位有空缺，或者

是依据企业领导人的决定而去招聘的，这样势必会引起人员引进时的盲目性。对于招聘问题，可以对人力资源部门和中层以上管理人员进行人员管理和企业管理方面的知识培训，以提高他们自身的能力和水平。

2. 招聘前没有进行工作分析和岗位研究

招聘人员没有进行岗位研究，仅凭着想象中的情形去招聘人员，这样不仅不能向应聘者说清楚具体的岗位职责，影响企业的形象，还会因为对来公司应聘的人没有筛选依据，导致面试时只能凭着面试官的主观印象作出取舍，这样也会在应聘者心中产生消极影响，吸引不到高素质、高水平的优秀员工。解决这个问题的办法就是对组织所有的岗位进行岗位研究和工作分析，制定出各岗位的岗位规范和工作说明书，并及时根据岗位的变化和组织发展的需要进行修正，在招聘前对空缺岗位再次进行研究，这样在招聘时就会有选择的标准，做到胸有成竹。

3. 招聘的渠道选择不当

在进行招聘时，有些企业的人力资源部门没有从内部和外部进行统筹规划就直接进行外部招聘，这样的招聘极具盲目性。所以，当企业有人员需求时，应该权衡内外招聘的优劣势，首先考虑本企业内部的人力资源，因为内部的员工对本企业的企业文化、规章制度、工作流程等各个方面非常熟悉，所掌握的技术和管理能力也符合企业的要求，不需要进行培训或者仅仅进行简单的培训就可以上岗。这样不但可以节省一大笔招聘成本，而且对企业内部的员工也是一种激励。特别是对于高层管理和技术重要岗位的人员需求，可以先考虑本企业内部的人员调配和晋升，如果没有能胜任的员工，再考虑外部招聘。总之，在人员招聘时一定要综合考虑内外部资源，合理选择招聘渠道，这样才能更好地利用内外部的资源，提高招聘的有效性。

4. 没有考虑到企业员工的正常流动性，没有做好人才储备工作

出现人员紧张后才去招聘，结果往往不尽如人意。现在企业的人才流动是经常的现象，没有哪家企业能够永远留住自己所需要的人才，如果没有考虑到这个问题，那就会在出现大的人员缺口时手忙脚乱，影响公司的正常运营。所以，在进行人力资源管理规划时，一定要考虑到员工流动造成的人才需求，提前做好人才储备，及时补充所需要的员工。

5. 招聘人员缺乏必要的组织和培训，素质低

在招聘过程中，招聘人员的素质直接影响招聘的质量，而且应聘者会以招聘人员的素质来推论该企业的形象。有些招聘人员总是觉得自己处于招聘的位置上而盛气凌人，对前来应聘的人员过于苛刻，不尊重应聘者，这会让人不敢近前，从而导致企业招聘不到适合自己的优秀人才，同时也会影响企业对外的形象。还有一种常见的情况，就是"武大郎"现象，许多人在招聘时，喜欢招聘一些比自己能力差的人，以便自己以后升迁时不受威胁。另外，招聘人员在进行招聘的时候总是会不自觉地陷入一些心理误区，这会对招聘造成不良影响。因此招聘开始前企业应该对招聘人员进行必要的培训，避免出现由于招聘人员的问题而影响招聘的效率。

6. 甄选过程中组织不力，面试缺乏结构和系统性的测试手段

在预测候选人未来工作绩效的所有方法中，结构化面试是最有效的方法之一。传统的面试对面试目的不明确，对合格者应该具备的条件界定不清，缺少整体结构，对偏见影响缺少认识和控制。在面试之前，确定好职位要求的能力清单和面试问题，然后在面试时，由面试的人员严格根据问题来提问，借此判断候选人是否符合职位要求、是否具备职位要求的能力。由于之前的精心设计，在面试的过程中，企业招聘人员常常处于主动地位，能够控制好面试的整个过程，可以得心应手地选择自己所需要的人才。在测试手段方面，现在很多企业招聘时都会采用心理测试的方法甄别应聘者各方面的能力。这样的方法在某些方面很有效，但与企业的招聘职位没有很大的相关性。针对不同的岗位采用不同的测试方法才能达到最好的效果，很多企业没注意到这个问题。所有的岗位招聘都用相同的测试方法，最终导致测试结果不理想。因此，要根据招聘岗位来选择测试方法。

7. 甄选过程过于轻率，轻易相信人

尽管人们在日常生活中对许多事情持怀疑态度，但是在招聘过程中，许多招聘人员还是会不假思索地相信应聘者在面试中的回答及简历中的信息，没有进行仔细的甄别。殊不知，许多候选人在面试中会有意无意地歪曲信息，或夸大成就，或掩盖失误，或对问题避而不谈等。许多企业没有进行背景调查就轻率地录用了员工，有的企业甚至录用了取保候审的犯罪人员；有的企业仅凭员工的一面之词，致使招聘来的员工对应聘的岗位根本胜任不了。这样会极大地损害企业的利益。因此，在面试完后、录用通知之前，企业应该对所有决定录用的候选人进行合法化的背景调查，了解这些人以前的经历、口碑、工作能力等，做到了如指掌，保障本企业的利益不受侵害。

8. 缺少成本核算

目前企业很少进行人力资源招聘工作的成本核算。招聘成本尚未得到足够重视，即使进行成本核算，方法也过于简单，使得计算结果很难说明问题。

0.5.2 我国企业招聘管理存在问题的原因

1. 社会经济发展条件的限制

改革开放 40 多年来，我国企业在各个方面都取得了长足的发展。在人力资源的管理与开发方面，也由以前的事务型、被动式的人事管理向开发型、主动式的人力资源管理转变。但在实际工作中，这种落后的管理方式与规范化的现代管理仍存在很大的差距。一方面，由于时间短、资金少、人员配置综合素质相对有限、生产经营技术化程度较低等客观条件的限制，决定了我国很多企业在招聘工作方面也存在一个探讨和提高的过程；另一方面，当前很多企业招聘人员，大多数没有受过系统、专业的人力资源管理的知识和技能培训，主要以个人经验为主。此外，人力资源管理观念和体系的形成是在 20 世纪 70 年代，时间相对不太长，而且我国真正引进并推广也仅在这几年刚刚兴起。我国企业招聘人员在吸收和运用现代西方的招聘理念与技术时，由于受观念、技术、资金、历史、体制、环境等条

件的限制，常常无法真正领悟和熟练掌握，更多的情况是简单地拿过来，机械运用较多。因此，导致各种水土不服现象时有发生，如在人才测评等招聘技术运用方面所表现出的机械性和盲目性。以上情况表明：我国企业对现代招聘理念的接受、对现代招聘技术的掌握在目前特定的社会经济条件下和西方企业一样，需要一个认识、研究、消化、吸收及运用的发展过程。

2. 观念意识、文化背景的惯性影响

在我国企业招聘过程中常常表现出的唯学历论、职称论、海归论，以及性别歧视、年龄歧视、学历歧视、地域歧视等，甚至一些违法乱纪等不良行为的产生，在很大程度上，与我们长期形成的思想观念和文化背景有着很深的联系，如"万般皆下品、唯有读书高"的封建观念以及对西方盲目崇拜的思想等。在招聘过程中，一些招聘人员潜意识中存在一种认为只要是出过国的都是人才的心理。另外，计划经济中机械招聘模式的负面影响，也致使一些管理者或招聘人员仍保留一种居高临下的工作方法或长官作风。不难发现，这些落后观念和工作模式的形成具有很深的文化背景和时代烙印。而这种负面的惯性影响对现代招聘理念、招聘技术的顺利推广和积极运用所形成的负面影响应当给予足够重视。

3. 落后的现代企业管理制度建设，导致招聘工作具有很强的制度障碍

在市场经济中，现代企业管理制度是人力资源开发与管理的基础，现代人力资源的管理与开发要求与现代企业管理相适应，但我国很多企业都是以经验管理为主。虽然已有很多企业认识到当今人才和管理的重要性，但常常由于观念、资金、技术等方面的限制和影响，致使大多数企业(特别是中小企业)没有建立起规范的现代企业管理制度；在管理上，虽然有些企业各种制度比较齐全，但在具体运作上由于没有真正掌握，致使很难推行；在决策上，虽然讲管理要共同参与，但实质上还是总经理负责制，现代管理只是一个形式。

市场经济的建立与发展，需要我们按照市场的规律和要求办事，并具有相应的管理制度相配套。一方面现代企业管理制度是市场经济对现代企业的要求，否则，现代企业将无法适应市场的发展；另一方面，现代企业制度也是一个全方位的管理体系，它关系到管理模式、工作方法、人员配置、组织协调等各项活动。招聘工作作为现代企业管理制度建设中的一个方面，也是一项复杂的管理工作。它的有效运用或操作需要企业各个方面的支持与配合，而现代企业管理制度的成功建立将会给招聘工作搭建一个良好的工作平台。因此，加强现代企业管理制度建设，规范和理顺企业管理是做好招聘工作的必要前提之一。

0.5.3　人力资源管理发展的新趋势

"人力资源管理"是 20 世纪 60 年代在西方出现的一种管理新概念。它取代了传统的人事管理，体现了一种管理理念、管理哲学的转变，以及思想内涵的升华。

1. 人力资源管理成为新方向

传统的人事管理追求的价值理念和功能被越来越多的组织放弃，取而代之的是一个崭新的名称——人力资源管理。运用人力资源管理的理论、方法、技术和工具成为组织的新方向。人力资源管理部门已经逐渐成为能够创造价值并维持组织核心竞争能力的战略性部门，人力资源管理工作已经不再是与组织的战略计划没有任何联系、仅有一些狭窄目标的职能性工作。同时，组织的重组活动从实践上证明了人力资源的变化必须与组织重组的其他领域相匹配、协同作用，才能保证组织在新的经营环境下保持竞争优势。

2. 知识型管理和建立学习型组织成为人力资源管理的新亮点

传统的管理主要是对劳动力、劳动工具和劳动对象等有形生产要素进行管理。在知识经济时代，知识和知识型员工的价值与作用超过了资本，成为经济发展的关键要素。以知识为对象的管理呈现以下特点。

(1) 组织善于运用全球信息网络，不断地获取全球的新知识、新信息，对它们进行知识的自我积累、知识的优化组合和创新，从而有效地利用人类文明成果，推动组织的发展。为此，需要研究和建设学习型组织，开展组织学习和组织知识管理。

(2) 高度重视员工知识素质的提高和潜能的发掘。通过对员工进行培训、终身教育，不断地提高员工的知识水平和获取及创新知识的能力。人力资源管理需要根据知识型员工的心理特点和工作特点，采用有针对性的激励手段来调动其积极性。

(3) 充分利用领导集体和专家队伍的知识和智慧，特别是战略性决策。领导集体和专家队伍知识信息、能力和胆量的综合运用，是知识的创新。发挥集体智慧和专家队伍的作用，是开发知识资源最重要的方面，也是知识要素管理的焦点。

(4) 人们对学习的认识从个人层次提高到组织层次，即从整个组织的角度来设计和实施学习活动，以满足组织发展的需要。于是，关于组织学习和学习型组织的理论出现了。组织学习理论关注的是在组织系统层次上的学习，认为个人层次上的学习是组织学习的必要条件但不是充分条件。组织学习有两个层次：第一个层次是从失败和教训中学习，用来改善组织所采取的行动；第二个层次是检验和改正所采取的错误行动背后的原理和假设。学习型组织是一种灵活的、能不断适应变化、不断自我学习和更新、充满创造力、能持续开拓未来的组织。学习型组织有系统思考、思维模式、共同愿景、团队学习和个人进取五个要素。人力资源管理者在学习型组织中担当支持者的角色，帮助员工做好准备，共同迎接一个不断变化、无法预期的未来世界。

3. 伦理道德和社会责任成为人力资源管理的关注点

传统的人力资源管理的主要目标是经济效益。自20世纪80年代以来，已经有越来越多的组织开始重视组织伦理和道德建设，强调管理人员的道德和诚实要求，反思组织和社会的关系，不断调整自己的价值观念、行为准则。一些优秀组织的目标定位已经超越了经济范畴，进入到伦理道德的层面，更多地意识到了社会责任，认为自己存在的价值就是对社会有所贡献。组织中的领导人越来越将组织看成代表股东、雇员和顾客利益的社会机构，而不仅仅是赚钱的机器。人们认识到，未来的组织管理目标是追求"顾客满意、员工满意、股东满意和社会满意"。有的组织开始主动承担社会责任，比如，尽量维持劳动力就业的稳定而不轻易裁员，追求员工与组织的共同成长，培养员工的终身就业能力，举办伦理研讨会，对员工进行伦理和道德培训，成立企业环境管理部门，强化企业环保工作等。在经济知识化和全球化时代，组织的伦理与精神价值是获得员工与顾客忠诚的重要源泉，组织知识管理和全球网络化经营需要不同文化和价值的整合和共享，组织精神价值的整合作用、组织对员工道德情操的激励与个人欲望的适当约束会被越来越多的组织重视。如何处理个人价值的多元化与组织价值整合之间的平衡是未来人力资源管理工作极富挑战性的一个领域。

4. 对人力资本创造的价值进行运用与开发成为人力资源管理的重点

在传统组织管理理论和实践中，组织管理权力来自于出资人的授权，物质资本在组织管理中处于绝对的主导地位，组织剩余也是按资分配，组织利润归出资者所有，劳动者处于从属地位。在知识经济时代，人力资本(Human Capital)作为"个人所拥有的知识和行为的生产潜能"受到管理者的关注，开始挑战货币资本的组织管理权和剩余分配权。有的经济学家认为，首席执行官的出现意味着人力资本登上了历史舞台。职业经理人利用自己掌握的管理知识、技能和经验，从出资人手里获得了更多的权力。此外，一些技术人员利用自己的知识、技能、发明创造、专利等，或获取风险投资，或知识技术入股，在组织管理中开始对出资人的主导地位发起挑战，开始扭转资本奴役劳动的局面。不仅如此，组织出资人为了更好地发展企业，开始采用股票期权、职工持股等股权激励方式来获取人力资本的努力和帮助。在分配领域，传统的按资分配也逐步向按贡献分配转变。在这种转变中，作为社会财富的主要创造者，掌握了"具有经济价值的知识和技能"的人才是最大的受益者。种种迹象表明，以知识、技能和经验为特征的人力资本开始活跃起来，使组织管理发生了深刻的变革，这种变革甚至会导致社会生产关系的根本变化。在 21 世纪知识经济条件下的人力资源管理必然更加关注人力资本的问题。在这一领域，人力资源管理必须对人力资本及其创造的价值加以评价，以此为基础建立价值链管理制度和新的分配激励制度。

5. 文化管理成为人力资源管理的一项重要内容

世界经济的全球化将文化差异和文化管理问题摆在了众多跨国公司面前。全球范围内的资本、劳动力的流动，使公司内部文化的异质性、多元性日趋增强，文化、民族及其差异性会影响人们之间的沟通，影响组织内部的互动性。因此，人力资源管理需要整合不同的文化，并且从不同的文化中获取有利于组织发展的因素。在跨文化管理中，全球观念、系统观念、多元主义是培养文化开放与宽容的思想基础。有的跨国公司采用向海外派遣高级管理人员的方式进行跨文化培训，使他们能够适应多种文化并存的国际经营环境，培养他们的全球技术观念。其他跨文化培训，如文化的敏感性训练、跨文化沟通和冲突处理、地区文化环境模拟等，正日益被人力资源管理部门采用。

6. 人力资源价值链管理成为人力资源管理的核心

21 世纪，人力资源管理的核心是如何通过价值链的管理，来实现人力资本价值以及其价值的增值。价值链本身就是对人才激励和创新的过程。价值创造就是在理念上要肯定知识创新者和企业家在企业价值创造中的主导作用，企业中人力资源管理的重心要遵循二八定律，即我们要关注那些能够为企业创造巨大价值的人，他们创造了 80%的价值，而数量在企业中却仅占 20%。同时也能带动企业其他 80%数量的人。一方面注重形成企业的核心层、中坚层、骨干层员工队伍，同时实现企业人力资源的分层分类管理模式；另一方面就是要通过价值分配体系的建立，满足员工的需求，从而有效地激励员工。这就需要提供多元的价值分配形式，包括职权、机会、工资、奖金、福利、股权的分配等。企业应注重对员工潜能的评价，向员工提供面向未来的人力资源开发的内容与手段，提高其终身就业能力。

7. 企业与员工关系的新模式逐渐形成以劳动契约和心理契约为双重纽带的战略合作伙伴关系

21 世纪，企业与员工之间的关系需要靠新的游戏规则来确定，这种新的游戏规则就是劳动契约与心理契约。以劳动契约和心理契约作为调节员工与企业之间关系的纽带，一方面要依据市场法则确定员工与企业双方的权利和义务关系、利益关系；另一方面又要求企业与员工一道建立共同愿景，在共同愿景的基础上就核心价值观达成共识，培养员工的职业道德，实现员工的自我发展与管理。企业要关注员工对组织的心理期望与组织对员工的心理期望之间达成的"默契"，在企业和员工之间建立信任与承诺关系，要使员工实现自主管理，建立企业与员工双赢的战略合作伙伴关系，个人与组织共同成长和发展。

人才流动速度加快，流动交易成本与流动风险增加，人才流向高风险、高回报的知识创新型企业，以信息网络为工具的虚拟工作形式呈不断增长趋势。

首先是员工由追求终身就业饭碗转向追求终身就业能力，通过流动实现增值，使人才流动具有内在动力。其次是人才稀缺与日益增长的人才需求，使人才面临多种流动诱因和流动机会。最后是人才流动的交易成本增加，企业人才流动风险增加，需要强化人才的风险管理。在这种情况下，就需要企业留住人才策略由筑坝防止人才跳槽流动转向整修渠道，即企业内部要有良好的人力资源环境，对"流水"进行管理，控制"河水"的流量与流速。而且，人力资源部门要强化对流动人员的离职调查，除与个人面谈外，还要对其所在的群体和组织进行调查，找出流动的原因以及所反映的组织运行上存在的问题，并提出改进措施。

沟通、共识；信任、承诺；尊重、自主；服务、支持；创新、学习；合作、支援；授权、赋能将成为人力资源管理的新准则。

在 21 世纪，企业与员工之间、管理者与被管理者之间、同事之间将按照新的游戏规则来处理各种关系，即如何在沟通的基础上达成共识。如何在信任的基础上彼此之间达成承诺，尊重员工的个性，如何在自主的基础上达到有效的管理，尤其是如何对创新型团队提供一种支持和服务，企业如何注重一种创新机制，如何变成一种学习型的组织，如何进行团队合作和授权赋能就变得尤为重要。

21 世纪，企业的核心优势取决于智力资本的独特性及其优势。智力资本包括三个方面：人力资本、客户资本和组织结构资本。人力资源的核心任务是通过人力资源的有效开发与管理，提升客户关系价值。要将经营客户与经营人才结合在一起。要致力于深化两种关系：维持、深化、发展与客户的关系，提升客户关系价值，以赢得客户的终身价值；维持、深化、发展与员工的战略合作伙伴关系，提升人力资本价值。.

首先，企业人力资源管理者要成为专家，要具有很强的沟通能力，必须对整个企业有一个很好的把握，通过沟通达成共识。中国企业的人力资源管理者要尽快实现从业余选手到职业选手的转换。职业选手的素质主要包括三个方面：要有专业的知识和技能，要有职业的精神，必须懂得职业的游戏规则。

其次，企业人力资源的政策与决策愈来愈需要外脑，要借助于社会上的各种力量。没有外力的推动，企业很多新的人力资源政策、组织变革方案是很难提出并被高层管理人员及员工认同的。

0.5.4　招聘管理的发展趋势

1. 招聘管理日益战略化

组织中的招聘管理已经从战术管理层面向战略管理层面转变。战略层面的招聘管理最大的特点之一就是重视长期的人力资源规划。过去，组织可能只进行两年的人力资源规划；而现在，越来越多的组织着手制定5～10年的人力资源规划。

特别是依据内部完善的员工晋升制度，制定管理人员和技术人员规划，使组织有机会发现新的职业经理人和技术创新者。目前，许多组织已经认识到高级管理人员和技术人员的培养是要花费多年的时间的，内部招聘作为提升优秀员工的渠道，必须进行 5～10 年，甚至更长的长远规划。例如，上海宝钢公司曾经提出"早意识、早建设、早开发、早培养"的"四早思想"。在招聘战略管理上，它还实施了"三个三百"的规划：三百名管理后备人才队伍；三百名技术后备人才队伍；三百名技能后备人才队伍。韩国三星集团将其人才战略概括为 15 个字：冷静地判断、公正地审查、慎重地决定。日本松下电器公司更是旗帜鲜明地将企业文化定义为："松下电器公司是制造人才的公司兼造电器产品。"

2. 选拔阶段已成为招聘管理中最重要的环节

人力资源管理专家和部门经理在对候选人进行甄选时更加细致和审慎，在各种甄选方法选择上更加切合实际且更为理性。其中一个趋势就是，心理测试的地位越来越突出。组织开始普遍地通过复杂的心理测试来选拔与本企业文化相融的人。甄选中面谈的时间越来越多，费用也越来越大，而面谈的选拔也越来越严格。

组织除了采用传统的甄选手段与方法外，也开始采用新的甄选技术。比如，增加了对候选人多样化敏感的甄选技术。特别是跨国公司面对来自不同文化和民族背景、不同宗教信仰的应聘者，筛选技术开始考虑候选人文化背景多样性的敏感程度。如特殊群体(移民和老年求职者)可能不熟悉测验的回答方式或格式，就需要对测验格式重新进行设计；有的面谈问题(如宗教性或民族性的问题)可能具有冒犯性，会赶走一些潜在的合格的应聘者。针对不同文化背景的候选人，需要采用不同的方法和标准区别对待，以避免错误的判断。

"对人的整体测量"在选拔中也越来越受到重视，除了测量知识、技能和能力外，还要测量动机、态度、价值观和兴趣等。通过对人的整体测量，可以最大限度地预测候选人的工作绩效。传统的选拔是"产品导向的"，对候选人的甄选如同在检验产品合格与否；而未来的选拔已经成为"服务导向的"，即给候选人机会，让他们改变自己，以适应组织的需要。如增加对个人成果的测量，测量员工忠诚度；增加对团队成果的测量，鉴别出能在团队环境中有效工作的候选人。

3. 招聘管理的技术不断创新

计算机技术不但在人力资源规划和工作职位分析中得到了应用，而且越来越普遍地运用在了招聘管理中。最普遍的现象就是利用互联网建立网上招聘机构和发布招聘广告，并对应聘者进行初步筛选。此外，组织还借助计算机建立应聘者资料库，对招募来的应聘者进行计算机管理。

最明显的发展还是将计算机技术引入到选拔阶段，比如，利用计算机对候选人进行各种类型的心理测试。再如，在面试中运用计算机技术，由计算机屏幕提示有关候选人的背景、经历、知识、技能和工作态度等方面与工作岗位相关的信息。在计算机化的面试中，一般所有的问题都采用多重选择的方式提出，候选人会根据各自的意愿通过按下相应的键来作出选择。网上招聘已不容忽视，并随着国内网民人数的不断增加而日渐成为主体，网上招聘的种种便利也使其备受青睐，这也正是网络时代给予我们的厚礼。

现在，广大的应聘者确实从网上招聘中得到了实惠，招聘网站为应聘者提供了方便、快捷的应聘途径。对招聘单位来说，招聘网站也为它们提供了查询、检索应聘者信息库的条件，使招聘工作中的人员初选工作变得轻松易行，对合适的人选可以打印其简历；或者招聘网站也可以帮助招聘单位筛选邮件，将合适的简历以邮件的形式发给招聘单位。诚然，这已经将人力资源经理从繁重的拆阅信件、挑选简历的工作中解放出来了，但是仍然存在一些局限性，例如，面对打印出来的简历和收到的邮件，他们仍然要做大量的处理工作，招聘网站并不能提供招聘及相关工作中的所有解决方案。笔者认为，只有将招聘管理系统与电子人力资源(eHR)管理系统相连，才能有效地完成招聘及相关工作。为招聘及与招聘相关的人力资源管理工作提供解决方案，是专业人力资源管理系统的使命，因为人员的甄选和录用是人力资源管理工作的开始，也是人力资源管理中非常重要的部分，而人力资源管理中的所有工作都是相互关联的，所以一套功能完善和全面的人力资源管理系统必须建立在网络化管理的基础上，也必须提供行之有效的、网络化的招聘管理系统。从人力资源管理的角度来说，招聘工作(人员的招募和甄选)是从职位需求分析、工作分析、职位说明书的制定开始，经过初选、面试、考核等过程，到人员录用并进入公司的新员工档案库为止的一系列管理工作。在电子时代的今天，这些工作都可以通过网络来实现，而基于互联网的eHR管理系统为其实现提供了可能，运用eHR管理系统可以从公司管理的全局出发并及时展开有关的招聘工作。一旦原有的职位产生空缺，部门经理即可在线输入职位招聘申请，同时系统会自动将其职位说明书中的任职条件、主要职责等要求从人事数据库中提取出来，以便修改和确认；如果是因工作增加而产生新的职位需求，则由部门经理做职位需求分析、工作分析并制定职位说明书，并经人事经理或上级进行在线修改和确认。职位招聘申请提交并审批通过后，系统立即在网上发布招聘信息，使招募工作及时进行。如果有需要，可以先直接进入eHR管理系统的内部人才储备库挑选合适的候选人，对符合其职业生涯发展计划的，可以优先录用。招聘信息在网上发布之后，应聘者在网上输入的应聘信息直接转入eHR管理系统的应聘者数据库，同时与招聘相关的管理工作的整个过程都会在网上完成，包括确定候选人、面试考官、面试时间和地点、面试面谈或笔试题目、面试评价表等，并通过网络进行互动式管理，eHR系统会自动通知面试候选人面试的时间地点，自动通知(通过电子邮件或eHR网页的信息提示栏通知)面试考官出席面试，并将面试或笔试的题目、面试评价表、面试候选人简历传给面试考官。面试结束后，面试考官在线输入录用意见(同意或不同意)，当面试候选人通过面试后，系统自动产生录用审批表，交上级审批。应聘者一经录用，他的基本资料便会从 eHR 管理系统中的应聘者数据库直接转入到公司员工档案库，这样一个应聘者从面试候选人到新员工的流程就完成了。

就企业目前的具体情况来看，直接通过自己的主页发布招聘信息的为数不多，这样的公司如果要实现网络招聘管理非常容易，只需要实施 eHR 管理系统就可以将人力资源管理的全部工作整合在一起完成了。而大多数公司目前还是通过专业招聘网站发布招聘信息，这种情况需要招聘网站和 eHR 管理系统的供应商建立一种联系，使应聘者在招聘网站上输入应聘信息时可以通过超链接的方式直接转到公司的 eHR 管理系统。这种以网站为发布信息的平台，以 eHR 管理系统包括招聘管理为核心，充分利用互联网的技术优势，实现电子化、网络化管理的方案，将在未来很长一段时间内是大多数公司关于招聘问题的最佳解决方案。

4. 招聘管理与其他人力资源管理的关系日益密切

组织已经意识到，作为始发系统的招聘管理系统是新员工与组织全面合作的开始，也是未来拥有良好合作的基础。倘若招聘质量不高，未来员工培训的任务就会繁重，绩效考核后的管理就会不顺畅，甚至会直接影响劳动关系的融洽程度，给组织中的后续人力资源管理带来意想不到的困难。因此，劳资互利的思想开始在招聘管理者心中建立。组织越来越认识到，劳动力供需双方确立共同利益的过程，就是建立就业契约的过程。只有建立共同认可的就业契约，才能使双方的需要和愿景有机地融为一体。

5. 招聘工作已下放到职能部门

人力资源部的招聘职责已经开始由从头到尾的全面服务，转变为向各个职能部门提供支持与服务。人力资源专业人员在招聘管理中具有两项作用：提供技术支持和帮助部门经理遵守法律和技术标准。

(1) 提供技术支持。包括：进行工作分析和工作描述；设定最低的工作资格；决定使用的甄选方法；设计申请表格；负责对应聘者的初步筛选(比如，评审申请表、组织初步访谈)；组织背景和证明材料核实；批准部门经理所做的录用决策；按照相关的就业法律法规和政策监控组织的雇用实践。

(2) 帮助部门经理遵守法律和技术标准。包括：为新聘部门经理提供有关就业法律法规方面的培训；为经验丰富的部门经理进行就业法律法规更新培训；回答有关遵守法律、法规和政策的问题。

6. 招聘管理的内容日益扩大化

从人力资源管理流程来看，原来属于招聘管理完成之后的管理内容都开始提前了。在选拔和录用阶段，越来越多的组织开始让应聘者充分了解组织的战略、发展规划、要实现的愿景，以及工作环境、企业文化，让他们了解正在申请的职位的优点和缺点。与其说这是在招聘，不如说是在提前做有意义的适应性培训，也可以说，这是和未来的新员工探讨职业生涯规划。

7. 招聘管理日益成为获得资源的活动

目前，组织中的招聘管理开始从传统的关注在合适的时间、合适的地点，招聘所需数量的雇员，转变为一个获得资源的过程。在传统的招聘过程中，很偏重对人力资源数量方面的满足，而在强调战略化管理的今天，组织已经开始关注对宝贵的人力资源的发现与挖掘，不仅要关注应聘者的知识、技能、工作经验和受教育程度，同时也要关注应聘者的创新、敬业和团队合作精神，关注其个性特征是否与组织的企业文化相匹配。

8. 招聘管理日益受到法律法规的约束

2007 年 6 月 29 日，《中华人民共和国劳动合同法》(以下简称《劳动合同法》)经过全国人大常委会第二十八次会议审议，获得高票通过，并于 2008 年 1 月 1 日起施行。这部法律在 1994 年《劳动法》的基础上进一步加大了对员工的保护力度，增加了用人单位的用人成本和法律风险，并对企业人力资源管理中的招聘管理工作带来了巨大挑战。例如，在《劳动合同法》里有一条特别明确，只要员工被招聘进了企业，就已经与企业建立了劳动关系，企业必须在一个月之内与员工签订劳动合同，否则的话，企业要支付给他双倍的工资。如果超过一年的时间还没有与员工签订劳动合同，那就应当视为已订立无固定期限劳动合同。而这对于部分中小企业来说，就有可能出现不停地有员工跳槽，而企业则总是不停地招聘新的员工进来，而新的员工进来之后需要一段时间来适应，以前这段时间是不计入合同期的，现在这个时间没有了。这会使企业在用工上更加务实，会根据一项工作的实际需求寻找合适的员工。在签订劳动合同的时候，也会根据每位员工的实际情况确定合同期限。《就业服务与就业管理规定》也于 2008 年 1 月 1 日起正式实施。按照该规定，用人单位招聘人员时，应当如实地告知劳动者有关工作内容、工作条件、工作地点、职业危害、安全生产状况、劳动报酬等，在招聘信息中不得使用"月薪面议"等字样。

《全国人民代表大会常务委员会关于修改〈中华人民共和国劳动合同法〉的决定》已由中华人民共和国第十一届全国人民代表大会常务委员会第三十次会议于 2012 年 12 月 28 日通过，自 2013 年 7 月 1 日起施行。新的《劳动合同法》对相应条款进行了重新修订，具体如下。

将第六十三条修改为："被派遣劳动者享有与用工单位的劳动者同工同酬的权利。用工单位应当按照同工同酬原则，对被派遣劳动者与本单位同类岗位的劳动者实行相同的劳动报酬分配办法。用工单位无同类岗位劳动者的，参照用工单位所在地相同或者相近岗位劳动者的劳动报酬确定。劳务派遣单位与被派遣劳动者订立的劳动合同和与用工单位订立的劳务派遣协议，载明或者约定的向被派遣劳动者支付的劳动报酬应当符合前款规定。"

将第六十六条修改为："劳动合同用工是我国的企业基本用工形式。劳务派遣用工是补充形式，只能在临时性、辅助性或者替代性的工作岗位上实施。前款规定的临时性工作岗位是指存续时间不超过六个月的岗位；辅助性工作岗位是指为主营业务岗位提供服务的非主营业务岗位；替代性工作岗位是指用工单位的劳动者因脱产学习、休假等原因无法工作的一定期间内，可以由其他劳动者替代工作的岗位。用工单位应当严格控制劳务派遣用工数量，超过其用工总量规定的比例，具体比例由国务院劳动行政部门规定。"

将第九十二条修改为："劳务派遣单位、用工单位违反本法有关劳务派遣规定的，由劳动行政部门责令限期改正；逾期不改正的，以每人五千元到一万元的标准处以罚款，对劳务派遣单位，吊销其劳务派遣业务经营许可证。用工单位给被派遣劳动者造成损害的，劳务派遣单位与用工单位承担连带赔偿责任。"

0.5.5 "互联网+"背景下招聘管理的发展趋势

"互联网+"背景对企业的招聘管理模式与求职者的求职方式带来了深远的影响，企业招聘管理需要及时地作出适当的反应和变革。

未来互联网时代的企业招聘将基于以下趋势背景。

1．机器人将实现产业化

"中国制造 2025"中一个重要的部分就是机器人产业。到 2025 年，机器人工业产值预期可以达到 4.5 万亿美元；在工业和服务领域使用先进机器人承担的工作量相当于 7 500 万全职职工。

2．人工成本增加

从人口结构来讲，中国已经进入老龄社会，有效的人力资源供给逐步下降，人力资源市场发生了变化，人口城镇化率进一步扩大，人口向一线城市聚集，生活成本增长，倒逼人工成本增长。

3．人才招聘从以企业为中心转变为以应聘者为中心

企业招聘将更多地关注应聘者本身，招聘方式将由等待应聘者上门变为主动挖掘潜在的应聘者。

4．新技术对企业招聘影响深远

在招聘领域充分借助新技术的力量，是提升招聘效率的最佳选择。分析当前主流的技术，能够充分运用于招聘领域的主要有社交媒体、数字营销、移动化、机器学习及大数据分析等，具体对人才招聘的启示如表 0-1 所示。

表 0-1　可用于招聘领域的技术

技术发展	对人才招聘的启示
社交媒体	如今，在网络上查看一个人的个人生活和职业经历越发简便，人才搜寻也正变得前所未有地容易，竞争环境也更趋于公平
数字营销	基于人群特征和在线行为的针对性广告正从市场营销渗透至招聘行业。通过细分领域和为人才提供最合适的岗位，企业可以精准快速地找到合适的人选
移动化	随着移动设备在全球范围内异军突起，求职者越来越倾向于在适配的移动版网站了解就业机会和企业信息
机器学习	如今，自适应算法可以基于实时行为反馈(如查看岗位、点击申请)，将岗位与求职者联系起来
大数据分析	随着数据存储、处理和传输成本下降，人才招聘负责人开始将数据应用在业务的战略和技术决策上

5. 信息技术与企业将进一步深度融合，企业形态将发生变化

在互联网时代，用户需求呈长尾分布，且无限极致、快速地迭代，必须有最灵活的组织模式(Organization Pattern)进行匹配。"云组织"成为趋势，企业将搭建大数据平云台，招聘管理模式也将随之发生重大变化。

0.6　本书的结构安排及学习建议

0.6.1　本书的结构安排

本书以课程导入介绍招聘及招聘管理的基础知识和课程结构安排；随后本书的核心内容采用项目化教学单元构建内容体系。以工作任务为课程设置和内容选择的参照点，以项目为单位组织内容，以行为导向为方法，根据职业能力培养的需要，将课程内容设计为具体技能的工作任务。本书选取的项目均为在招聘管理实际工作过程中涉及的主要的、核心的工作模块，项目内容与企业内部招聘管理的岗位实践紧密结合，避免了传统高职、本科院校人力资源教材大多偏重理论化、知识化的局限性，全书以"知识够用"为引领，"重在技能"的高职院校教学任务和目标为核心，将知识导入到单任务或多任务的工作实际操作技能中，学习者既可掌握招聘管理的知识体系和实践操作的技能体系，也能为"1+X"岗证融通打下良好的基础，更能在将来顺利地开展现代企业招聘管理的实际工作，因此本书具有一定的创新性。

0.6.2　项目化教学单元的结构安排

在具体的项目内容设计上遵循"理论适度，重在技能"的理念。以下按照项目的结构顺序进行介绍。

1. 项目概述

每一个项目均由项目概述导入，项目概述主要介绍每个项目标题的含义。

2. 学习目标和技能目标

提出学习目标和技能目标，使学习者了解本项目安排的难易点和重点内容。

3. 案例导入

案例导入针对项目的工作任务目标设置案例，引出对项目重点内容的思考。案例基本由来自实践的工作内容加工而成，并紧密结合项目工作任务。

4. 相关知识

相关知识是对招聘管理各项目的理论内容的精选，它可以回答部分学习目标和案例导入提出的问题，同时也为工作任务的讲解作理论铺垫。

5. 工作任务

工作任务是项目的核心内容，由基本知识结合企业实践工作提炼编撰而成。工作任务采用单任务式或多任务式，多任务按照一定的逻辑关系设置，有前后步骤关系、并列关系等。工作任务主要包括操作流程和注意事项等。

6. 案例分析与讨论

案例分析与讨论与导入案例有所不同，案例分析与讨论是在学习者学习完相关知识，掌握了工作任务的操作步骤和注意事项等后提出的，有利于学习者检验对每一个项目工作任务的掌握情况。

7. 思考与练习

思考与练习将相关知识中的重要知识点，工作任务中的重点操作步骤、注意事项或高风险环节转化成思考问题，让学习者在学习完每一个项目后可以总结回顾相关知识或实践操作内容。

8. 拓展阅读

拓展阅读选取了与对应项目相关的补充知识，不需要学习者像学习"相关知识""工作任务"等模块般掌握，仅是帮助学习者开阔知识视野，更好地理解项目内容。

9. 推荐阅读

推荐阅读选取了与每个项目相关性极强又在目前市面上比较热销、拥有良好口碑的书籍做推荐，但这些推荐书籍都不做硬性学习要求，旨在使学习者进一步学习和参考。

0.6.3　本书的项目设置及学习建议

学习者通过对本书的学习，既可以从事公司内部的人力资源招聘工作，也可以到人力资源服务公司从事相关工作。

对于本书的项目设置及学习建议如下。

"项目 1　招聘基础分析"是对企业可以开展招聘工作的基础条件的分析，主要包括招聘管理的理论基础分析、招聘管理的现实基础分析、招聘管理的信息化基础分析和招聘管理的影响因素(主要指内外部环境因素)分析。虽然本项目是招聘工作的基础，即需要根据基础条件进行项目 2 的设计招聘流程，但本项目对知识技能要求较高，且在小型企业中不经常应用，即便在大型企业中从事此类工作的人员也具有层级较高的知识体系和工作技能，且初级学习者多从事辅助性、事务性的工作。所以建议学习者以掌握知识和技能体系为主，着重掌握辅助性的工作内容。

"项目 2　设计招聘流程"是承接"项目 1　招聘基础分析"的知识和技能内容，也是招聘管理工作的关键环节。招聘流程设计有其通用的方法和流程，但企业基础条件千差万别，不可能千篇一律，而它的确又关乎企业整体招聘工作的成败，这就要求学习者掌握招聘流程设计的要点，并能结合企业实践进行因地制宜的设计和实施。所以，建议学习者在掌握了本项目的招聘流程设计要点后，多关注不同规模和不同发展阶段的企业的招聘流程案例，以便更好地理解招聘流程设计的通用性和特殊性。

"项目3 制订招聘计划""项目4 选择招聘渠道""项目5 面试与甄选""项目6 人员录用""项目7 招聘评估"都为招聘流程的具体实施环节。之所以如此划分，是考虑到每个项目在招聘管理流程中的重要地位和相对独立性。其中：

"项目3 制订招聘计划"是招聘流程的起始工作，在项目结构安排中将本该属于项目1的现实基础构建部分"人力资源规划"放于此，是基于招聘计划与人力资源规划联系非常紧密，可以说人力资源规划是制订招聘计划的前提和基础。同时，本项目又加入了招聘策略和招聘团队的知识和技能内容，它们是招聘计划实施不可或缺的内容，更有利于招聘计划的实施。但是，本项目与项目1和项目2相似，它们均对知识和工作技能要求较高，在人力资源服务公司提供的第三方服务中属于咨询服务，所以建议初学者同样以辅助者的视角进行知识和技能的学习与掌握。

"项目4 选择招聘渠道"是操作性非常强的一个项目，需要站在综合的角度考虑招聘渠道的选用，并进行招聘广告的设计与发布。考虑到招聘渠道选择与实施的多样性，在本项目中又加入了内部竞聘和校园招聘等广泛使用的招聘渠道。基于此，建议学习者尽量掌握本项目的全部知识和工作技能，以便将来更好地对接实际工作场景。

"项目5 面试与甄选"同样为实操性非常强的一个项目，基本是企业招聘工作中的必备环节，主要包括筛选简历、笔试、面试和背景调查等内容。本项目在结构安排中考虑到高职院校的知识体系建设和知识技能要求，将本科院校的教材中广泛介绍的"公文筐测试""评价中心测试"等内容移除，而将重点放在笔试和面试等环节的介绍上。但还是希望对移除内容感兴趣的学习者可以将其作为扩展知识进行学习。基于此，建议学习者尽量掌握本项目的全部知识和工作内容。

"项目6 人员录用"是企业实际招聘工作的阶段性收尾工作(有些企业不进行招聘评估)，主要包括录用决策与入职管理，其中录用通知的撰写、入职流程的办理、劳动合同的签订都是企业用工风险高发的环节，务必要求学习者掌握规避风险的原则。本项目内容建议学习者全部掌握，并能够很好地应用到实际工作中。

由于招聘失误频繁发生，会给企业造成不可估量的损失，追根溯源可能是招聘流程中的某个环节出现问题，或者招聘流程本身就存在漏洞，所以"项目7 招聘评估"在目前的企业招聘工作中越来越受到重视。它既是对现有招聘工作的总结，也是招聘基础分析的重要内容，同样是下一次人力资源规划的重要参考依据。本项目要求学习者具有非常强大的分析和总结能力，当然也要对招聘的所有环节体系十分了解。基于此，建议学习者在掌握本项目知识和工作技能的基础上，广泛阅读不同类型企业的招聘总结案例，举一反三，以便在将来的实际工作中得以应用。

本项目的内容和项目结构关系如图0-1所示。

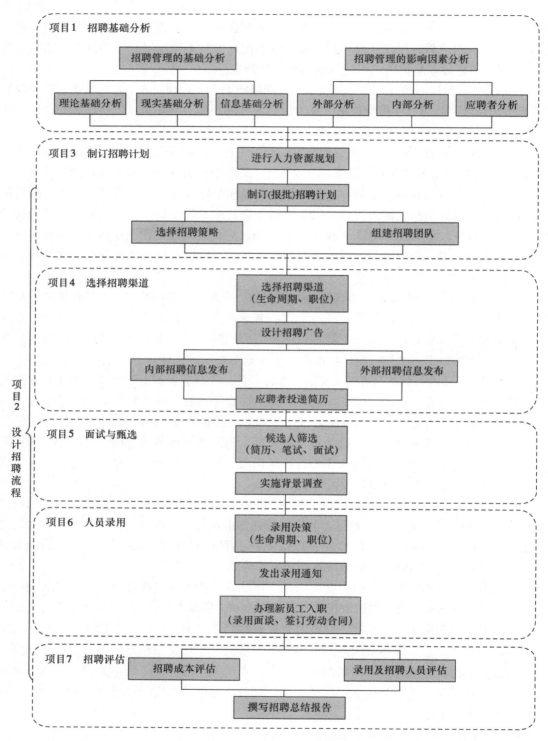

图 0-1　本书各项目内容及项目关系

项目1 招聘基础分析

【项目概述】

　　招聘管理基础的构建和分析主要包括招聘管理的理论基础（主要指胜任特征模型）的构建和分析、招聘管理的现实基础的构建和分析（主要包括人力资源规划、组织优化和职位分析）、招聘管理的信息基础的构建和分析，以及围绕这三个基础的构建和分析而进行的招聘管理的内外部环境分析。本项目以及接下来的部分项目将主要围绕着这几方面的内容做介绍，以便为整个招聘管理工作打下良好的基础。

 【学习目标】

- 能够熟悉招聘管理的理论基础内容。
- 能够熟悉招聘管理的现实基础内容。
- 能够掌握招聘管理的信息基础及其对人岗匹配的影响。
- 能够掌握影响招聘管理的外部因素、内部因素及应聘者的个人因素。

 【技能目标】

- 能够熟悉问卷调查法的内容，并能够协助进行问卷调查法的业务操作。
- 能够熟悉关键事件法的内容，并能够协助组织进行关键事件法的业务操作。
- 能够根据组织优化的方法和步骤，参与组织优化的操作。
- 能够掌握职位分析的内容，并能够主导职位分析法的业务操作。
- 能够熟悉招聘管理的内部分析方法、外部分析方法以及招聘对象分析方法，并分别独立进行分析工作。

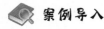

📖 **案例导入**

能力和岗位不匹配带来的苦恼

成立于 2010 年的重庆 H 公司是一家由私人投资兴办的生产型企业。该公司负责人刘总正在为公司的人才引进问题烦恼。H 公司自成立以来，业务量日益增长，市场逐渐扩大，逐步站稳了脚跟。前一段时间，公司新添了一些新产品的制造业务，同时也增设了相应的岗位。因此，人力资源部门的李经理向刘总提出了招聘要求。这一建议得到了刘总的支持。公司发展到现在，业务得到了新的拓展，要增加一些新的岗位，如新产品的制造部经理、技术主管等岗位。现有的在职员工的知识素质、技能似乎还差一截。因此，李经理想利用此次机会招聘优秀的外部人才为公司新产品的生产制造注入新的活力。人力资源部门抽取了一些工作人员，再加上一些重要部门的主管，构成了招聘小组，开始了招聘工作。此次招聘与以往不同的是，李经理认为公司要想获取持久的竞争优势，并能够长久地发展，必须招聘一些知识层次较高、工作经验丰富、能力素质都很优秀的人才加入到公司中来。

招聘工作完成后，新员工试用的结果并不尽如人意。许多人提出了换岗或者干脆主动放弃该工作机会。人力资源部的李经理对此困惑不已。新员工共六名，基本上都有两年以上制造业工作经验。从学历上看，其中有三名博士、两名硕士、一名本科生。他们都被安排在了新产品制造的各个岗位中，公司提供的薪水并不低，领导对他们的工作基本持满意态度，同时，工作环境也还比较理想。因此，对于新员工提出辞职这件事，李经理陷入了沉思。他找来部门主管，询问了新产品的制造情况，发现岗位设置不太合理，特别是岗位对任职者的需求和实际任职者的能力之间存在较大差异。新员工具有良好的专业背景，并且拥有相关的工作经验，他们的能力超过了这些岗位对员工的技能要求。因此，许多人认为工作没有挑战性，工作成就感很难获得，便提出了辞职。

(资料来源：https://www.wendangwang.com/doc/a0555f0efbaa75d6b45c273a，有改动)

请问：您认为李经理对人员提出换岗或者干脆主动放弃该工作机会的原因分析正确吗？请结合案例谈谈您的看法。

1.1 相关知识：招聘管理的基础和影响因素

1.1.1 招聘管理的理论基础

1. 胜任特征的概念

胜任特征(Competency)在英语中的意思是"能力、技能"。《美国词源》大辞典对"胜任特征"的描述是"具备或完全具有某种资格的状态或品质"。

我国早期有人把 Competency 翻译为"素质""胜任力""软技能"，后来王继承、时勘等人把它译为"胜任特征"，以区分在国内使用范围较广的"素质"这一概念。研究表明，胜任特征虽为国外兴起的人员测评技术的工具和方法，对于中国企业也同样是适用的，它具有较高的信度、效度和可行性。这一概念包括三个方面，一是深层特征，二是引起或区分优劣的因果关系，三是效标参照群体的优劣标准。

2. 胜任特征模型

胜任特征模型是指担任某一特定的任务角色所需要具备的胜任特征的总和，而这些胜任特征就是能够区分高绩效者与绩效平平者或者低绩效者之间存在差异的特征的集合。胜任特征模型主要回答两个问题：完成工作所需要的技能、知识和个性特征是什么，以及哪些行为对于工作绩效和获取工作成功来说是具有最直接影响的。胜任征模型的结构有三个层次：胜任特征类别、相应的定义和典型行为表现。岗位胜任特征模型是胜任特征模型中范围最狭窄的一种模型，仅适用于特定工作岗位。如人力资源培训专员，它适合在开展岗位人员的招聘、选拔、培训、考评等人力资源管理活动时运用。

在胜任特征的冰山模型中，各种胜任特征被描述为在水中漂浮的一座冰山。作为冰山水面下的部分，就是我们通常所指的"潜能"，即属于"看不见"的部分，而在冰山上面的"技巧"和"知识"就是我们传统人力资源管理中经常考查的部分。此模型要阐述的胜任特征模型既包括冰山水面下的潜能部分，也包括水面上的知识和技巧。从上而下的深度不同，则表示被挖掘和感知的难易程度不同，在水面下越深，通常越不容易被挖掘和感知，而水面上的部分则更容易通过后天的努力和培训形成。冰山水面下的部分才是深层的胜任特征，是决定人们行为及表现的关键因素。

基于岗位胜任特征的人员的甄选是基于企业的愿景、价值观与文化而建立和发展起来的。因此，基于岗位胜任特征的人员甄选能够帮助企业找到具有核心动机和特质的人员，以岗位胜任特征为甄选指标可确保人员与组织文化相吻合。以岗位胜任特征为基础的甄选可以避免其他非胜任特征因素(如性别、年龄、外表)的干扰，进而确保甄选过程的客观性与公正性。

3. 胜任特征模型的模式

胜任特征模型的设计和再造，根据不同的工作性质和特点，不同的时空范围、目标和需求，可以分为以下四种模式。

1) 岗位胜任特征模型

它是胜任特征模型中范围最狭窄的一种模型，仅适用于一般工作岗位。如起重机械操作工、酒店客房服务员、仓库保管员、人事劳资员、财务出纳员等岗位的胜任特征模型。它适合在开展操作性、服务性岗位人员的招聘、选拔、培训、考评等人力资源管理活动时运用。

2) 功能性胜任特征模型

它是根据某职能部门中的专业性非常强的某类岗位人员的成功实践，总结归纳出来的胜任特征模型，如市场营销、技术研发、财务管理、物流管理、工业工程管理、质量控制、人力资源管理等人员的胜任特征模型。

3) 角色性胜任特征模型

它是从组织中员工个人所扮演的角色出发，通过深入比较研究总结概括出来的一种胜任特征模型，它跨越了某类岗位人员的专业性和单一性，是对功能性胜任特征模型的进一步提升，如企业家的胜任特征模型、职业经理的胜任特征模型乃至各级主管人员的胜任特征模型。而主管胜任特征模型又是对人事主管、财务主管、销售主管、技术主管以及生产主管等功能性胜任特征模型的高度概括。由于这种模型涵盖了各个具体的管理功能，更适合于以团队为基础的组织核心特征模型的设计。

4) 组织性胜任特征模型

它是从企业发展远景和目标出发，与企业的经营理念紧密结合，为满足公司总体战略的发展需要而确立起来的胜任特征模型。它高于其他层次的特征模型，以角色性胜任特征模型为基础，涵盖了企业所有的职能和业务部门，适用于在企业内不同工作领域、不同层次和不同岗位上工作的所有人员。

4. 基于岗位胜任特征模型的招聘管理的优点

以胜任素质为基础的人才招聘，主要针对难以测量的内在品质和动机来招聘员工，为人才招聘提供了更准确的方法和手段。和传统招聘方法相比，它具有以下优势。

(1) 基于胜任素质的人才招聘，不仅注重员工的知识和技能，同时也注意内隐特质和动机的考察。通过这种方式招聘的人员具有较高的人岗匹配性。

(2) 基于胜任素质的人才招聘的标准是该岗位的工作绩效和取得此绩效的工作的胜任素质，能够避免一般性测评中晕轮效应、主观意识等的影响，使招聘标准更加科学化。

(3) 基于胜任素质的人才招聘，依据是企业的文化和战略目标，能够帮助企业找到与核心动机和特质相匹配的员工，保证人、岗位、组织相吻合。目前，大多数企业在进行招聘工作时，通常是通过面谈、推(自)荐、参考以往工作经验的数据、一般性的测评等方法。

另外，应聘者在应对招聘时的各种测试，与招聘方进行信息交流时，也会尽力根据招聘方的用人要求，展示自己最佳的一面。这时候有可能会出现以下三种情况。

(1) 应聘者展示了自己适应岗位的关键素质，并符合岗位要求。

(2) 应聘者为了获得岗位，刻意表现出某一方面特征，掩盖其他特征。应聘者在测试过程中有意或无意地掩盖了一些信息，阻碍了招聘方看到或看清对方某方面特征的视线，使招聘方难以达成较全面的认识和评价，从而对人岗匹配性判断产生影响。

(3) 由于应聘者在应聘时心里紧张而表现失常，失常的表现同样会掩盖应聘者的真实能力。

在这样的情形下，招聘方很难甄别应聘者是否符合企业和岗位的需要。招聘的结果常常是，一些具有高学历、一大堆证书的员工，在实际工作中表现平平，优秀的业绩更是无从谈起。传统的人才招聘通常比较重视考察人才的知识、技能等外显性素质，而没有针对难以测量的核心动机和特质来挑选人才。但如果挑选的人才不具备该岗位所需要的深层次的胜任素质，而要想改变该员工的深层特征却不是通过简单的培训和学习就可以解决的问题，这对于企业来说无疑是一个重大的失误与损失。而基于胜任素质的选拔正是帮助企业找到具有核心动机和特质的人才，既避免了由于人才挑选失误所带来的不良影响，也减少了企业相关的培训支出。尤其是为工作要求较为复杂和综合的岗位挑选候选人才，如挑选高层技术人员或高层管理人员，在应聘者基本条件相似的情况下，胜任素质模型在预测优秀绩效方面的重要性远比与任务相关的技能、智力或学业等级分数等显得更重要。

1.1.2 招聘管理的现实基础

1. 人力资源规划

1) 人力资源规划对招聘的基础作用

人力资源规划，也叫人力资源计划或人才资源规划，国内外学者从各自的认识和理解出发，对其给出了不同的概念阐释，大致可分为两种：一种是从组织利益的角度出发，认为人力资源规划就是确保企业在需要的时间和需要的岗位上获得各种需要的人才(包括数量和质量两个指标)；另一种是组织与员工利益兼顾的观点，认为人力资源规划就是在企业和员工的目标达到最大一致的情况下，保持组织与员工个人利益的平衡以及人力资源供给和需求的平衡。人力资源规划是根据组织的战略目标，科学地预测组织在未来环境变化中人力资源的供给与需求状况，制定必要的人力资源获取、利用、保持和开发策略，确保组织对人力资源在数量上和质量上的需求，使组织和个人获得长远利益。人力资源规划是招聘的第二个理论基础，通过人力资源规划，招聘时可以明确企业的什么岗位缺人、所缺人员的数量等问题。通过人力资源规划，可以实现以下目标。

(1) 确保组织和部门在需要的时间和岗位上获得所需要的合格人员，并使组织和个人得到长期益处。

(2) 在组织和员工目标达到最大一致的情况下，使人力资源的供给和需求达到平衡。

(3) 分析组织在环境变化中的人力资源需求状况，并制定必要的政策和措施以满足这些要求。

一个组织或企业要维持生存和发展，拥有合格、高效的人员结构，就必须进行人力资源规划。首先，任何组织和企业都处在一定的外部环境中，其各种因素均处于不断的变化中。这些环境中政治、经济、技术等一系列因素的变化，势必要求组织和企业作出相应的变化。而这种适应环境的变化一般都要带来人员数量和结构的调整。其次，组织和企业内部的各种因素同样是无时无刻不存在运动和变化的，人力因素本身也会处于不断的变化之中。例如，离退休、自然减员以及企业内部进行的工作岗位调动、晋升等导致人员结构变化。最后，在改革开放、市场经济体制和向市场经济体制过渡的时期，组织和企业内外的各种因素的变化会更加剧烈。在计划经济体制下，除了自然减员和组织内部调动外，人员的流动似乎是不可思议的。但是，在市场经济体制下，其情况却完全不同，各种资源，包括人力资源，要靠市场机制的作用进行合理的配置，随着劳动力市场的建立，人才的大量流动已经变得习以为常。为了保证企业的效率，企业内部也必然要进行人员结构的调整和优化。

因此，为了适应组织环境的变化和技术的不断更新，保证组织目标的实现，就必须加强人力资源规划，这对正在走向市场的中国企业尤其重要。否则，必然是一方面不合要求的人员大量过剩，另一方面则是某些具有特殊技能和知识的人才紧缺，企业的竞争能力和效益难以提高，以致在激烈的竞争中遭到失败。

在人力资源所有的管理职能中，人力资源规划最具有战略性和主动性。科学技术瞬息万变，而竞争环境也变化莫测。这不仅使得人力资源预测变得越来越困难，也变得更加紧迫。人力资源管理部门必须对组织未来的人力资源供给和需求作出科学预测，以保证在需要时能及时获得所需要的各种人才，进而保证实现组织的战略目标。

2) 人力资源规划的内容

人力资源规划的内容一般包括数量规划、结构规划和素质规划三个方面。

① 数量规划 人力资源数量规划是根据企业未来的业务规模、地域分布、商业模式、业务流程和组织结构等因素，确定未来企业各级组织人力资源数量及各职类、职种人员配比关系或比例，并在此基础上制订企业未来的人力资源需求计划和供给计划。

② 结构规划 人力资源结构规划是依据行业特点、企业规模、未来战略重点发育的业务及业务模式，对企业人力资源进行分层分类，同时设计和定义企业的职类、职种、职层功能、职责及权限等，从而理顺各职类、职种、职层人员在企业发展中的地位、作用和相互关系。

③ 素质规划 人力资源素质规划是依据企业战略、业务模式、业务流程和组织对员工的行为要求，设计各职类、职种、职层人员的任职资格要求，包括素质模型、行为能力及行为准则等。人力资源素质规划是企业开展招聘活动的基础与前提条件。

3) 人力资源规划的原则

为了保证企业招聘的质量，企业人力资源规划的制订需要遵循以下原则。

① 全面性原则 全面性原则要求企业在进行人力资源规划时，充分考虑内外部环境的变化。内部变化包括发展战略的变化、员工流动的变化等；外部变化包括政府人力资源政策的变化、人力供需矛盾的变化以及竞争对手的变化。对环境没有全面地估计，规划就会出问题。

② 开放性原则 开放性原则实际上强调的是企业在制定发展战略时，要消除一种不好的倾向，即狭窄性，考虑问题的思路不要狭窄，要考虑到各个方面。

③ 整体性原则 整体性原则体现在如何将企业中众多数量的人力资源形成具有竞争能力的核心力量，充分考虑企业人力资源管理的整体效益。

④ 科学性原则 科学性原则强调企业的人力资源规划必须遵循人力资源发展、培养的客观规律，以人力资源现状分析为出发点，以人力资源需求和供给为基础，以人力资源发展规律为依据，进行科学的、客观的人力资源规划。

2. 组织优化

1) 组织优化及组织结构

组织优化(Organization Optimization)关注的是如何建立或改变一个组织的组织结构(包括组织机构和职位系统)，使之能更有效地实现组织的既定目标。具体而言，即根据组织目标，对实现目标所必需的各项业务活动加以区分和归类，把性质相近或联系紧密的工作进行归并，组建相应的职能部门进行专业化管理，并根据适度的管理幅度来确定组织管理层次，包括组织内横向管理部门的设置和纵向管理层次的划分。通过组织优化工作，企业首先明确的是企业需要什么样的部门，部门里需要设置什么样的岗位。通过了解设置该职位的目的，找到该职位是通过什么方式或什么途径来实施公司的战略目标，以保证公司的未来发展。

组织结构(Organization Structure)作为企业资源和权力分配的载体，在人的能动行为下，通过信息传递，承载着企业的业务流动，推动或者阻碍企业使命的进程。由于组织结构在企业中的基础地位和关键作用，企业所有战略意义上的变革，都不得不首先在组织结构上作出变动。组织结构是指组织内部分工协作的基本形式或框架。组织结构对组织行为具有长期性和关键性影响，它反映了以下几种重要关系。

(1) 关于个人和部门一系列正式的任务安排，即工作在各个部门与组织成员之间是如何分配的。

(2) 正式的报告关系，即谁向谁负责，包括权力链、决策责任、权力分层的数量(管理层次)以及管理人员的控制范围(管理幅度)。

(3) 组织的内部协调机制。组织结构为保证跨部门合作提供了一种体系设计，一个企业的结构反映了企业通常是如何解决信息和协调问题的。在这个意义上，可以说组织结构是一个企业组织任务、安排人员完成任务，以及促使企业信息流动的一般的和持久的方式。在优化组织结构和功能时，从最直观、最形象地反映组织结构的组织结构图入手，是一个很好的突破。组织结构图描述了组织结构的关键特征，虽然组织结构图只是组织结构的简化模式，并不代表真正的组织结构，但在对组织进行优化时，组织结构图中透露出来的一系列正式的任务安排和正式的报告关系为组织的优化奠定了基础。组织结构图直接说明了该组织的分工(即任务安排)、上下级关系、工作的性质、部门设置及其依据、管理层次等信息，从而使得组织结构的优化更加简便、直观和高效。

2) 组织优化是招聘的基础工作

首先，招聘工作只有建立在组织优化的基础上，才能保证效果。组织优化基于对企业的使命进行职位分析，即首先对企业的业务流程、职能分工所涉及的各项工作的种类和属性进行分析。这种分析所产生的结果是企业进行组织设计和岗位设置的前提和依据，它有利于理顺企业内部的管理流程，合理地界定部门与岗位的工作职责，以追求效率最大化为原则，尽可能地减少不必要的中间环节，精简高效地进行组织结构设计和岗位设置。所以，在这个层次上的职位分析可以称为基于流程所进行的分析，同时它的工作成果可通过组织结构图的形式出现。

其次，在组织结构与部门职能确定后，根据"鱼骨图"(又称因果分析图)的模型分解部门职责，形成不同的工作岗位，然后针对具体岗位的任职资格、工作范围、工作条件、权限以及任职者所应具备的知识技能和生理、心理上的要求进行分析。在这个阶段进行的分析，可以说是整个职位分析中工作量最大的内容，涉及组织内部所有的部门和岗位，这也是我们通常所说的职位分析，一般的工作也是仅针对这一部分。由于所分析的对象是具体的岗位，所以在这个部分我们可以称之为基于岗位所进行的职位分析。最终的工作成果是以工作说明书(或称之为岗位说明书)的形式出现的，在工作说明书中涉及每一个岗位的存在所需要的各种条件和岗位的基本情况。它是职位分析中产生作用最广泛的一个环节，直接对员工的招聘录用产生深刻影响。

扫描二维码，观看微课03 岗位说明书的编写。

3. 职位分析

1) 职位分析对招聘的基础作用

招聘工作是企业人力资源管理中一项经常性的工作。一个企业想要永远留住自己所需要的人才是不现实的，也不是人力资源管理手段所能控制的。要使招聘有效

微课03 岗位说明书的编写

地发挥招纳企业所需人才的作用，就必须有一个基础平台支持其运转，这个平台就是职位分析。通过职位分析，可以掌握人力资源规划中人员配置是否得当，了解招聘需求是否恰当，分析需要招聘人员的职位的工作职责、工作规范，同时准备需要发布的招聘信息，使潜在的候选人了解对工作的要求和对应聘者的要求。根据工作规范的素质特征要求及招聘的难易程度选择招聘信息的发布渠道，同时按照工作规范的要求进行应聘者的面试初步资格筛选，以节约交易成本。根据招聘职位或职位的实际工作，选用适当的方式与实际工作相类似的工作内容对应聘候选人进行测试，了解、测试其在未来实际工作中完成任务的能力。通过职位分析掌握面试中需要向应聘者了解的信息，验证应聘者的工作能力是否符合工作职位的各项要求，以便录用到最适合的应聘者。

人力资源规划成功的关键在于分析空缺岗位的需求，然后确定与标准岗位性质相同的附属岗位，以便获得相关经验。因此，在对岗位做好分析界定后，才能对此作出要求。我们需要了解岗位的任务，需要解决的问题及需要掌握的知识、经验和技能，以及对人员素质的要求。无论是进行选拔、培训，还是确定薪金，都需要了解该项工作的具体要求，需完成哪些任务，以及这项工作需处理的问题所涉及的范围和复杂程度。

职位分析是对企业各类岗位的性质、任务、职责、劳动条件和环境，以及员工承担本岗位任务应具备的资格条件所进行的系统分析与研究，并由此制定岗位规范、工作说明书等人力资源管理文件的过程。其中，岗位规范、岗位说明书都是企业进行规范化管理的基础性文件。在企业中，每一个劳动岗位都有它的名称、工作地点、劳动对象和劳动资料。

通过职位分析与设置，可以明确界定职位的职责和权限，消除职位之间在职责上的相互重叠或真空，从而尽可能地避免部门间的推诿，使公司的每一项工作都能够得以落实；通过职位分析，可以理顺职位之间的关系，明确职位在流程中的角色与权限，从而提高流程的效率；通过职位分析，可以根据职位的职责来确定或者调整组织的分权体系，实现权责对等；通过职位分析，可以确保部门在人员配置上做到"为事择人、任人唯贤、专业对口、事择其人"。

2) 职位分析的内容

职位分析的内容包含三个部分：对工作内容及岗位需求的分析；对岗位、部门和组织结构的分析；对工作主体员工的分析。对工作内容及岗位需求的分析是指对产品(或服务)实现全过程及重要的辅助过程的分析，包括工作步骤、工作流程、工作规则、工作环境、工作设备、辅助手段等相关内容的分析；不同的行业和不同的业务都影响着岗位、部门和组织结构的设置，对岗位、部门和组织结构的分析包括对岗位名称、岗位内容、部门名称、部门职能、工作量及相互关系等内容的分析；对工作主体员工的分析包括对员工年龄、性别、爱好、经验、知识和技能等各方面的分析，通过分析有助于把握和了解员工的知识结构、兴趣爱好和职业倾向等内容。在此基础上，企业可以根据员工特点将其安排到最适合他的工作岗位上，达到人尽其才的目的。

职位分析要把握好分析内容。职位分析要确定工作的具体特征，找出工作对任职人员的各种要求。前者称为工作描述，后者称为任职说明。职位分析通常包括的信息为6W2H。

Who：谁从事此项工作，责任人是谁，以及对人员的学历及文化程度、专业知识与技能、经验以及职业化素质等资格要求。

What：做什么，即本岗位工作或工作内容是什么，主要担负什么责任。

Whom：为谁做，即顾客是谁。这里的顾客不仅指外部顾客，也指企业内部顾客，包括与从事该岗位的人有直接关系的人(直接上级、下级、同事及客户)。

Why：为什么做，即岗位对企业的意义所在。

When：工作的时间要求。

Where：工作的地点、环境等。

How：如何从事此项工作，即工作的程序、规范以及为从事该岗位所需的权力。

How much：为该岗位所需支付的各种费用、报酬。

通过职位分析，我们可以对企业的组织设计、定岗定编进行优化，明确业务流程，也有助于人力资源管理各个模块工作的有效实现。职位分析的结果是形成工作说明书。规范的工作说明书包括工作名称、工作活动、工作程序、物理环境、社会环境、聘用条件六个方面，它主要是要解决工作内容与特征、工作责任与权力、工作目的与结果、工作标准与要求、工作时间与地点、工作岗位与条件、工作流程与规范等问题。

微课 04　工作分析内容

扫描二维码，观看微课 04　工作分析内容。

1.1.3　招聘管理的信息基础

1. 大数据的时代背景

大数据(Big Data)被认为是继云计算、物联网之后信息科学领域的又一次颠覆性技术变革。

2008 年 *Nature* 杂志推出了"Big Data"专刊，*Science* 也在 2011 年推出了"Deal With Data"专刊，介绍了大数据的前沿问题。2011 年，麦肯锡发布了《大数据：创新、竞争和生产力的下一个前沿领域》报告，指出："数据已经渗透到每一个行业和业务职能领域，逐渐成为重要的生产因素，而人们对于海量数据的运用将预示着新一波生产率增长和消费者盈余浪潮的到来。"2012 年，世界经济论坛发布了《大数据、大影响：国际发展新的可能性》的报告，从金融服务、健康、教育、农业、医疗等多个领域阐述了大数据给世界经济社会发展带来的机会。同年，奥巴马政府公布了《大数据研究和发展计划》，计划在科学研究、环境、生物医学等领域寻求突破，以改进人们从海量和复杂数据中获取知识的能力，从而加速美国在科学与工程领域发明的步伐，增强国家安全。这被认为是美国政府继信息高速公路之后在信息科学领域的又一重大举措。

2015 年 8 月 31 日，国务院印发了《促进大数据发展行动纲要》，对大数据的发展形势和重要意义、大数据发展的指导思想和总体目标、促进大数据发展的工作任务和政策机制作出了重点阐述和具体说明。同年 11 月，第十八届五中全会胜利闭幕，会议发布的《中共中央关于制定国民经济和社会发展第十三个五年规划的建议》提出，推进数据资源开放共享，实施国家大数据战略。这是我国首次提出推行国家大数据战略。大数据将带来一场翻天覆地的变革，深刻地改变各行各业的业态。

随着互联网、物联网、云计算等 IT 与通信技术的迅猛发展，数据正在以前所未有的速度不断地增长和累积，大数据时代已经到来。如何利用大数据技术丰富人力资源管理手段，优化招聘流程，创新招聘方式，提高人力资源管理效率，是一个值得探索的领域。

2. 大数据的概念和特点

2011 年 6 月，麦肯锡全球研究院在《大数据的下一个前沿：创新、竞争和生产力》报告中指出大数据是大小超出常规的数据库工具获取、存储、管理和分析能力的数据集。维基百科认为，大数据或称巨量资料，是指无法在允许的时间里用常规的软件工具对内容进行抓取、管理和处理的数据集合。研究资讯机构 Garnter 则认为，"大数据"是需要新的处理模式才能具有更强的决策力、洞察发现力和流程优化能力的海量、高增长率和多样化的信息资产。百度百科认为，大数据，是指无法在可承受的时间范围内用常规软件工具进行捕捉、管理和处理的数据集合，是需要新的处理模式才能具有更强的决策力、洞察发现力和流程优化能力的海量、高增长率和多样化的信息资产。

对大数据的特征概括：道格·莱尼(Doug Laney)于 2001 年指出的数据增长有三个方面的挑战和机遇，即体积(Volume)、速度(Velocity)、种类(Variety)，形成最初的"3V"特征。之后，研究者进一步把"3V"扩展到"4V"，从不同视角对第四 V 进行表述。如布赖恩·霍普金斯(Brian Hopkins)和鲍里斯·埃韦尔松(Boris Evelson)撰写的《首席信息官，请用大数据扩展数字视野》报告，提出大数据还应有易变性(Variability)特征。维克托·库克耶编写的《大数据时代》以及国际数据公司(IDC)均认为，大数据还具有价值密度低、商业价值高的价值性(Value)特点。IBM 则认为大数据必然还具有真实性(Veracity)特征。2014 年，IBM 发布了《践行大数据承诺：大数据项目的实施应用》白皮书，认为大数据的主要特点可以简单地概括为"Vs"，"Vs"增加了数据黏度(Viscosity)特征。

3. 大数据给招聘管理带来的影响

大数据给企业招聘管理带来的影响如下。

1) 人才招聘立体化

大数据时代的到来，使得企业能够通过人才简历信息以及报考职位信息，结合社交网站提供的应聘者社会信息，分析应聘人员就业倾向及需求状况等立体信息。这为企业招聘工作的开展提供了有力依据，使得招聘需求更加明朗，招聘计划更趋合理，招聘过程更有针对性，招聘结果更有成效，实现精准的人岗匹配。

2) 人才测评科学化

目前，人才测评的主观性较强，大数据技术将改进测评方法，为人才招聘工作提供新的参考手段和方法。传统胜任力模型的构建，需通过访谈、调查问卷、统计分析等一系列过程。而依托大数据建立的人力资源系统可以利用现代信息技术，精确计算出绩效优秀员工胜任力特征，改变传统构建模式，不断优化人才测评和胜任力分析工具。

3) 人才决策量化分析

随着大数据技术的发展，更多组织人事信息得以收集整理，可实现对组织、岗位、人员等全面关联性分析，各项人才决策将更加有数可考、有据可凭。

4. 大数据在招聘管理中面临的困境

招聘过程的最根本诉求是解决企业职位与候选人之间匹配的问题，而大数据技术恰恰能高效精准地完成这个匹配过程。通过大数据，分析与挖掘数据信息所蕴含的不同属性，运用这些信息，人力资源招聘就能够对求职者的工作表现进行预测及把握，把招聘从依据"经验+直觉"转化为依据"数据+事实"，提高了招聘成功的概率。但同时我们应该注意，大数据在招聘过程中也存在一些难点。

1) 数据管理难度大

伴随企业网络招聘方式的广泛应用，由此产生的简历、应聘者申请、求职咨询的数据量也呈指数形式增长，传统的人工简历筛选或中介招聘网站的简单"关键词"筛选方式无法高效地处理这一海量数据，造成招聘初选效率下降，应聘者求职反馈严重滞后，入职者与职位匹配度下降，无法有效识别潜在候选人，职位空缺无法得到及时满足。如何高效地处理海量招聘数据，提高企业招聘录用率，成为采用网络招聘方式的企业所面临的共性问题。

2) 数据安全隐患严重

招聘的服务商不仅是数据的生产者，也是数据的存储者和使用者，单纯依靠技术手段很难限制商家对信息的使用，也就难以保护应聘者的隐私。被侵犯的信息主要包括两大类别：一种是不在应聘者公开意愿范围内的个人信息，属于应聘者个人隐私的部分；另一种是与应聘活动无关的其他人员的信息。企业收集的数据可能包括购物习惯、好友联络情况、社交规模、阅读习惯、兴趣爱好、检索习惯等。这些数据被大量收集后也会暴露个人隐私。在大数据时代，告知与许可、模糊化和匿名化这三大隐私保护策略都失效了。

3) 数据价值密度低

招聘中的大数据价值密度远远低于传统关系型数据库中存在的结构化数据，且随着大数据对应聘者信息的不断收集，数据量会呈指数形式增长，但是隐藏在海量数据中的有用信息却没有得到相应比例的增长。企业所需要的信息，是能够帮助企业判断应聘者个人素质的信息，但是海量信息中绝大多数是与企业招聘关系程度不高的噪声信息，噪声信息会使我们获取有用信息的难度加大，整个大数据中关于招聘的信息价值密度低。例如，在博客圈中存在大量垃圾博客、在微博当中的"僵尸粉"、微信当中的广告信息等，对于企业的招聘活动来说，这些数据都是无效信息，没有利用价值。

5. 大数据技术支持下的候选人与岗位的匹配

从最原始的报纸刊登招聘消息，到招聘 1.0 时代以 PC 端智联招聘、51Job 为代表的简历仓库，再到 2.0 时代以 LinkedIn 与拉勾网为代表的社交、垂直类招聘，都无法同时解决招聘中最大的两个痛点：效率与精准。如何实现招聘的智能匹配，背后的技术驱动正是基于大数据技术。海量应聘者信息恰恰具备了大数据的特点，应用大数据技术分析应聘者数据中潜在的规律，以判断其与空缺职位胜任素质的匹配性，有助于企业作出正确的招聘决策，进而提高人力资源管理的运行效率。

1.1.4　招聘管理的影响因素分析

1. 影响招聘管理的外部因素

1)　政策法规

国家的有关法律、法规和政策，是约束企业招聘和录用行为的重要因素，从客观上界定了企业招聘对象选择和限制的条件。企业在制订招聘计划和实施招聘录用决策的过程中，必须充分考虑现行法律、法规和政策的有关规定，防止出现违背政策法规的行为，避免产生法律纠纷，使企业人力、物力、财力及企业形象遭受不必要的损失。

影响企业招聘管理的法制环境主要是指法制，尤其是与劳动相关的法制健全与否、法律的普及程度以及法律的执行情况等。与劳动相关的法制健全，可以使企业的招聘管理有法可依；与劳动相关的法律的普及程度高，不但可以使全社会都来关注和监督企业的招聘行为，而且可以使应聘者依法维护自己的利益；与劳动相关的法制执行情况好，最终可以保证企业的招聘管理工作顺利开展。

2)　社会经济制度

经济制度对招聘工作的影响主要表现在对劳动力供求的调节机制上。在经济学中，资源有狭义和广义之分。狭义的资源是指自然资源；广义的资源是指经济资源或生产要素，包括自然资源、劳动力和资本等。也可以说，资源是社会经济活动中人力、物力和财力的总和，是社会经济发展的基本物质条件。在任何社会，人的需求作为一种欲望都是无止境的，而用来满足人们需求的资源却是有限的，因此，资源具有稀缺性。资源配置是指资源的稀缺性决定了任何一个社会都必须通过一定的方式把有限的资源合理地分配到社会的各个领域中去，以实现资源的有效利用，即以最少的资源耗费，生产出最适用的商品和劳务，获取最佳的效益。资源配置即在一定的范围内，社会对其所拥有的各种资源在其不同用途之间分配。资源配置的实质就是社会总劳动时间在各个部门之间的分配。资源配置合理与否，对一个国家经济发展的成败有着极其重要的影响。一般来说，资源如果能够得到相对合理的配置，经济效益就能显著提高，经济发展就能充满活力；否则，经济效益就会明显下降，经济发展就会受到阻碍。

3)　宏观经济形势

中国市场经济改革的一个重要内容就是对外开放。进入 20 世纪 90 年代以后，外国资本开始大量涌入中国，世界大型跨国公司纷纷在中国投资设厂，并在日益开放的中国市场上与包括国有企业在内的中国企业展开激烈竞争。一方面，外国在华企业对我国企业的人事制度带来了很大影响，尤其是它们用高薪不断地从国有企业吸引大量的人才，其实这一向是跨国公司人才战略的一部分，而这些促使我国本地企业不得不重视人才的引进工作，逐渐认识到人才招聘工作的重要性。而另一方面，外国企业的进入也有其有利的一面，首先它们带来了先进的管理方式和管理思想，这也体现在我国企业消化、吸收并借鉴其中的招聘理念和选拔测评方法方面。其次，外国企业在实施本地化过程中，为中国培养了大批拥有现代管理理念的人才，随着中国劳动力市场的完善，我国企业也可以从中吸收各类有用的人才，国有 TCL 公司聘用前微软中国公司总经理就是很好的例子。

4) 技术进步

狭义上的技术进步主要是指生产工艺、中间投入品以及制造技能等方面的革新和改进，具体表现为对旧设备的改造，采用新设备改进旧工艺，采用新工艺使用新的原材料和能源对原有产品进行改进，研究开发新产品以提高工人的劳动技能等。从广义上讲，技术进步是指技术所涵盖的各种形式、知识的积累与改进。在多主体参与、多要素互动的过程中，作为推动力的技术进步与作为拉动力的应用创新之间的互动推动了科技创新。技术进步和应用创新可以被看作既分立又统一、共同演进的一对"双螺旋结构"，或者说是并驾齐驱的双轮。技术进步为应用创新创造了新的技术，而应用创新往往很快就会触到技术的极限，进而促进技术的进一步演进。只有当技术进步和应用创新的激烈碰撞达到了一定的融合程度时，才会出现模式创新和行业发展的新热点。技术创新正是技术进步与应用创新"双螺旋结构"共同演进催生的产物。实现技术进步与应用创新的良性互动，进而全面推动技术创新是知识社会条件下面向未来、以人为本模式的重要内容。企业的生产技术水平、管理手段的现代化程度等，影响着企业对人力资源素质与结构的需求，技术的进步必然会对招聘活动产生深刻影响。

2. 影响招聘管理的内部因素

1) 职位的性质

职位的性质是基于工作本身职能与具体工作任务的不同，而对工作进行分类的一种方式。其主要分类有业务人员与非业务人员、体力劳动与脑力劳动、领导与非领导等。企业招聘的目的主要是为企业储备人才和填补职位空缺，后者较为常见。空缺职位的性质由两方面决定：一是人力资源规划决定的空缺职位的数量和种类；二是工作分析决定的空缺职位的工作职责、岗位工作人员的任职资格要求等。因此，空缺职位的性质就成为整个招聘过程的核心。它决定了企业需要招聘什么样的人。另外，它可以让应聘者了解该职位的基本概况和任职资格条件，便于进行求职决策。

2) 企业的经营战略和发展阶段

企业发展战略的选择对企业的人力资源招聘产生了很大的影响。企业的发展战略会影响企业招聘的数量，不同的发展战略对人员的需求量差异很大。企业发展战略的选择决定了企业招聘人员的素质和类型，也决定了选择录用新员工的工作作风与风格。

3) 企业形象和自身条件

企业形象是企业在生产、市场、管理、技术等各方面的综合反映，身处其中的员工能够深刻感受到良好企业形象所带来的心理满足感和愉悦感，能够满足员工寻求归属、被接纳的需求。因此，一个良好的企业形象非常重要。企业是否在应聘者心中树立了良好的形象以及是否具有强大的号召力，将从精神方面影响着招聘活动。

4) 企业招聘政策和用才观念

企业的招聘政策影响着招聘方法。用才观念是指公司上下对待人才的态度。在这个人才竞争激烈的时代，企业已经认识到人才的重要性，不惜代价利用各种渠道招聘优秀人才的现象已成为常态，有些企业甚至主动出击，向同业挖墙脚。这些都体现了企业重视人才、爱护人才的先进人才观念。当企业上下都抱着求才的观念时，必然会对企业的员工招聘带来正面影响。

5）招聘成本

由于招聘目标包括成本和效益两个方面，同时各种招聘方法奏效的时间也不一致，所以，在成本和时间上的限制明显地影响到招聘的效果。时间上的制约也影响着招聘方法的选择。

3. 应聘者的个人因素

企业人力资源招聘是企业与应聘者双方互动的过程，从应聘者的角度来看，影响企业人力资源招聘的个人因素主要有应聘者的寻职强度、应聘者的个人职业生涯设计、应聘者的动机与偏好、应聘者的个性心理特征。

1）应聘者的寻职强度

寻职强度是指应聘者寻找职位的努力程度。

2）应聘者的个人职业生涯设计

职业生涯是一个人从职业学习开始到职业劳动最后结束的这一段人生旅程。职业生涯设计是人们在"衡外情，量己力"的情况下设计出各自合理且可行的职业生涯发展方向。职业生涯的设计要基于"职业锚"的认定。"职业锚"是建立在不同的工作动机和能力之上，引导个人的工作经历的自我概念。所谓职业锚，又称职业系留点。锚，是使船只停泊定位用的铁制器具。职业锚，实际就是人们选择和发展自己的职业时所围绕的中心，是指当一个人不得不作出选择的时候，他无论如何都不会放弃的职业中的那种至关重要的东西或价值观。职业锚，也是自我意向的一个习得部分。个人进入早期工作情境后，由习得的实际工作经验所决定，与在经验中自省的动机、价值观、才干相符合，达到自我满足和补偿的一种稳定的职业定位。职业锚强调个人能力、动机和价值观三方面的相互作用与整合。

3）应聘者的动机与偏好

美国心理学家维克托·H. 佛隆(Victor H. Vroon)于1964年提出了解释员工行为激发程度的期望理论。佛隆认为，个体行为动机的强度取决于效价的大小和期望值的高低，动机强度与效价及期望值成正比。效价越大，期望值越高，个体行为动机越强烈。

4）应聘者的个性心理特征

个性心理特征就是个体在其心理活动中经常地、稳定地表现出来的特征，这主要是指人的能力、气质和性格。能力是指人顺利完成某项活动的一种心理特征(特性)。气质是指个人生来就有的心理活动的动力特征，表现在心理活动的强度、灵活性与指向性等方面的一种稳定的心理特征，具有明显的天赋性，基本上取决于个体的遗传因素。性格是指一个人对人对己对事物(客观现实)的基本态度及相适应的习惯化的行为方式中比较稳定的独特的心理特征的综合。气质无好坏、对错之分，而性格有。

扫描二维码，观看微课05 招聘的影响因素。

微课05 招聘的影响因素

1.2　工作任务：构建招聘管理理论基础的业务操作

1.2.1　选择岗位胜任特征模型的工具

目前，用来建立胜任特征模型的工具主要有：行为事件访谈方法、专家小组讨论法(头脑风暴法)、问卷调查法、关键事件技术、职务分析(职位分析)等方法。

1. 行为事件访谈方法

1)　行为事件访谈方法的理论来源

美国学者约翰·弗拉纳根(John Flanagan)研究了 1941—1946 年美国飞行员的绩效问题，于 1954 年创建了关键事件技术(Critical Incident Technique，CIT)。麦克莱兰和查尔斯·戴利 (Charles Dailey)于 1974 年将关键事件技术和主题统觉测验(Thematic Apperception Test，TAT)方法结合，形成行为事件访谈法(BEI)。目前，行为事件访谈法已经成为构建胜任特征模型最常用的一种方法。

2)　行为事件访谈方法的内容

通过让被访谈者列出他们在管理工作中遇到的关键事件，包括正面事件和负面事件各两至三项，然后详细地报告当时发生了什么，其中包括情境的描述、有哪些人参与、实际采取了哪些行为、个人有何感觉以及结果如何，即被访谈者必须回忆并陈述一个完整的故事。通过对比分析谈话内容，发现能够导致人员工作绩效差异产生的一些关键行为特征，确定该任务角色的胜任特征模型。

3)　行为事件访谈方法的运用条件

采用此方法，可以全面、详细地收集信息，全方位地获取更多细节性的内容，但是使用这种方法，数据的收集过程耗时长，且需要投入大量的人力、物力、财力；再者需要访谈人员必须经过专业培训，如访谈人员能够控制访谈局面，把握访谈时间，有效地引导访谈内容不偏离主题等，所以行为事件访谈方法无法大规模地进行。

2. 专家小组讨论法

1)　专家小组讨论法的定义

专家小组讨论法(头脑风暴法)是通过将专家、管理层、部门经理组织起来，成立一个工作小组，就某个岗位的胜任特征展开充分的讨论。组织者将专家小组提出的意见进行综合整理，然后再反馈给他们，经过几轮删除或合并，最终建立某岗位胜任特征模型。

2)　专家小组讨论法的运用条件

采用此方法，可以集中众多人的智慧，快速地获得大量信息，达到节约时间、提高效率的目的。但这种方法对于专业性的要求很高，即要求专家小组有很强的专业知识和实际操作经验，否则专家小组的经验限制会导致一定程度的偏差。

3. 问卷调查法

1) 问卷调查法的定义

问卷调查法是通过书面形式，以严格设计的心理测量项目或问题，向研究对象收集研究资料和数据的一种方法。它主要采用量表方式进行定量化的测定，也可以运用提问的方式，让被调查者自由地作出书面回答。

2) 问卷调查问题的种类

问卷调查中问题的种类包括以下四种。

① 背景性问题　它主要是被调查者的个人基本情况。

② 客观性问题　它是指已经发生和正在发生的各种事实和行为。

③ 主观性问题　它是指人们的思想、感情、态度、愿望等一切主观世界状况方面的问题。

④ 检验性问题　它是为检验回答是否真实、准确而设计的问题。

3) 问卷调查设计的原则

在进行问卷设计时必须遵循以下原则。

① 客观性原则　即设计的问题必须符合客观实际情况。

② 必要性原则　即必须围绕调查课题和研究假设设计最必要的问题。

③ 可能性原则　即必须符合被调查者回答问题的能力。凡是超越被调查者理解能力、记忆能力、计算能力、回答能力的问题，都不应该提出。

④ 自愿性原则　即必须考虑被调查者是否自愿真实地回答问题。凡被调查者不可能自愿真实回答的问题，都不应该正面提出。

4. 关键事件技术

1) 关键事件技术的理论来源

关键事件技术(CIT)是由美国学者约翰•弗拉纳根(John. Flanagan)和伯恩斯(Baras)在1954年共同创立的，是指通过观察、记录和判断工作绩效优秀者在工作中所处理的关键事件来分析胜任特征。这种方法的理论基础是每种工作中都有一些关键事件，业绩好的员工在这些事件上表现出色，而业绩差的员工则正好相反。

2) 关键事件技术的局限

运用此方法，可以确定行为的任何可能的利益和作用，因为研究的焦点集中在可观察的、可测量的职务行为上。但这个方法需要花费大量的时间去搜集那关键事件，并加以概括和分类。另外，利用关键事件技术，对中等绩效的事件难以涉及，因而难以转换到全面工作说明书中。关键事件技术集中关注关键的事件，来解释深入的基本问题。

3) 关键事件的运用条件

不管是采用问卷调查还是深入访谈作为主要的数据收集工具，其主要目的都是为了寻找激发重大事件的关键事件。关键事件技术要求以书面的形式至少描述出 6~12 个月能观察到的五个关键事件，并分别说明杰出的任职者和不称职的任职者在这些典型事件中会如何处事。在某些情况下，这些关键事件在组织内众所周知，但是在有些情况下，这些关键事件往往下意识地掩藏在人们的经验之中。关键事件技术是职位分析的一种补充方法，不容易单独使用，需要结合访谈法和问卷调查法，否则关键事件有失偏颇。这种职位分析的方法主要是鉴别出可以用来区分业绩好(或满意)的员工和业绩差(或不满意)的员工的关键事件。

5. 职务分析

1) 职务分析的定义

职务分析(职位分析)是指根据工作内容，在分析工作岗位基本信息的同时，要求被访谈者详细描述其工作职责，以及顺利完成某岗位工作所需要的知识、技能等胜任特征信息。

2) 职务分析的运用条件

运用此方法，可以真实可靠地反映需求职位的工作职责、工作内容、工作要求和人员的资格要求。另外，访谈者可以根据具体的访谈情况在访谈过程中灵活掌握提问的问题。但该方法关注的侧重点是工作本身，对个人的个性等特征关注较少，所以收集的信息有一定的局限性，并且此方法专业性强，比较费时费力。

6. 情景判断测试法

情景判断测试法是指设置一个社会实际工作(生活)的问题情景，并提供几个解决这一情景条件下具体问题可能产生的行为反应，令被试者针对这些行为反应进行判断、评价与选择，然后根据被试者的判断、评价与选择予以评分，并推论其具有的解决社会工作(生活)问题的实践能力水平的测验。情景判断测验法具有低度仿真性、情景多样性、工作关联性三方面的特征。

7. 其他方法

胜任特征模型构建的方法和工具还有很多，如口语报告与汇编栅格法(时勘、徐联仓等为探索诊断生产活动的专家经验时采用的一种方法)、专家小组意见法、团体焦点访谈法等。一般来讲，评价一种胜任特征模型的构建方法，可以从七个维度进行考察，即信度与效度、模型完整性(是否比较全面地涵盖了胜任特征要素)、工作难度(该方法的实际操作难度)、模型灵活性(建立的模型是否具有动态性)、适用范围(适合采用该方法的工作领域)、费用、构建周期。

1.2.2 构建岗位胜任特征模型的基本程序

1. 岗位胜任特征模型构建的四个关键点

构建胜任特征模型的目的是使企业和员工获得高绩效。在构建胜任特征模型时必须把握好四个方面的关键点。

1) 必须关注企业战略和核心价值观

素质的定义和行为描述体现了企业的个性特点。不同行业及同一行业的不同发展阶段，企业所需要的员工素质有明显的不同，如初创阶段企业高层管理员要亲力亲为、个人决断，而规模化经营阶段要求团队合作、分权管理。

2) 必须科学定义绩效考核标准

通过对企业长期经营目标的实现有关键影响的绩效要素和标杆竞争企业的成功要素的

综合分析，提炼出绩优者的评价标准，并以此为基础，建立绩优者与一般员工的能力素质特征模型。

3) 关注企业所在行业特点和业务流程特点

胜任特征模型的建立必须系统地分析企业的战略方向、业务特点、文化价值观念，不能片面照搬或模仿其他公司现成的形式和方法，以免导致资源的浪费而达不到预期效果。

4) 与其他人力资源管理环节匹配

胜任特征模型应该建立在其他人力资源管理环节完善的基础之上，没有人力资源管理工作大系统的健全，企业不可能有效地利用胜任特征模型。胜任特征模型和其他人力资源管理环节是协同关系，要持续不断地健全和完善。

2. 建立胜任特征模型的操作流程

胜任特征模型建立的流程具体细分为六个步骤，如图 1-1 所示。

图 1-1　建立胜任特征模型的操作流程

步骤一：明确目标，确定绩效标准。

对企业进行深入的行业分析、竞争环境分析，以及围绕外部竞争、内部优势、客户需求三方面重点所做的 SWOT 分析，明确当前企业领导所期望建立的发展战略、业务策略、企业文化类型、核心价值观以及期望核心员工应该具备的技术与行为方式，对既定岗位进行全面职位分析，提炼出鉴别优秀员工与工作的标准。在确定绩效标准时应该考虑员工对企业文化的兼容性，促进形成符合战略需要的文化。

步骤二：选取样本进行分析。

依据确认的绩效标准，在从事该岗位工作的员工中，分别从绩效优秀和绩效普通的员工中随机抽取一定数量进行分析研究。在选取真正的高绩效员工时，应当注意此类员工不仅是在具体效率标准上杰出，而且发展前途也被企业领导看好，同时受到同事、部属与顾客的欢迎和尊重。

步骤三：收集数据。

选择合适的方法来收集模型构建中必要的数据信息，这将是构建过程中的重要工作。通过数据收集，了解胜任特征的主要模块和指标体系。通常采取的方法有行为事件访谈法、专家小组法、问卷调查法、全方位评价法、胜任特征模式资料的"专家系统"和直接观察法等，通过这些方法获取效标样本有关胜任特征的数据，但一般以行为事件访谈法为主。

步骤四：分析数据，建立模型。

利用各种方法对所收集到的数据进行分析、归类与编码，鉴别出能区分绩效优秀者和绩效平平者的胜任特征，提炼出胜任特征并描述胜任特征，最后初步建立胜任特征模型。

步骤五：验证胜任特征模型。

在胜任特征模型建立后，还需对确定的胜任特征模型进行验证。对已经建立的胜任特征模型需要进行严格的验证，包括模型的准确性和预测效度。检验方法一般有以下三种。

(1)　选取另一组绩效优秀者和绩效平平者为样本，同样采用上述第三步的行为事件访谈法、问卷调查法等测试确定的胜任特征是否能区分业绩优秀者与业绩平平者，检验该职位胜任特征模型对其行为差异以及未来绩效的预期意义，最终对偏差及其原因进行分析。

(2)　选取标杆企业进行比较，最终确认胜任特征模型。通过比较企业之间的核心能力来进行胜任特征模型基准化的过程，对于保证胜任特征模型与企业构筑核心能力的意图相吻合是非常重要的。

(3)　编制量表，选取较大规模的样本进行测试，对量表进行因素分析，考察量表的结构是否与原有模型吻合。

步骤六：修正和完善胜任特征模型。

胜任特征模型建立后需根据内外部环境变化、跟踪验证的情况等进行动态修订，不断地完善胜任特征模型。

以下将分别介绍岗位胜任特征模型工具应用的具体操作流程。

1.2.3　行为事件访谈法的操作流程

行为事件访谈法的操作流程如图 1-2 所示。

图 1-2　行为事件访谈法的操作流程

步骤一：了解被访谈者的背景，准备访谈提纲与录音设备。

这是访谈工作的基础，目的是首先对被访谈者有一个了解，通过分析被访谈者的工作履历、工作内容等基本情况，准备一系列问题，逐步引导被访谈者讲述自己的"故事"。录音设备是为访谈录音做准备的，方便访谈结束后整理访谈记录。

步骤二：进行自我介绍和访谈目的介绍。

访谈者应以轻松的口吻作自我介绍，并告知被访谈者访谈的目的和访谈程序。在介绍中应该明确突出以下三个问题。

1) 保密原则

访谈者需要对访谈的目的和保密性等方面作一些补充说明，以帮助被访谈者消除疑虑，避免产生紧张情绪。

2) 时间要求

访谈者在访谈开始前应告知被访谈者本次访谈估计占用的时间，以免在访谈过程中被访谈者因为有其他安排而产生焦虑情绪。

3) 录音要求

访谈者在访谈开始前应征求被访谈者的意见，之后才可进行录音。此举的目的是与被访谈者建立信任关系，创造融洽和谐的谈话气氛，使其感到轻松、愉快并愿意讲出自己的事情，同时强调面谈资料的保密性。这个步骤一般不需要很长的时间，三到五分钟即可，但这个过程却是不容忽略的。

步骤三：询问被访谈者的工作履历、工作内容。

这是对被访谈者的一个熟悉和了解的过程，询问的问题可以包括表 1-1 所示的内容。

表 1-1　工作履历、工作内容询问的具体内容

问　题	具体内容
基本信息	姓名、性别、年龄、部门、职务、联系电话等
工作经历	在本单位的工作经历、之前的工作经历
部门信息	部门人数、规模、分工、在同行业中的地位
主要工作任务或职责	主要工作内容、主要工作职责
权力关系	对谁汇报、管理哪个部门、有多少下属。强调这个步骤的目的是了解被访谈者的工作环境信息，建立访谈者的职业形象，另外，可以让被访谈者从自己熟悉的内容谈起，轻松发挥，尽快进入状态

其中了解被访谈者经历的岗位、职责，可以从初步材料中捕捉到下一步开展行为事件调查的突破口。如果被访谈者在归纳主要职责上有困难，可以请他描述日常工作并举例说明，了解其在岗位上实际做些什么，以便从具体细节中作出判断。另外，通过简单的聊天，还可以确定被访谈者的性格特点，并依据不同的个性特点确定面试的谈话环境。

步骤四：借助 STAR 工具深入挖掘被访谈者的行为事件。

通过 S(Situation)T(Task)A(Action)R(Result)的访谈思路，引导被访谈者讲故事，采集 3～6 个被访谈者在岗位上经历过的典型事件或关键事件(一般包括 2～3 个成功事例，以及 2～3 个失败的例子)的详细资料。这一步骤的目的是通过有针对性的提问，引导被访谈者集中谈论真正体现其个人特质的关键事件，针对每个事件进行深入的挖掘式提问，获得在各种不同的情景下被访谈者相对稳定的行为模式，进而推断出被访谈者的胜任特征。

步骤五：通过直接询问求证被访谈者所需的特质。

通过直接询问被访谈者本人对从事工作所需素质的理解，以求证被访谈者所需的特质。不同的被访谈者会以自己的理解和语言来表述自己的行为特征，面对不同的被访谈者，我们还需要进行的一个步骤是通过询问、总结、求证的方法来确保信息传达的有效性，即我们理解的就是被访谈者想表达的意思。这个环节可以使用的技巧如下。

1）　直接询问

通过直接询问被访谈者本人对从事工作所需的胜任特征，简单明了地达到最终目的。

2）　归纳总结

根据被访谈者谈到的故事提炼标准化的胜任特征，寻求被访谈者的确认。

3）　旁敲侧击

通过让被访谈者描述其他绩优同事的胜任特征来进行归纳、精炼和总结标准化的胜任特征，以利于编码和分析。

步骤六：设计结束语。

对被访谈者表示感谢，建立友好关系，为可能存在的补访留下余地。设计结束语时应考虑的几个问题如下。

1）　时间控制

根据信息获取的程度和被访谈者的合作态度适时地结束访谈。

2）　问题答疑

留给被访谈者一个提问的机会并作出解答。

3）　友好礼貌

对被访谈者的合作表示感谢。

4）　关系建立

留下进一步联系的余地。

这一步骤的设计目的是保持良好的商务礼仪，通过访谈中信息获取的程度、被访谈者的耐心适时地结束访谈，建立与被访谈者再次合作的关系。

1.2.4　专家小组讨论法的操作流程

专家小组讨论法的操作流程如图 1-3 所示。

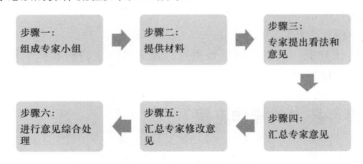

图 1-3　专家小组讨论法的操作流程

步骤一：组成专家小组。

根据具体情况确定人数，一般不超过 20 人。

步骤二：提供材料。

向所有专家提供将要构建的素质模型材料。

步骤三：专家提出看法和意见。

每个参加小组讨论的专家都要根据收到的材料提出自己的意见和看法。

步骤四：汇总专家意见。

通过图表的方法进行对比，得出专家意见的汇总结果，然后让各位专家修改。

步骤五：汇总专家修改意见。

收集、汇总所有专家的修改意见，通过对比、分析得出结果，再让各位专家提出二次修改意见。

步骤六：进行意见综合处理。

根据需要对专家的修改意见进行第三、四轮修改后，对专家意见进行综合处理并得到最终意见。

1.2.5 问卷调查法的操作流程

采用问卷调查法的操作流程如图 1-4 所示。

图 1-4 问卷调查法的操作流程

步骤一：收集胜任特征项目。

通过结构化访谈、半结构化访谈或是开放式问卷的方式来收集胜任特征的项目。

步骤二：对项目进行筛选。

通过问卷初测或专家评定的方式对胜任特征的项目进行筛选。

步骤三：编制问卷。

将保留下来的胜任特征项目进行梳理并编制成调查问卷。

步骤四：进行测试。

对研究对象进行测试。

步骤五：问卷统计分析。

对问卷进行统计分析，一般对问卷数据进行探索性因素分析和验证性因素分析，从而得到胜任特征的结构模型。

1.2.6 关键事件技术的操作流程

关键事件技术是一种半结构性的职位分析方法，操作流程如图 1-5 所示。

图 1-5 关键事件技术的操作流程

步骤一：收集职务行为的各种事件。

这些事件一般来说都表明一项特定职务或一级职务上个人的工作绩效特别好或特别差

的特征。这些事件可以采用个别或群体访谈、问卷、工作日志以及其他手段，从任职者、同事、以前的任职者、上级或者其他人那里收集。

步骤二：专家评定事件。

由专家评定这些事件是否真的就是好或坏的行为，因为有些任职者认为是好的事件其实是坏事件，反过来也一样。

步骤三：部分任职者进行事件归类。

由三位任职者将已写出的事件归纳到一定的类别(或维度)中去。不同的类别之间的重要性是不同的。

步骤四：另外部分任职者进行事件归类。

由另外三位任职者再次将写出的事件进行归类，并将归类的结果与第三步中的结果进行比较。对于不能一致归类的事件则把它排除掉或另归一类。最后对分析提炼、划分类别的结果进行列表，从而得出对某一职务基本特性的总体印象。

需要注意的是，在运用关键事件技术时要注意类别的确定，或者说是维度的确定。要根据不同的维度来确定事件。

1.3 工作任务：构建招聘管理现实基础的业务操作

本项工作任务主要以组织优化和职务分析为主，其他的招聘管理现实基础的构建将陆续在接下来的项目中进行介绍。

1.3.1 组织优化的操作流程

招聘工作只有建立在组织优化的基础上，才能保证效果。组织优化的操作流程如图1-6所示。

图1-6 组织优化的操作流程

步骤一：与高层及相关部门负责人进行深入沟通，交换整合意见。

组织结构的优化直接受到企业战略的影响，具体体现在业务方向和重点的变更、管理模式的改革、技术领域的变革等。身处经营管理层的高管是变革的决策者和发起者，当然也是推动者。所以HR不要知其然而不知其所以然，就匆忙上马，冲向战场。一定要谨慎而后行，先向与变革相关的高管充分了解情况，在战略和方向上知晓变革的意图，同时也能够弄清楚变革的决心是否够大够坚决。这个沟通很关键，要找对人，还要问对路子，最后还要消化吸收成为变革工作的指导方向。

步骤二：组织结构和职责的提前设计。

从某种意义上来讲，组织结构就是一个企业的排兵布阵，面对不同的竞争对手，也应该有不同的阵型。遇到了挑战，需要内部优化调整，从而达到资源的最佳配置，HR应该提前做好相关的设计。

要做组织变革的设计，就要掌握设计背景和现状，如现有组织结构、层级、机构数量、业务关系和流程、职能定位和主要职责、机构规模等。同时也要掌握调整后的组织结构重点修订在什么地方，是取消、合并整合，还是新增和部分修订？涉及哪些管理层领导和部门及岗位？这些信息掌握之后，就可以根据企业管理模式选择内部组织结构的框架和形式，结合权限和流程，来进行组织的调整。比如说，市场部合并到经营部，就要考虑原分管市场部领导的职责调整，市场部取消，删除了一个内部机构，营销部合并原先市场部的职能，市场部内部职责和岗位同时取消，相关职责和岗位同步转移到营销部。新的营销部在组织中的定位，上下汇报业务关系变更后是什么样。想好了，就把它画出来，作为组织调整的组织文件。

步骤三：人员的安置分流。

定好方向，定好组织变革的内部定位、职能职责，剩下的就是最复杂的工作——组织调整，特别是一个机构的消失，必然会涉及该部门/机构员工如何安置。这不外乎以下几种情况。

1) 全部辞退，一个不留

按照组织变革，经济性裁员的方法可以减轻一部分解除成本。

2) 辞退一部分，留一部分

辞退多少、留多少是关键，具体还要看分流人员的岗位和专业技能，是否能够继续为企业所用。如果能够填补企业其他部门相关专业空缺或符合转岗条件和要求的，建议以内部消化为主。

3) 全部留下来

这是一种企业勇气，因为取消了原先的职能，必然存在着人员富余。留下所有人，给予其重新参与的机会。

人员的分流先进行待安置人员盘点，了解工作经验、个人岗位、工作能力、工作业绩、素质等方面的评价内容。人员分流还要征集几方面的建议，员工所在部门领导要参与到具体工作中来，拟分配到的部门对应的领导具有相对主导的意见。另外，还有员工本人的意见、期望和自我规划，能够随着公司一起发展。每一个员工成功转岗或以其他形式留下，都是几方意见达成一致的结果。

步骤四：薪酬福利的平衡调整。

调整的原则，以新部门的标准为依据，以新部门的薪酬结构为基础，不能打破新部门的内部平衡。必要时，待安置员工要接受降薪降级，重新培训上岗的安排。这时候如果员工还坚持自己原先的待遇，那就是不识时务了。毕竟，对于新的团队来讲，自己并不是那么关键和重要了，要学会先留下来，跟上公司发展的路线和新步伐，然后再图个人收入。

当然如果职责和专业的调整，导致自己要转岗去做其他职业和岗位，与自己的个人规划不相匹配，则应早点决断，长痛不如短痛，该走的时候不要犹豫。留下来，就要接受现实的安排，甚至摆布。

步骤五：推进绩效管理，增强新团队的凝聚力。

绩效考核在不同的领域和时期有不同的作用，有的时候是一种辅导和激励，有的时候是一种监督和约束。在组织结构变革后，要确定新的组织目标和分目标，明确调整后的各类岗位和人员的职责和考核 KPI，梳理好各类人员的上下级考核关系，并一一对应好，不留空白区，没有三不管。这样就让变革后组织优化工作透明，将所有的进度和变化都放在阳光下，谁是谁非，支持或反对，积极或消极，实干或务虚，都在一个平台上展现出来。对新的组织及时配套绩效考核，有利于明确大目标和自己的分工要求，增强凝聚力，推动组织调整工作的落地。

步骤六：调后磨合的跟踪和效果评估。

任何组织变革或调整都不是一蹴而就的。设计具有一定的方向性和前瞻性，但真正运行起来，往往不会是一路坦途。所以要有意识地周期性地做好组织调整后的实际运作情况的跟踪，如上下级关系是否顺畅、平行组织间的衔接情况、在组织中的业务流程是否清晰、职能职责边界是否明确无重叠，实际运作效率是否达到预期，是否存在一些组织内耗等不良现象。可以通过与组织领导、关键岗位和代表性员工进行访谈、问卷调查等方式，了解组织的具体运作效果，适当地提出修订建议，促进组织达到最终调整的预期目标。

1.3.2 职务分析的操作流程

职务分析是一种半结构性的分析方法，操作流程如图 1-7 所示。

图 1-7 职务分析的操作流程

步骤一：确定职务分析的目的。

职务分析通常有以下目的，需要职务分析人员进行确认。

(1) 工作描述。

(2) 工作设计和再设计。

(3) 工作比较及薪酬设定。

这是职务分析的主要目的之一。大多数薪酬系统都是基于工作权重体系的，而职务分析正是用于分析、表达这一权重体系的。

(4) 人员甄选录用。

组织进行职务分析以获取有关职务的任职资格信息、所需的知识技能、社会交往能力等。这些信息是组织进行人员甄选录用所依据的基本标准。

(5) 制订培训计划。

通过职务分析确定工作要求，以建立适当的指导与培训内容。这样，培训所涉及的工作内容和责任才能准确地反映实际的工作要求，使员工在培训中学到的知识技能与未来的工作实际应用一致，从而大大降低人力资源培训与发展费用。

(6) 工作绩效评价。

职务分析所得到的职务说明书可以明确表达组织对其人员的绩效要求。通过职务说明书，工作者能明确了解自己工作的职责、内容、目的、合格的标准等信息，同时这些信息也是组织进行绩效考核的重要标准。

(7) 人力资源开发。

工作者往往会注重自我工作能力的培养与发展，职务分析得到的有关信息正是组织中个人发展的目标及检验标准。职务分析是职业咨询与人事计划的基础。

(8) 进行组织内部分析。

职务分析所得结果可以说明组织中各个职务的权责关系、信息流动方向等，这些信息是我们分析、解决组织内部问题的第一手资料。

步骤二：确定职务分析的程序。

一般的职务分析程序按照以下分流程进行。

(1) 职务分析活动开展前的决策。

这方面内容涵盖了前面提到的职务分析管理方面和设计方面的大部分工作。它包括以下几部分。

● 建立职务分析小组。

● 选择被分析的工作。

● 限定信息收集的方法及类别。

● 选择信息的来源。

(2) 确定职务分析的调查问卷和问题。

对于这方面工作，职务分析人员要根据前一步的有关决策制定出职务分析的各种调查表格，如调查问卷、结构化面谈提纲、任务清单等。

(3) 与工作者进行面谈。

在这方面应当注意以下几点。

● 面谈的目的是使职务分析人员与工作者对于相应的工作具有相同的认识，这样才能确保职务说明书内容的客观与准确。

● 如果有许多人从事同一种工作，那么参加面谈的工作者应当是这些人中的典型代表。

(4) 分析信息并编写职务说明书。

对职务信息的分析见前面有关内容。

(5) 职务说明书的反馈。

职务分析人员编写的职务说明书必须要得到工作者及其上级主管的认可。一般情况下，职务说明书终稿的确定还应当征求其他部门主管的意见。

(6) 进行职务评价。

对职务分析的成果进行反馈。

步骤三：建立有效的沟通体系。

适当有效的沟通体系对职务分析的实施非常重要。沟通体系通常包括以下几项活动。

(1) 向参加职务分析的有关人员解释职务分析的目的。

(2) 职务分析人员之间对职务分析方法的讨论。

(3) 讨论如何进行工作描述：工作信息的收集及分析。

(4) 规范职务说明书。

(5) 向组织中的有关部门及人员介绍职务分析的过程。

(6) 对职务说明书进行反馈、检验。

(7) 建立专门的监督委员会(职务分析工作小组)或反馈监督机制。有时，职务分析人员可以使用"盲表"与有关工作者进行沟通。

通过沟通，职务分析人员应当力求解决的问题如下。

(1) 确定职务分析的操作程序。

(2) 确定监督委员会(职务分析小组)的责任和目标。

(3) 使工作者能充分理解调查问题的具体含义。

(4) 明确职务分析调查对工作描述(工作说明书)的相应功能。

(5) 完善职务分析采用的方法。

整个沟通所涉及的人员如下。

(1) 组织人事部门有关人员。

(2) 组织有关部门主管。

(3) 组织有关部门的员工代表。

(4) 职务分析的人员对象，即相应的工作者。

(5) 职务分析工作小组的成员(职务分析专家)。

步骤四：调查组织特性。

职务分析所涉及的各个职务是组织的重要组成部分，所以在进行职务分析时必须充分考虑组织的各个特性。只有这样，职务分析所涉及的各个职务才能有机地联系起来，从而确保职务分析结果的客观性和实用性。

对组织特性调查所需了解的信息涉及三方面内容。

● 组织目前的状况。

● 组织的目标。

● 组织的方向。

要调查组织的特性，就必须得到组织人事部门及其他有关部门的帮助。通过这些部门提供的有关信息，职务分析人员可以了解到组织相应的特性，并编写出组织特性说明。

组织特性调查的具体内容如下。

1) 组织历史

这部分是对组织所经历的重要发展阶段的简短概括说明。

2) 主要活动

这部分是对组织所从事的活动组织宗旨的描述及概括。

3)　组织结构

这部分要列出的是组织的组织结构图及组织各个部门的职责和任务,通过组织结构图,职务分析人员可以了解如下信息。

- 每一个管理工作的名称。
- 每一个单位或个人应对谁负责。
- 每一个单位由谁负责。
- 已经建立了何种部门或单位。
- 组织的"命令链"。
- 各工作的名称和在组织中的位置。

4)　主要产品和市场

这部分内容包括以下几方面。

- 组织的主要产品或服务。
- 生产线的介绍。
- 采用技术的介绍。
- 目前及未来的市场份额。
- 主要顾客。
- 预期的增长率。
- 主要竞争者及其他外部环境因素。

5)　生产过程

系统地描述组织生产经营活动的流水过程。

6)　组织的战略

对组织目前的战略计划进行总结。

7)　组织的预算

列出组织及其各个部门目前的水平和未来的预算水平。这方面内容有助于职务分析人员了解组织的优势和劣势、机遇和威胁。

8)　组织中各部门的目标

通过这部分内容,职务分析人员可以了解各部门存在的合理性,以及部门对整个组织经营活动的影响。

9)　各部门的组织结构

这部分内容包括部门内的组织结构图、各部门的职能及每一职能相应的工作人数。

10)　各部门所进行的活动及应达到的绩效

这部分内容主要指组织所进行的活动内容及该部分活动内容的绩效标准。

11)　各部门的预算数字

这部分内容主要指组织结构中的各部门的过往及未来制定的预算额度。

12)　其他特殊信息

这部分内容指除了以上信息以外的其他信息,如组织缺陷及建议。

这些调查内容可通过问卷调查的方式实现。调查结果可以编写成组织特性说明,这个说明对职务分析的实施有着很重要的参考价值。

步骤五：收集分析工作信息进行职务描述，编写职务说明书。

在一个具体的职务分析实施中，所要收集的工作信息应该由职务分析小组针对组织的具体情况来确定。而对这些信息的综合、分析是整个职务分析活动中最艰巨的一项工作。关于对工作信息的分析见前面职务分析的收集分析方面工作的有关内容。

上述信息分析的结果是要用职务说明书来表达的。职务说明书是用文件的形式来表达职务分析的结果，其基本内容包括工作描述和任职说明。工作描述一般用来表达工作内容、任务、职责、环境等，而任职说明则用来表达任职者所需的资格要求，如技能、学历、训练、经验、体能等。

1) 职务说明书的基本内容

职务说明书的基本内容如表 1-2 所示。

表 1-2　职务说明书的基本内容

项　　目	内容介绍	
基本资料	1.职务名称	
	2.直接上级职位	
	3.所属部门	
	4.工资等级	
	5.所辖人员	
	6.定员人数	
	7.工作性质	
	8.应列出职务分析人员姓名、人数和职务分析结果的批准人栏目	
工作描述	1.工作概要	用简练的语言说明工作的性质、中心任务和责任
	2.工作活动内容	(1)逐项说明工作活动的内容。 (2)说明各活动内容占工作时间的百分比。 (3)各活动内容的权限。 (4)各活动内容的执行依据。 (5)其他
	3.工作职责	逐项列出任职者的工作职责
	4.工作结果	说明任职者执行工作应产生的结果，以定量化为佳
	5.工作关系	(1)说明此工作受谁监督。 (2)说明此工作监督谁。 (3)说明此工作可晋升的职位、可转换的职位，以及可升迁至此的职位。 (4)与哪些职位发生关系
	6.工作人员使用设备说明	(1)说明工作人员主要使用的设备名称。 (2)说明工作人员使用信息资料的形式
任职资格说明	1.所需的最低学历	
	2.需要培训的时间和科目	
	3.从事本职工作和其他相关工作的年限和经验	

项　目		内容介绍
任职资格说明	4.一般能力。如计划、协调、实施、组织、控制、领导、冲突管理、公共关系、信息管理等能力及需求强度等	
	5.兴趣爱好，即顺利履行工作职责所需的某种兴趣、爱好及需求强度	
	6.个性特征。如情绪稳定性、责任心、外向、内向、支配性、主动性等个性特点	
	7.职位所需的性别、年龄特征	
	8.体能需求	(1)工作姿势。如站、坐、跑、蹲、走动、躺等姿势以及各姿势的比重。 (2)对视觉、听觉、嗅觉有何特殊要求。 (3)精神紧张程度。 (4)体力消耗大小
工作环境	1.工作场所	在室内、室外，还是其他特殊场所
	2.工作环境的危险	说明危险性存在的可能性，对人员伤害的具体部位、发生的频率，以及危险性原因等
	3.职业病	即从事本工作可能患上的职业病及轻重程度
	4.说明工作时间特征	如正常工作时间、加班时间等
	5.说明工作的均衡性	即工作是否存在忙闲不均的现象及经常性程度
	6.说明工作环境的舒适程度	即是否在高温、高湿、寒冷、粉尘、有异味、噪声等工作环境中工作，工作环境是否使人愉快

2) 职务说明书编制的注意事项
- 职务说明书的内容可依据职务分析的目的加以调整，内容可简可繁。
- 职务说明书可以用表格形式表示，也可以采用叙述型。
- 在职务说明书中，如有需个人填写的部分，应使用规范用语，字迹要清晰。
- 使用浅显易懂的文字，用语要明确，不要模棱两可。
- 职务说明书应使用统一的格式书写。
- 职务说明书的编写最好由组织高层主管、典型任职者、人力资源部门代表、职务分析人员共同组成工作小组或委员会，协同工作，共同完成。

步骤六：进行工作评价。

工作评价是依据工作分析的结果(职务说明书)，按照一定的标准，对工作的性质、强度、责任、复杂性及所需资格条件等因素的程度差异，进行综合评估的活动。

工作评价的主要功能主要有以下三方面。

(1) 在一个组织内建立一般的工资标准，使之与邻近组织保持同等待遇，并使其具有预期的相对性，从而符合所在地区的平均水准。

(2) 在一个组织内建立工作间的正确差距及相对价值。

(3) 使新增的机构能与原有的工作保持适当的相对性。

工作评价的方法有很多种，常用的有以下几种。

1) 经验排序法

所谓经验排序法，是指评价人员依据个体的经验判断，把所有待评的工作依序排列，从而确定每种工作的价值。

实施这种方法时，应当注意采取的措施如下。

● 评价人员要依据职务说明书进行判断，充分把握每种评价工作的性质与要求。

● 精心挑选评价人员，并组成一个评价委员会，进行群体评价。

细分起来，经验排序法又可分为排队法和配对比较法两种，具体内容如表 1-3 所示。

表 1-3　经验排序法的分类

类　型	内　容
排队法	这种方法是将每种职务填入一份职务说明书或职务内容大纲的卡片中，然后将这些职务说明书或大纲卡片进行排序，其中价值最高的职务排在最前边，价值最低的职务排在最后边，然后再从剩下的职务中选出价值最高者和最低者，如此排列直到所有职务排序完毕。另外一种做法是在排出最高价值职务和最低价值职务后，再在中间价值的职务中选出一有代表性者，剩下的职务则依价值大小插入其间，最后将全部职务依顺序排列并依此划定各职务的等级。划定时，有时可能一个职务属于一个等级，有时可能相邻的两个或几个职务构成一个等级
配对比较法	这种方法是指将所有要进行评价的职务列在一起，两两配对比较，其价值较高者可得 1 分，最后将各职务所得分数相加，其中分数最高者即等级最高者，按分数从高到低的顺序进行排列，即可划分职务等级。由于两种职务的困难性，对比不是十分容易，所以在评价时要格外小心。对于配对比较法，可以通过适当的调整技术最终得出职务的价值顺序。具体做法是将每位评价人员的评定结果加以汇总，将各职务所得序号分别相加，然后再分别用各职务所得序号之和除以对本职务作出评定的人数，得到每一职务的平均序数，最后按各自所得平均序数大小，由小到大评定出各职务的相对价值次序

2) 职位分类法

职位分类法是以职位为对象、以事为中心的人事分类方法。它是在工作分析的基础上对每个职位工作的性质、任务、要求及完成该项职位工作人员所需的资格条件进行全面系统深入的研究。运用职位分类法进行工作评价可以保证人力资源管理中人与事的更好结合，从而为选用、考核、奖惩、培训、调配等各个环节奠定良好的基础。

职位分类法的基础是职位设置，所以在用职位分类法进行工作评价之前，分析人员应当按表 1-4 所示的原则考察组织现有职位的合理性。

表 1-4　职位分类的原则

原　则	内　容
系统原则	系统原则是职务设置的最基本的原则。所谓系统，是由若干既有区别又有联系的要素组成的有机综合体。职位与职位设置都是一个系统，而每个职位设置得是否合理，就需把它放在该职位依附的组织机构系统中进行考察，凡是对组织的存在和发展有利的就是合理职位，否则，便应取消该职位

原　则	内　容
整体优化原则	根据结构—功能优化原理，进行职位设置时仅考虑单个职位的功效是不够的，尚需重视群体职位结构的综合功效，以组织的整体发展战略为主线，进行总目标、子目标的层层分解落实。这样设置的职位才是比较合理的
最低职位数量原则	组织的职位数量应在实现优化配置的前提下，以有效地完成任务为准绳，尽量压到最低水平
能级原则	能级是物理学中的概念，这里借用其来研究组织系统中职位的功能等级。一般来说，正常的职位功能等级是由所任职务的性质、任务大小、繁简难易、责任轻重所决定的。功能大的职位，能级就高；反之，就低。组织中的各个职位应能体现其所应具有的能级特性，否则职位将缺乏合理性

应用职位分类法进行工作分析，就应根据职位的相同性和差异性进行分析综合、划分职位类别。

应用职位分类法进行工作评价是一项系统性、技术性较强的有序工作，其程序主要有以下几个步骤。

(1) 收集职务描述的结果。

职务描述的成果是职务说明书。职务说明书上的有关内容是进行职位分类的基本依据。

(2) 职位横向分类。

① 职位横向分类的原则和依据如下。

● 单一性原则：即一个职位不能同属于两个职系，只能划归一个职系。

● 程度原则：当一个职位的工作性质分别和两个以上的职系有关时，以归属程度高的职系为准来确定其应归的职系。

● 时间原则：当一个职位的工作性质分别和两个以上的职系有关且归属程度又相当时，以占时间较多的职系为准来确定该职位的类别。

● 选择原则：当一个职位的工作性质分别和两个以上的职系有关、归属程度相当且时间也相等时，则以主管领导机关的认定为准，来确定其应属职系。

② 职位横向分类的步骤如下。

首先，对混乱的职位按业务工作相近的职位划分为科学类、行政类、行业类的职门(职类)系列。

其次，将职门(职类)内的职位根据业务工作性质基本相同的标准职位划分为职组系列。

再次，将职组内的职务再根据业务工作性质相同的标准划分为职系系列。

最后，对于具体的职系的名称、包含职务的范围可以查阅有关职务分类辞典。

(3) 职位纵向分类。

① 职位纵向分类的依据。这方面的依据一是根据职位的繁简难易程度，二是根据责任的轻重，三是根据所需人员任职资格的条件。具体内容可参照如下要点。

● 工作复杂性：体现在工作种类、性质，工作广度、深度及在三维交叉网络系统中的运行状态。

● 所受监督：是指本职位受上级监督的范围、性质和程度。

- 所循法规：是指应遵守的法律、章程、办法、细则、手册、书面指示及有关行为规范。
- 所需创造性：是指工作时所需创造力的种类与水平。
- 与人接触的性质与目的：是指与人接触的范围、种类和程度等。
- 工作效果的性质与影响范围：是指本职位的权限种类及分量。
- 所施与的监督：是指对下属人员给予的监督种类和范围。
- 所需资格条件：是指从事该职位的工作人员所需的教育、经验、技术、品德及体能条件。

② 职位纵向分类的步骤如下。

首先，把职系中的职位按繁简难易、责任轻重和所需人员任职资格条件进行职位评价后，依据不同的水平进行纵向排序。

其次，划分职级。将若干程度水平相同的职位划分为一个职级，但不同职系由于工作性质差异和繁简难易、责任轻重、所需任职人员资格条件的不同，所分的职级也会呈现差异。

最后，划分职等。为便于对不同职系的工作人员进行横向比较、统一管理，把不同职系中相同水平的职级归入同一职等。所以职等是不同职系中职级相似的职级群。

(4) 制定职级规范。

职级规范又名职位说明书，它是用简明扼要的语言对每一职位的职务责任、权力及所需人员任职资格条件进行规范性叙述的书面材料。职级规范的内容包括以下几方面。

① 职级名称 职级名称要能反映出职级中职位的性质与特点。

② 职级编号 反映职级的顺序。

③ 职级特性 这是职级规范的重点。职级特性的表述，首先是列出本职级所包括职位的类型，其次是根据本职级的职位工作的实际情况，按照职位评价因素，逐项说明本职级的职责。

④ 职位工作举例 所举实例应为本职级大部分职位工作的主要内容和最能代表本职级职位特性的工作。

⑤ 任职资格条件 明确揭示职级中职位必须具备的教育程度、专门知识技能、经验种类和取得经验所需的时间。

⑥ 职位归级 把所有工作人员的职位对照《职级规范》归入适当的职级，并对其进行分门别类的职位管理。

3) 要素计点法

要素计点法也称评分法，是目前大多数国家最常用的方法，是指对职位的各要素打分，用分数评估职位的相对价值，并据以定出工资等级的一种技术方法。这种方法预先选定若干因素，并采用一定分值表示某一因素。然后按事先规定的衡量标准，对现有岗位的每个因素逐一评比、估价、求得分值，经过加权求和，最后得到各个岗位的总分值。它的主要操作步骤为：确定岗位系列→获取岗位信息→选择评价因素→定义评价因素→确定评价因素等级→确定各因素的权重→确定各因素及因素等级的点数→得出岗位的总点数。

4) 因素比较法

因素比较法最初是评分法的一个分支，体现了评分法的一些原则，两者的主要区别在于因素的配分形式和工作等级转换成工资结构的方法不同。从某种程度上讲，这种方法是一种混合方法，兼有岗位排列法(是根据一些特定的标准，例如工作的复杂程度、对组织的贡献大小等对各个岗位的相对价值进行整体的比较，进而将岗位按照相对价值的高低排列出一个次序的岗位评价方法)和岗位评分法(是大多数国家最常用的方法，指对职位的各要素进行打分，用分数评估职位相对价值，并据以定出工资等级的一种技术方法)的特征。

因素比较法无须关心具体岗位的岗位职责和任职资格，而是将所有岗位的内容抽象成若干个要素。根据每个岗位对这些要素的要求不同，而得出岗位价值。比较科学的做法是将岗位内容抽象成五种因素：智力、技能、体力、责任及工作条件。评估小组首先将各因素区分成多个不同的等级，然后再根据岗位的内容将不同因素和不同的等级对应起来，等级数值的总和就为该岗位的岗位价值。它的主要操作步骤为：选择标准岗位→根据标准岗位建立等级→将标准岗位按照选定的因素进行排列→将标准岗位按照选定因素确定工资额→对其他岗位进行排列。

扫描二维码，观看微课 06　工作分析流程与方法。

微课 06　工作分析流程与方法

1.4　工作任务：招聘管理内外部环境分析的业务操作

1.4.1　进行招聘管理的外部环境分析

1. 对国家政策法规进行分析

我国自 1995 年 1 月 1 日起开始实施在劳动就业方面的法律总则《中华人民共和国劳动法》，并于 2008 年 1 月 1 日起开始施行《中华人民共和国劳动合同法》(2012 年 12 月 28 日又对此法进行了修订)。此外，我国已经颁布了一系列与招聘和录用有关的法规、条例和规定，包括《女职工禁忌劳动范围的规定》《未成年工特殊保护规定》《人才市场管理规定》《禁止使用童工规定》等，以此来制约企业的招聘行为。

在法制方面，主要包括劳动用工法规、养老和医疗保险以及相应的福利政策(如住房政策)、儿童升学规定、配偶迁入规定、户口准入政策等。以招聘单位对应聘者的歧视现象为例，在我国由于立法内容不够完善和缺乏有力的执法监督机构，在一定程度上使得这一现象愈演愈烈。在立法方面，我国法律对歧视的规定只包含了对民族、种族、性别、宗教等几大类歧视的原则性规定，一些大城市，如上海、深圳等地方的法规禁止了地域歧视和年龄歧视，对公民的人身权利，所有的歧视都是被禁止的，但在我国现行的法律框架体系内，宪法不能作为现实中审判的依据，而可在全国进行应用的实操性法律尚未颁布。因此，在实践中出现了法的缺位现象，立法内容的不完善造成了保护不力。

在执法方面，我国目前的相关法律监督主要是依据《中华人民共和国劳动合同法》和一些规章，由政府行政人事部门实施。有些地方性规定，如最近由上海市人事局、上海市工商行政管理局印发的《上海人才招聘会管理试行办法》中也规定了人才招聘会的主办单位、人才中介行业协会有这方面的监督职能。但在现实中，由于权利意识的缺乏，政府行政人事部门对用人单位的监督大多集中在劳动合同、劳动条件等方面，对于用人单位在招聘中出现的违法问题则认为这纯粹是用人单位自己的事情，持谨慎态度，很少过问。退一步讲，即使行政人事部门意识到了问题的严重性，能够恪守职责地履行监督职责，经常主动地对用人单位在招聘中的违法问题进行检查，但因为其力量有限，检查单位不可能涵盖所有的用人单位。并且，劳动行政部门的处罚权限仅限于责令改正、行政处分、罚款等，威慑力非常有限。至于对人才招聘会的主办单位、人才中介行业协会的监督，首先，同样因为权利意识缺乏的问题，监督单位很难意识到用人单位在招聘过程中的违法问题并加以重视。其次，即使有这样的维权意识，前者仅局限于人才招聘会，对其他招聘形式，如网上招聘、广告招聘等就无力涉及；而后者只是一种自律性的行业协会，存在着行政依附性较强、运作不规范、职能不健全等问题，只能依靠自立的行规和准则规范成员，缺乏法律依据，公正性、权威性大打折扣。这两种监督都没有法律上的强制性，只能依靠用人单位的"自觉"促使其改正，其有效性微乎其微。

2. 对社会经济制度进行分析

我国的人力资源配置方式已经从计划配置方式转向市场配置方式，但同时还受到国家经济制度的宏观调控，通过建立合理的供求机制来调节市场供给与需求的矛盾。供求机制是指人力资源的供求关系与价格、竞争等因素之间的相互制约和联系而发挥作用的机制。供求关系受价格和竞争等因素的影响，而供求关系的变动，又能引起价格的变动和竞争的开展。

供求机制对社会经济的运行和发展具有重要作用。供求机制可以调节人力资源的价格，也可以调节人力资源的生产与消费的方向和规模；供求结构的变化能调节生产结构和消费结构的变化。供求机制起作用的条件是，供求关系能够灵活地变动，供给与需求背离的时间、方向、程度应当是灵活而适当的，不能将供求关系固定化。供求关系在不断变动中取得相对平衡，是供求机制作用的实现形式。

人力资源供求机制的直接作用具体表现在以下四个方面。

1)　调节总量平衡

供不应求时，价格上涨，从而吸收更多的投资；供过于求时，一部分人力资源的价值得不到实现，迫使部分人力资源转型。

2)　调节结构平衡

供求机制通过"看不见的手"使人力资源在不同部门之间合理转移，导致人力资源结构的平衡运动。

3)　调节地区之间的平衡

它促使统一大市场的各个地区调剂余缺、互通有无，使总量平衡和结构平衡得到具体落实。

4)　调节时间上的平衡

它促使部分劳动者从事跨地区的人力资源管理，在一定程度上满足了市场需求，缓解了供求矛盾。

3. 对宏观经济形势进行分析

在国有企业的人事改革中，企业家的配置与选拔仍难以摆脱行政机制这一问题，这与中国市场经济的完善进程有关。实际上，在 1994 年中国的市场经济初步形成后，国有企业人事改革就是一种完善和改良式的进程。1999 年 9 月，十五届四中全会通过了《中共中央关于国有企业改革和发展若干重大问题的决定》，强调公司法人治理结构将是国有企业公司制的核心，并指出国有企业经营管理人员的选拔将采取企业推荐与市场机制、公开向社会招聘相结合的方式。国家将会进一步促进市场经济的形成与完善，通过将企业经营管理者的激励与约束机制外显化，运用市场机制来实现对企业经营管理者的优胜劣汰。2015 年 8 月 24 日，中共中央、国务院印发了《关于深化国有企业改革的指导意见》(中发〔2015〕22 号)指出：建立健全企业各类管理人员公开招聘、竞争上岗等制度，对特殊管理人员可以通过委托人才中介机构推荐等方式，拓宽选人用人的视野和渠道。建立分级分类的企业员工市场化公开招聘制度，切实做到信息公开、过程公开、结果公开。构建和谐劳动关系，依法规范企业各类用工管理，建立健全以合同管理为核心、以岗位管理为基础的市场化用工制度，真正形成企业各类管理人员能上能下、员工能进能出的合理流动机制。

目前，企业在招聘中出现的"尴尬"以及"民工荒"问题与我国的经济发展形势也有很大关系。2004 年上半年我国国内生产总值同比增长 9.7%，广东、浙江、江苏的同比增长均达 15%以上，许多内地省份的增长也在两位数，经济的高速发展带动了劳动力需求的增长。目前珠江三角洲经济发展的势头依然强劲，各种制造业还出于"发烧发热"的阶段，对工人的需求持续增长。总而言之，宏观经济形势对招聘的影响主要表现在以下几点。

(1) 当宏观经济形势处于高速增长的繁荣时期，就会带来对企业产品(服务)需求的急剧增长，企业的发展机会必然增多，而企业的规模扩张往往需要招聘更多的员工。此时，失业率降低，劳动力市场供给量大增。

(2) 通货膨胀率的高低会影响企业的招聘成本。

(3) 经济政策会影响企业的招聘工作。

4. 对技术进步进行分析

技术进步对企业人力资源招聘的影响反映在三个方面，一是技术进步引起招聘职位分布以及职位技能技巧要求的变化，二是技术进步影响招聘数量，三是技术进步影响应聘者的素质。现代技术的不断运用改变了传统的生产模式，工作岗位对人们脑力劳动付出的要求越来越高，对工作技能和工作沟通与协调的要求也越来越高。因此，现代企业对既具备熟练的操作技能，又具备一定的管理技能的"灰领"复合型人才的需求量越来越大。由此可见，技术进步与社会发展对企业与应聘者双方都将产生很大影响，企业在进行招聘时应该考虑这些影响因素并预测这些因素的发展变化趋势。

5. 对劳动力市场进行分析

劳动力市场对招聘的影响主要体现在以下三个方面。

1) 市场的地理位置

劳动力市场状况对招聘具有重要影响，其中一个因素是劳动力市场的地理位置。根据某一特定类型的劳动力供给和需求，劳动力市场的地理区域可以是局部性的、区域性的、国家性的和国际性的。通常，那些不需要很高技能的人员可以在局部性劳动力市场招聘。而区域性劳动力市场可以用来招聘那些具有更高技能的人员，如水污染处理专家和计算机程序员等。专业管理人员应在国家的劳动力市场上招聘，因为他们必须熟悉企业的环境和文化。而对某类特殊人员如宇航员、物理学家和化学家等，除了在国内招聘外，还可以在国际市场上招聘。

2) 市场的供求关系

我们把劳动力的供给大于需求的市场称为需求约束型劳动力市场；而把劳动力的需求大于供给的市场称为资源约束型劳动力市场。一般来说，在需求约束型劳动力市场上，在外部招聘人员比较容易。相反，在资源约束型劳动力市场上，某类人员的短缺可能引起其价格的上升并迫使企业扩大招聘范围，从而使招聘工作变得错综复杂。

3) 企业所属行业的发展性

如果企业所属的行业具有巨大的发展潜力，就能吸引大量的人才涌入这个行业，从而使企业选择人才的余地较大。如近年来IT行业的企业。相反，当企业所属行业远景欠佳时，企业就难以有充裕的人才可供选择。如现在的纺织业陷入低谷状态，很多人不愿加入到这类行业。

1.4.2 进行招聘管理的内部因素分析

1. 对职位的性质进行分析

空缺职位在企业中所处的层次也会影响其对应聘者的吸引以及企业对该职位的招聘策略，如招聘地点的确定和招聘渠道的选择。一般来说，基层职位宜采用广泛招聘的策略，应尽可能地吸引到更多的符合任职资格条件的人员来应聘，这样可以及时填补所需人力并能降低招聘成本；对于技术和专业知识要求较高的职位，应更加关注应聘者与空缺职位的匹配度，力求所聘人员在本技术领域内做到专而精。因此，职位的层次会对招聘策略产生较大影响，企业应该根据职位的层次来制定相应的招聘策略。职位的层次和性质除了会对招聘策略产生影响外，也会影响其对人才的吸引。例如，职位的稳定性是职位的重要性质之一，这也是人才在求职时需要考虑的重要因素之一。稳定性越高的职位能够给人带来越高的安全感，这也成为吸引人才的一个重要因素。有些稳定性高的职位，虽然不像别的职位那样充满新奇和挑战，但是它带来的稳定性是别的职位所不能比拟的。另外，职位的晋升前景和该职位所能带来的成就感等，也是人才在求职时需要考虑的重要因素。晋升机会大、带来成就感高的职位，对人才的吸引力也更大。

2. 对企业的经营战略和发展阶段进行分析

企业在不同的发展阶段有不同的战略，发展阶段和经营战略在宏观上、全局上会影响招聘决策。企业的经营战略不同，招聘策略也会不同。若企业的经营战略计划范围是全面的，计划期限是长期的，则倾向于招聘储备性人才；若企业的经营战略计划范围是全面的或者部分的，计划期限是长期的或者中期的，则倾向于对招聘的角色进行规划和定位；若企业的经营战略计划范围是全面的或者部分的，计划期限是短期的，则倾向于招聘企业现招现用人才。另外，企业所处的发展阶段也会影响到企业对人才的吸引力。例如，处于成熟期的企业更能吸引到高端人才，而处于初创期和发展期的企业则不容易吸引到优质人才。此外，企业的发展阶段也会影响到企业对招聘渠道的选择。例如，处于成长期的企业，人才需求量较大，对于公司高层管理人员，宜采用内部招聘的方式，因为内部人员对公司非常熟悉，对新工作更容易上手，快速的工作转换对处于高速发展的企业不会造成太大影响；

对于中低层次的人才，企业更倾向于采用见效快的招聘渠道，如现场招聘以及网络招聘。

3. 对企业形象和自身条件进行分析

企业形象是企业在生产、市场、管理、技术等各方面的综合反映，身处其中的员工能够深刻感受到良好的企业形象所带来的心理满足感和愉悦感，能够满足员工寻求归属、被接纳的需求。因此，一个良好的企业形象非常重要。企业是否在应聘者心中树立了良好的形象以及是否具有强大的号召力，将从精神方面影响着招聘活动。《东方企业家》与精群管理咨询公司及亚顿企管公司合作，针对国内中外资企业的 300 多位高级管理人员与人力资源部门主管，发出一份"最佳企业用人策略调查"。该调查显示，企业吸引求职者应聘的主要原因依次是：公司品牌(37%)、薪资(18.8%)、公司文化(13.95%)、工作环境(13.95%)、工作培训(11.86%)、其他(4.44%)。

品牌是市场营销中关键的一环，并在人才招聘中扮演了关键角色。应聘者在对公司信息不太了解的情况下，公司品牌是他们评价一家公司最主要的方式。公司有知名品牌会吸引更多的求职者，而知名度不高的企业，则往往需要以公司的发展前景及给予求职者较高的职位来吸引应聘者。打造优良的公司品牌，是企业争才策略中重要的一环，好的品牌吸引好的工作者，这样才能形成良性循环，增强公司的竞争力。

企业形象和自身条件影响其对应聘者的吸引力还体现在企业的发展阶段上。以中小企业为例，处于不同阶段的中小企业，其人力资源管理的水平呈现差异性。中小企业在初创期，靠的是亲情、朋友间的情谊和相互间的信任，企业的核心层很少有"外部人"参与进来。而处于成长阶段的中小企业设立人事部门和研究机构的比例明显上升，对普通员工层的任用和配置要求也随之提高，外聘人员的数量也随之增加。

另外，企业的管理水平也是招聘优秀人才很实际、很有力的"武器"。企业的管理水平对企业人力资源招聘的影响体现在以下三个方面。

(1) 企业领导者的水平和能力是许多求职者求职时优先考虑的因素。

(2) 招聘过程实际上也体现着企业管理水平的状况。

(3) 招聘过程中招聘人员的形象也会影响招聘质量。

4. 对企业招聘政策和用人观念进行分析

对于业务水平和技能要求较高的工作，企业可以利用不同的来源和招聘方法，这取决于企业高层管理者是喜欢从内部招聘还是从外部招聘。目前，大多数企业倾向于从内部招聘上述人员，这种内部招聘政策可以向员工提供发展和晋升机会，有利于调动员工现有的积极性。其缺点是可能将不具备资格的员工提拔到领导或重要岗位上。

对于人才的界定，有很多企业仍然停留在以学历、学校来衡量。我国的很多企业在招聘新员工的时候过分看重应聘者的学历和毕业院校，导致错失了很多非名校毕业的优秀人才。另外，在我国的很多企业中，"人才高消费"的现象较为普遍，一些单位和部门招聘人才时，不是根据用工需要，而是相互攀比，竞相以高文凭、高学历为条件，出现了大材小用、高能低用的怪现象。这种错误的"人才高消费"招聘观念导致企业人员成本的上升，且由于人员和岗位不能有效地匹配，势必造成较大的人员流失，给企业带来更大的损失。

另外，企业是否具备科学合理的人才储备体系也会影响招聘效果。人才储备是指公司根据自身的经营战略，科学地招聘并培训符合企业未来发展需要的人才。人才储备是企业的一种前瞻性行为，能为企业的长远发展提供人才，为企业的长远目标服务。很多公司的招聘只是在人员短缺时进行的短期应急行为，没有上升到战略性招聘的层面。科学合理的人才储备体系是符合战略性招聘要求的，它能为企业的未来发展储备相应的人才。在企业发展的过程中，出现人员短缺时，可以从储备人才中挑选合适的人员，而不会出现在忙乱中招聘不到合适人才的情况；另外，有些人才比较短缺，短时间内在劳动力市场上可能无法招聘到。若企业有科学合理的人才储备体系，则可以及时满足这些人才需求。

5. 对企业的招聘成本进行分析

招聘资金充足的企业在招聘方法上可以有更多的选择，它们可以花大量费用做广告，所选择的传播媒体可以是在全国范围内发行的报纸、杂志和电视等。广告费一般比较高，其费用水平取决于所用媒体的类型、地点和时间的长短。此外，它们也可以去大学或其他地区招聘。在各种招聘方法中，对西方企业来说，最昂贵的方法是利用高级招聘机构。目前，我国并没有专门的招聘机构。

时间上的制约也影响着招聘方法的选择。如果某一企业正面临着扩大产品或服务所带来的突发性需求，那么它几乎没有时间去大学等单位招聘，因为学生毕业时间有一定的季节性，而且完成招聘需要较长的过程。因此，企业必须尽快想办法满足对新员工的需求。一般来说，许多招聘方法所涉及的时间随着劳动力市场条件的变化而变化。当劳动力市场短缺时，应聘者的数目减少，它们愿意花更多的时间去比较和选择，所以企业一般要花较长的时间才能完成招聘工作。

1.4.3 对招聘对象的分析

1. 对应聘者的寻职强度进行分析

寻职强度是指应聘者寻找职位的努力程度。寻职强度与个人背景和经历有关，寻职强度和个人财政状况成负相关关系。寻职强度高的应聘者容易接受应聘条件，应聘成功率高；反之，寻职强度低的应聘者对应聘条件较挑剔，应聘成功率低。

2. 对"职业锚"进行分析

所谓职业锚，是在个人工作过程中依循个人的需要、动机和价值观，经过不断探索所确定的长期职业贡献区或职业定位，它有助于指导、制约、稳定和整合个人的职业。

职业锚以员工习得的工作经验为基础，产生于早期职业生涯。职业锚理论的五种类型如表 1-5 所示。

表 1-5　职业锚理论的五种类型

类　型	内　容
技术职能型	技术职能型的人，追求在技术职能领域的成长和技能的不断提高，以及应用这种技术职能的机会。他们对自己的认可来自其专业水平，他们喜欢面对来自专业领域的挑战，不喜欢从事一般的管理工作

续表

类 型	内 容
管理型	管理型的人追求并致力于工作晋升,倾心于全面管理、独自负责,可以跨部门整合其他人的努力成果。他们希望承担整个部门的责任,并将公司的成功与否看成自己的工作,具体的技术功能工作仅仅被视为通向更高管理层的必经之路
自主独立型	自主独立型的人希望能随心所欲地安排自己的工作方式、工作习惯和生活方式,追求能施展个人能力的工作环境,最大限度地摆脱企业的限制和制约。他们宁愿放弃提升或工作扩展的机会,也不愿意放弃自由与独立
创造型	创造型的人希望靠自己的能力去创建属于自己的公司或创建完全属于自己的产品(或服务),而且愿意去冒风险,并克服面临的困难。他们想向世界证明公司是他们靠自己的努力创建的。他们可能正在别人的公司工作,但同时他们也在学习并评估将来的机会。一旦他们感觉时机成熟了,便会去创建自己的事业
挑战型	挑战型的人喜欢解决看上去无法解决的问题,战胜强大的对手,克服无法克服的困难和障碍等。对他们而言,参加工作或职业的原因是工作允许他们去战胜各种不可能。体验新奇、变化和困难是他们的终极目标

职业锚作为一个人自身的才干、动机和价值的模式,在个人的职业生涯与工作生命周期中,发挥着锚定人生的导向作用。

运用职业锚可识别个人的职业抱负模式和职业成功标准。职业锚依循个人的需要、动机和价值观进行定位,清楚地反映出了个人的职业追求与抱负。根据职业锚还可以判断雇员达到职业成功的标准。

通过职业锚可有针对性地选择职业生涯发展通道。职业锚是个人职业方向和路径选择的结果,密切关系着职业生涯的成功与否。通过职业锚的建立过程,可有针对性地为职业生涯发展设置合理、有效、可行、顺畅的职业通道与职业阶梯。

每个人的职业生涯发展都是一个持续不断的探索过程,在这一过程中,每个人都在根据自己的天资、能力、动机、需要、态度和价值观等慢慢地形成较为明晰的与职业有关的自我定位。因此,在招聘时特别要注意不同职业锚的员工的不同特征,使得员工的职业锚发展和职位的发展相吻合。

3. 对应聘者动机与偏好进行分析

为达到一定的目标,个人将付出极大的努力。如果效价(指某项工作或一个目标满足个人需求的作用)为零乃至负值,表明个人未能实现目标。在这种情况下,目标实现的可能性再大,个人也不会产生追逐目标的动机,不会为此付出任何积极努力。如果目标实现的概率为零,那么无论目标实现的意义多么重大,个人同样不会产生追求目标的动机。

4. 对应聘者的个性心理特征进行分析

我们很难想象一个沉默寡言的人能成为一名优秀的推销员,同样,我们也很难想象依赖性强的人能成为一名合格的领导者,这就是个性在其中的影响力。现在有许多年轻人在谈及他们跳槽的原因时常常会抛出一句"不适合自己的个性"。这些都表明个性在职业选择中的重要作用。

在越来越尊重员工自我发展的今天，企业招聘已经不能仅仅只考虑经济与社会声望等因素，还要充分考虑人的个性。在国外，专门为人们就个性特征、能力水平等提供择业咨询或职业指导的机构已有 80 多年的历史，它们的建设性建议，对咨询者的职业生涯发展非常有益，同时企业对这类机构的认可程度也非常高，这点值得我国企业借鉴。

案例分析与讨论

得胜公司是一家发展中的公司，已有 15 年的历史，拥有十多家连锁店。在过去的几年里，从公司外部招聘的中高层管理人员中，大约有 50%的人员不符合岗位要求，工作绩效明显低于公司内部提拔起来的人员。在过去的两年中，公司外聘的中高层管理人员中有 9 人不是自动离职就是被解雇。

从外部招聘的商业二部经理因年度考评不合格而被免职之后，促使董事长召开了一个有行政副总裁、人力资源部经理出席的专题会议，会议分析了这些外聘的管理人员频繁被更换的原因，并试图得出一个全面的解决方案。

首先，人力资源部经理就招聘和录用的过程作了一个回顾，公司是通过职业介绍所，或者在报纸上刊登招聘广告来获得职位候选人的。人员挑选工具包括一份申请表、三份测试表(一份智力测试表和两份性格测试表)、有限的个人资历检查以及必要的面试。

行政副总裁认为，他们在录用某些职员时，犯了判断上的错误，应聘者的履历表看上去挺不错，应聘者说起话来也头头是道，但是工作了几个星期之后，不足之处就暴露出来了。

董事长则认为，根本问题在于没有根据工作岗位的要求来选择适用的人才，"从表面上看，几乎所有我们录用的人都能够完成领导交办的工作，但他们很少在工作上有所作为，有所创新"。

人力资源部经理提出了自己的观点，他认为公司在招聘时过分强调了人员的性格特征，而并不重视应聘者过去在零售业方面的记录。例如，在 7 名被录用的部门经理中，有 4 人是来自与其任职无关的行业。

行政副总裁指出，大部分被录用的职员都有某些共同的特征。例如，他们大多是 30 多岁，经常跳槽，多次变换自己的工作；他们都雄心勃勃，并不十分安于现状；在加入公司后，他们中的大部分人与同事的关系不是很融洽，与直属下级的关系尤为不佳。

会议结束的时候，董事长要求人力资源部经理："彻底解决公司目前在人员招聘上存在的问题，采取有效措施从根本上提高公司人才招聘的质量！"

1. 得胜公司管理人员的招聘有什么问题？造成这些问题的原因是什么？

2. 您对该公司管理人员的招聘有哪些更好、更具体的建议？

(资料来源: http://zhidao.baidu.com/question/380931264.html.)

思考与练习

1. 招聘管理的理论基础是什么？都有哪些内容？

2. 招聘管理的现实基础包含哪些方面的内容？

3. 招聘管理的信息基础是什么？它在招聘管理中面临哪些问题？它又对人岗匹配有什么影响？

4. 影响招聘管理的外部因素有哪些？内部因素又有哪些？应聘者的个人因素对招聘管理工作会产生哪些影响？

5. 行为事件访谈法的内容是什么？它的业务操作流程是什么？

6. 行为专家小组讨论法的内容是什么？它的业务操作流程是什么？

7. 问卷调查法的内容是什么？它的业务操作流程是什么？

8. 关键事件法的内容是什么？它的业务操作流程是什么？

9. 组织优化和职位分析的方法和步骤分别有哪些？

10. 招聘管理的内部分析方法、外部分析方法及招聘对象分析方法分别如何操作？

■ 拓展阅读

公职人员招募前的准备——获取标准与关键胜任能力分析

一、获取标准的确定

获取标准是建立在工作分析基础上的，是用人单位决定录用什么样的人的基本条件。一般来说，工作说明书主要说明什么类型的人能够胜任工作，列出了该职业所需的技能和资格条件，这样做可以保证只有符合要求的人来应聘，从而对以后的甄选工作很有帮助。这些必备资格条件包括从事该工作至少要达到的教育水平、工作经历、技术技能和个人特点等，是对候选人最低限度的资格要求，在甄选过程中，不具备必备资格条件的应聘者将被淘汰。但是，一个人具备了工作说明书中的必备条件，是否能推断出他在未来工作中会表现优秀、获取成功呢？也许会，但至少这些必备条件是不完全的。因此，我们有必要探讨帮助公职人员在工作上成功的重要条件，我们称其为理想的任职资格条件。理想的任职资格条件并不是人员获取的最低要求，它是对符合必备任职资格的公职人员的额外要求，是带有倾向性的择优资格条件，是帮助该职位人员取得成功的重要因素。可见，人员获取标准的设置，最合理的方法是将获取资格条件分为必备条件和理想条件。

二、关键胜任能力因素分析

理想的任职资格条件是非常复杂的。为了发现这些条件，人们从现有的资料如工作分析的资料中进行查询，通过与任职者和任职者的主管进行访谈来分析，更重要的是通过对该职位典型的成功事例和失败事例进行分析，得到导致成功或失败的一些因素，这些因素人们将其称为关键胜任能力因素。这些关键胜任能力因素包括与人们的工作绩效有直接因果关系的一系列因素，如认知能力、人际关系技能、与工作风格有关的因素等。

1. 认知能力

认知能力主要是指一个人如何分析和思考问题的能力。例如，解决问题的能力、决策能力、发现问题的能力、项目管理能力、时间管理能力等。这些能力不像具体的技术技能那样容易测量，但这些能力从某种意义上来讲更重要。

2. 人际关系技能

人际交往的种种技能，也是一些重要的胜任力。工作中的成功在很大程度上都与这些人际能力有关，如是否能够与各种不同特点的人配合工作、是否能够激励他人的工作热情、是否能有效地化解人际矛盾等。任何工作都会需要这些与人打交道的能力，如果一个人不能很好地处理与上司、同事、下属、客户等的关系，那么他很难在工作中取得成功。

3. 与工作风格有关的因素

这些工作风格主要涉及的是一个人在某种情境下如何采取行动。假设一个岗位要求有高水平的客户满意度，那么我们就应该关心在应聘者的工作风格中是否包含这方面的行为，判断应聘者是否能够很好地满足客户需求。

三、内部与外部招募来源比较

要进行有效的人员招募，必须首先明确人员招募的来源。根据来源的不同，可将招募分为内部招募与外部招募。人们通常认为招募都是对外的，事实上，组织内部人员也是空缺岗位的后备人员，而且越来越多的单位注重从内部招募人员。

内部招募与外部招募各有其优势与不足。而且，内部招募的优点又常常是外部招募的缺点，两者在一定程度上是互补的，具体情况如表 1-6 所示。

表 1-6 内部招募与外部招募的利弊

	内部招募	外部招募
优点	对人员了解全面，选择准确性高； 了解本组织，适应更快； 鼓舞士气，激励性强； 费用较低	来源广，有利于招到高质量人员； 带来新思想、新方法； 树立组织形象
缺点	来源少，难以保证招募质量； 容易造成"近亲繁殖"； 可能会因操作不公等造成内部矛盾	筛选难度大，时间长； 进入角色慢； 了解少，决策风险大； 招募成本大； 影响内部公职人员的积极性

因此，组织在选择人员招募渠道时，要综合考虑，通常选用内外部结合的方式效果最佳，既可以发挥内外部招募各自的优势，又可以在一定程度上避免其不足。具体的结合力度，取决于组织的战略计划、招募的岗位、上岗速度以及组织面临的外部环境等因素。

推荐阅读

1. 潘平. 上承战略 下接数据——人力资源规划从入门到精通[M]. 北京：清华大学出版社，2020.

2. 水藏玺，向荣，刘洪良. 胜任力模型开发与应用[M]. 北京：中国经济出版社，2019.

3. 杨雪. 弗布克人力资源管理全案系列：员工胜任素质模型与任职资格全案[M]. 北京：人民邮电出版社，2014.

4. 张登印等. 胜任力模型应用实务[M]. 北京：人民邮电出版社，2014.

项目2　设计招聘流程

【项目概述】

　　招聘流程是指从确定职位描述，到分析用人理念、职位需求，制订招聘计划，与用人部门负责人沟通，筛选简历，人才测评，面试到录用通知、候选人报到，直到招聘评估的所有环节。可以说，招聘流程的设计是基础工作，每个企业都要根据自身的实际情况，参照标准的流程设计范本进行本企业的招聘流程优化设计。

【学习目标】

- 能够掌握和区分流程与招聘流程的概念。
- 能够了解招聘流程建立的意义，明白它对于提高招聘质量的影响。

【技能目标】

- 能够掌握招聘流程设计的主要程序和实施步骤，并协助进行招聘流程的设计工作。
- 能够掌握招聘流程设计过程中的注意事项，并能够在实际操作中提前进行规划。
- 能够根据给定的企业招聘流程进行分析和判断，并提出学习要点或者改进建议。

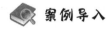 **案例导入**

重庆某科技公司的招聘流程

以下是重庆某科技公司的招聘流程设计。

一、人员编制

根据公司的业务发展，原则上人员编制每年核定一次。

定编具体流程如下。

(一)年度编制计划执行流程

各部门(含新设部门)、分公司提交年度编制计划(附定编依据)→人力资源部初步核定→分管业务副总经理复核→执行副总经理审核→总经理审批→人力资源部下达编制。

(二)增编执行流程

各部门因业务量增大，年度编制无法满足业务需要而必须增加编制的，用人单位必须详细说明增编原因及拟增设岗位的工作量及工作职责，按以下程序报经批准后增加编制。

用人单位提交增编报告→人力资源部初步核定→分管业务副总经理复核→执行副总经理审核→总经理审批→人力资源部下达编制。

各用人单位录用人员必须以编制计划为前提和依据。

二、人员招聘程序

步骤一：用人部门提出申请。

用人部门填写《增补人员申请表》，对于新设岗位部门经理要同时提交该岗位的岗位职责和任职资格，提交人力资源部。人力资源部根据年度编制计划，统一组织招聘。编制外的增补要求需按以上第一点第(二)条报批，编制批准后由人力资源部组织招聘。

步骤二：预算招聘费用。

招聘费用是指为达成年度招聘计划或专项招聘计划，在招聘过程中支付的直接费用。人力资源部应根据年度招聘计划或专项招聘计划，对照以往实际费用支出情况，拟订合理的招聘费用预算，经总经理办公室及财务部审核后在年度招聘费用预算内申请招聘费用。

步骤三：规划招聘周期。

招聘周期是指从人力资源部收到《增补人员申请表》起，到拟来人员确认到岗的周期。每一职位的招聘周期一般不超过 6 周。有特别要求的职位，将视实际情况经用人部门与人力资源部协商后，适当地延长或缩短招聘周期。

步骤四：选择招聘渠道。

招聘渠道主要有四种：网上招聘、参加人才交流会、刊登报纸广告、内部员工推荐。2019 年度人力资源部将加大与各大专院校的联系，每年向学校招收实习生，实习一段时间后表现优异的可留用我司。实习生、应届毕业生的引入和同行社会招聘引入的比例，零售店面为 1∶1，写字楼为 2∶1。

步骤五：初步筛选。

人力资源部对应聘人员的资料进行整理、分类，交给部门经理。部门经理在两个工作日内对应聘人员进行初步筛选，确定面试人选，交给人力资源部，由人力资源部统一通知面试人员。

步骤六：填写《职位申请表》。

初试前应聘人员首先填写《职位申请表》。《应聘人员登记表》及应聘人员资料交面试主持者面试时使用，面试结束后交由人力资源部保管。

步骤七：初试。

(1) 初试分为笔试及面试。笔试时间为 30 分钟，笔试不通过的人员即遭淘汰，笔试通过的人员转入面试，初试面试时间为 20 分钟。(笔试题库由人力资源部提供)

(2) 人力资源部负责面试人员的通知及场所的布置工作。

(3) 面试由人力资源部负责，在面试前要准备适合该岗位的笔试试题，并填写《面试人员测评表》，要特别注意填写"测评内容"的具体项目。

(4) 面试结束后，人力资源部将笔试结果、《面试人员测评表》及应聘人员资料进行整理，对不合格的人员实行淘汰，将合格人员的资料转用人部门预备复试。

步骤八：复试。

(1) 复试由用人部门负责，分为人才测评笔试及面试。

(2) 人才测评笔试时间为 30 分钟，由人力资源部负责提供题库，主要针对管理人员、技术人员和市场人员。其内容包括性格测试、模拟案例、EQ 测试和英文测试等。

(3) 复试面试时间为 30 分钟，依据人力资源部初试意见和人才测评结果，准备适合该岗位的复试测评内容。

(4) 对于通过复试的人员，由用人部门定出最终技术等级。

步骤九：应聘者调查。

人力资源部通过电话方式了解应聘者原公司的工作情况，重点了解应聘者的人品、处事方式、人际关系及离职原因等。

步骤十：通知入职。

对了解后的合格者，人力资源部根据用人部门的等级结论通知复试人员讲解待遇问题、介绍公司的简要情况并确定最后的到岗时间后反馈到用人部门。

对于特殊岗位或要求尽快到岗的，可考虑初试与复试合并。

请问：您认为这家科技公司的招聘流程设计得合理吗？如果您认为合理，请谈谈您认为设计合理的理由。如果您认为他们的招聘流程设计得不合理，也请谈谈理由。

2.1 相关知识：招聘流程的概念和意义

2.1.1 招聘流程的概念

流程是指一个或一系列连续有规律的行动，这些行动以确定的方式发生或执行，导致特定结果的实现，简言之就是，一组将输入转化为输出的相互关联或相互作用的活动。在企业里，我们可以理解为：什么部门做了什么事，产生了什么结果，传递了什么信息给谁。

招聘流程是指从确定职位描述，到分析用人理念、职位需求，进行招聘计划，与用人部门负责人沟通，筛选简历，人才测评，面试到录用通知，直至候选人报到，最后到招聘评估的所有环节，主要是解决企业的人员招聘问题。可以说招聘流程的设计是基础工作，每个企业都要根据自己的实际情况，参照标准的流程设计范本进行本企业的招聘流程优化设计。

2.1.2　招聘流程的意义

1. 规范招聘行为

招聘工作并不是人力资源部门可以独立完成的工作，它涉及企业各个用人部门和相关的基层、高层管理者。所以招聘工作中各部门、各管理者的协调问题就显得十分重要。应制定招聘流程，使招聘工作固定化、规范化，便于协调，防止出现差错。

2. 提高招聘质量

在众多的应聘人员中，要准确地把优秀的人选识别出来并不是一件简单的事情，因为在招聘活动中既要考核应聘者的专业知识、岗位技能等专业因素，又要考核应聘者的职业道德、进取心、工作态度、性格等非智力因素。通过制定招聘流程，会让招聘工作更加科学、合理，从而有效地提高招聘的效率、质量，同时降低招聘成本。

3. 展示公司形象

招聘和应聘是双向选择，招聘活动本身就是应聘者对企业更进一步了解的过程。对应聘者而言，企业的招聘活动本身就代表着公司的形象。企业招聘活动严密、科学而富有效率，会让应聘者对企业产生好感。

4. 避免用工风险

通过科学合理的招聘流程设计，能够避免招聘到信息造假的应聘者；也能够通过科学合理的面试技巧淘汰不合格的应聘者；更能够通过试用期的设置规避淘汰不合格人员的用工风险问题。

2.2　工作任务：设计招聘流程的业务操作

2.2.1　设计招聘流程的主要程序

人力资源招聘工作是一个复杂的、系统的而又连续性的程序化操作过程，同时涉及单位内部各个用人部门及其相关环节。所以，招聘工作中各部门、各环节的协调就显得十分重要。为了使人力资源招聘工作规范、有序地进行，应当严格按照一定的程序组织招聘工作。人力资源招聘的主要程序包括准备阶段、招募阶段、选择阶段以及录用评估阶段等。在组织进行人员配置的过程中，通过一系列的选拔程序，淘汰不合格的求职者，并识别和吸引具备一定素质的求职者，根据工作岗位的需求，作出聘用决策。

招聘工作一般遵循如图 2-1 所示的程序。

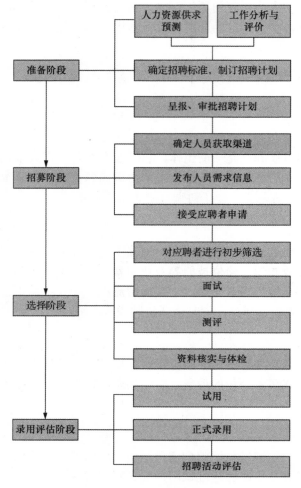

扫描二维码，观看微课 07 招聘的程序。

微课 07 招聘的程序

扫描二维码，观看微课 08 招聘需求分析。

微课 08 招聘需求分析

图 2-1 招聘流程的主要程序

2.2.2 招聘流程的实施步骤

招聘流程的具体实施步骤如图 2-2 所示。

图 2-2 招聘流程的具体实施步骤

步骤一：制订招聘计划。

组织的人力资源部门在展开实际招聘活动之前，必须作出识别和吸引求职者的具体实施计划并解决一系列具体问题。

招聘计划的主要内容如下。

- 确定人员需求及新员工的上岗日期。
- 确定招聘截止日期。
- 选择招聘途径及信息发布的时间和渠道。
- 编制岗位说明和任职资格。
- 确定淘汰的比例。
- 拟定招聘广告。
- 明确招聘费用。
- 编写招聘工作时间表。
- 确定考核方案和方式。
- 确定招聘小组。
- 安排测试地点等。

步骤二：报批招聘计划。

招聘计划的内容确定后还需提交公司董事会或总经理进行审批，批准后才能进行招聘信息的发布，招聘活动才能继续进行。如果待招聘人员在人员预算范围之内，一般审批程序会进行得比较快；如果待招聘人员超出了人员预算范围，公司高层管理人员就需要对招聘的必要性进行审核和论证。确认招聘要求后，获得审批的招聘计划书会直接发送回人力资源部，由人力资源部门的工作人员正式开始获取应聘者的活动。

步骤三：实施招聘计划。

一旦决定招聘人员，就应该迅速发布招聘信息。发布招聘信息就是尽可能地向来应聘的人群传递企业将要招聘的信息。这直接关系到招聘的质量。一般而言，发布招聘信息的面越广，接收到该信息的人越多，应聘的人也就越多，招聘到合适人选的概率也就越大。

步骤四：人员测评与甄选。

通常来说，招聘活动中应聘者的数量会多于空缺职位的数量，因此就需要对应聘者进行选拔，即使有时应聘者人数少于所要聘用的人数，也要对候选人的职位适度地进行评价，以保证聘用人员的质量。人员选拔的方法有很多，包括简历筛选、笔试、面试、能力和测验等多种方法，企业可以根据实际需要选择使用。

步骤五：体检和录用。

在经过初步筛选、面试、测评等程序后，便进入人员录用的重要程序——作出录用决策。当招聘测评结束后，人力资源部门就应开始组织人力对测评成绩进行计算和评定。这一阶段的主要任务是对应聘者个人信息进行综合分析与评价，确定每位进入该阶段的应聘者的素质与能力特点，参照既定的工作标准作出录用决策，录用决策由参与招聘过程的主要管理人员共同作出。对于已基本确定被公司录用的应聘者，还需进行体检，通过体检了解员工身体的一般状况和特别情况，如是否有传染性疾病、是否有严重影响工作的生理缺陷、酗酒等问题。如果应聘者的体检结果证明会影响未来的工作，企业可作出拒绝录用的决定，在通知应聘者的同时对拒绝理由作出充分说明。

步骤六：招聘评估。

评估是招聘过程中不可缺少的重要部分，这关系到招聘的效率问题，一般包括招聘成效评估、录用人员评估、招聘人员的工作评估和招聘活动总结等。

2.2.3 设计招聘流程的注意事项

1. 重新了解各部门的业务

一个重要职位的人才流失了，短时间内很难招到合适的人才，有时候是因为人力资源部门本身对这个部门的业务就不甚了解，等到急需招人的时候，人事部推荐的人选往往不符合部门经理的需要。所以，人力资源部对各部门业务的了解要像人力资源专业一样多。这个时期可以多和每个业务单元接触，从业务发展的需求去思考人才的需求，企业不同的发展时期对人才的需求也不一样，哪些人才已经饱和，哪些人才需要提前一年储备，都是基于人力资源部对部门业务的熟悉和与直线经理的沟通程度。

2. 做好招聘计划

公司要招哪些职位，招多少人，进行为期几天的培训，每一种类型的人才都分别适合哪种招聘，是长期持续招聘还是短期招聘？这些问题都要一一回答。

3. 重视招聘人员培训

要对参与招聘的人员统一或分部门进行培训，以使所有参与招聘的人员了解招聘流程，理解招聘的关键环节和注意事项等。否则，招聘的所有工作都会因为招聘人员的不专业而前功尽弃。

4. 选择招聘方式

选择一个好的招聘方式很重要。需要了解公司在招聘这块有多少经费，是选择单一高效的招聘模式还是综合几种招聘方式同步招聘？如网络招聘、现场招聘、报纸招聘，还有发动员工介绍等。

5. 完善招聘网络

许多组织还不会使用招聘网络，这时候可以来完善这个网络。与以前打过交道的资源建立联系，以保证能够及时输送高级人才。比如，招聘网站、杂志以及其他招聘工具，和这些机构讨论如何来完善你的高级人才库，也可以和大家推荐的人选进行联系，这样做是为了防止将来发生人才大战时措手不及。

微课09 微招聘

扫描二维码，观看微课09 微招聘。

6. 管理技术环节

重新整理堆积大量数据的简历中心，和技术部的人员设计更合理的招聘管理系统，使得技术层面的支持更便捷。修正公司网页上招聘的职位或职责描述，对那些高要求、难以招聘到合适人才的职位重新做招聘计划，设计更方便的检索程序，保证让符合条件的求职者能够准确及时地应聘职位。

7. 做好面试准备工作

面试是一个双向选择的过程，如果企业把招聘工作仅仅当成自己对候选人的筛选，没有做到相互尊重、给求职者留个好印象，那么招聘工作就可能功亏一篑。企业需要做充分的招聘准备工作，让求职者有归属感、对公司有好感。

8. 坦然面对候选人的疑虑

许多企业高管不愿意在经济低迷期跳槽，其最重要的原因就是一些雇主的声誉越来越差，组织内的传闻越来越受到商业社会的关注和挑战。人力资源部门与其为此被动而苦恼，不如坦然面对。有经验的面试官短时间内就能对求职者有大致的了解，无形中提高了效率。如果公司的名誉已经被破坏，你得向候选人解释清楚你们是如何处理这些问题的，这一点非常关键。在很多情形下，面试双方对此都心知肚明，但谁也没有主动提到，结果候选人通过别的途径打听到会使其疑虑更深，从而最终放弃了对这个职位的应聘。因此，一定要坦然地解释这一切。当然，作为人力资源部门，除了解释工作外，更要实际去解决这个问题，好让低迷期的组织能招聘到优秀的人才，为组织的将来发展做准备。

2.2.4 实践中的企业招聘流程

天意新能源科技有限公司是一家研发、生产和销售锂离子电池负极材料的高新技术企业。锂离子电池负极材料属于新能源材料领域，得到国家政策的大力扶持，天意新能源科技有限公司成立于 2012 年 3 月，投资总额为 3.7 亿元人民币，注册资金为 3 300 万元人民币，占地面积为 15 000 平方米，建筑面试为 10 000 平方米，职工人数为 200 多人。

公司已通过 ISO 9001：2000 质量管理体系认证、ISO 14001：2004 环境管理体系、ISO 18001 职业健康安全体系、ISO/TS 16949 国际汽车质量体系认证。目前公司已分别设立河源天意、内蒙古天意、宁德天意等多家全资子公司。2016 年 3 月，公司成功地取得新三板挂牌，2017 年证监会正式受理其创业板申请资料。表 2-1 所示是其招聘流程。

表 2-1 招聘流程

流程环节		部门、岗位	工作内容	工作依据
1.需求	1.1 工作分析	用人部门负责人	对部门各岗位工作进行分析，确定所需岗位、人数、工作内容、任职要求、胜任特征等	1.公司与部门目标，部门职责； 2.人力资源规划/计划，部门人力资源现状
	1.2 拟定用人需求	用人部门负责人	1.根据工作分析填写《人员需求申请表》，交人力资源部门； 2.一般岗位提前 1 个月、重要岗位提前 2 个月(员工异动后紧急补员属于计划外招聘，需另行提交《人员需求申请表》报送部门负责人审批)	1.工作分析结果； 2.薪酬福利制度

流程环节		部门、岗位	工作内容	工作依据
1.需求	1.3 审核用人需求	人力资源部门负责人	1.用人需求的必要性； 2.需求表描述的准确性、合理性； 3.需求表填写的规范性	1.人力资源规划、计划； 2.定岗、定编、工作分析； 3.薪酬福利制度
		公司负责人或授权人	按上栏内容审核部门负责人以上人员的用人需求	
2.渠道选择	2.1 用人部门提出需求申请	用人部门负责人	提交《人员需求申请表》	1.工作分析结果； 2.薪酬福利制度
	2.2 核定计划内、计划外招聘及费用	人力资源部门负责人	核定计划内或计划外从内、外部人才储备库查找适合需求岗位的人选	《人员需求申请表》
	2.3 分析招募渠道与方式	公司/单位人力资源部门招聘人员	分析各种渠道与方式的优劣势，择优选择一个或多个招聘渠道和方式	1.对各种招聘渠道的了解、调查情况； 2.用人需求申请表
	2.4 拟定招聘方案(含费用预算)	公司/单位人力资源部门招聘人员	需发生一次性费用的招聘需制定招聘方案	1.用人需求申请表； 2.拟定的招聘渠道与方式
	2.5 审批招聘方案	公司/单位负责人或其授权人	审查专场招聘会或费用超年度预算的招聘方案的合理性，并批示	1.人力资源规划、计划； 2.用人需求或人才储备的必要性
		公司/单位人力资源部门负责人	审查非专场招聘会或费用超年度预算的招聘方案的合理性，并批示	
	2.6 发布招聘信息	公司/单位人力资源部门招聘人员	根据既定渠道发布招聘信息	用人需求申请表
	2.7 应聘登记、人才搜索	公司/单位人力资源部门招聘人员	1.通过邮件、传真、人才网络、电话、现场填写应聘登记表等形式接受应聘者报名； 2.对市场稀缺的人才采取寻聘的方式，通过网上搜寻、熟人推荐等方式多方面寻找人才	1.用人需求申请表； 2.招聘方案

续表

流程环节	部门、岗位	工作内容	工作依据
3.甄选	3.1 资格审查、初步筛选 公司/单位人力资源部门招聘人员 用人部门相关人员	人力资源部门负责进行应聘简历的初步筛选，并由用人部门相关人员确认最后的初试名单	用人需求申请表
	3.2 初试 人力资源部门负责人及用人部门相关人员	人力资源部门组织并负责综合素质测评，用人部门负责专业素质测评	用人需求申请表
	3.3 复试 公司/单位人力资源部门负责人及用人部门/单位负责人或主管领导	由人力资源部门组织，主要采取面试的方式对初试合格者进行测评，并确定重点候选对象	1.用人需求申请表； 2.初试评价意见； 3.公司用人标准(见附注)
	3.4 背景调查 公司/单位人力资源部门招聘人员	1.主要对部门负责人及以上营销、技术、财务等涉及企业核心能力、商业机密的职位的录用候选人进行背景调查。公司内部调动且熟悉其相关背景的，可免。 2.背景调查不合格者被淘汰	调查内容及合格标准如下。 1.证件与资料真实、有效； 2.工作经验、技能和业绩真实； 3.执业记录良好、无重大不良执业记录与违法犯罪行为； 4. 根据岗位需要调查的其他内容
4.录用	4.1 录用意向洽谈 人力资源部门招聘人员	与录用候选人以电话或面对面的形式进行录用意向洽谈	洽谈内容：岗位、薪酬福利、合同期限、试用期限与试用期薪酬、工作环境、需要洽谈的其他内容
	4.2 确定拟录用人选 人力资源部门负责人及用人部门负责人	1.确定拟聘人员，并拟定其岗位、合同期限、试用期限、试用期薪酬。公司内调动一般不再约定试用期。 2.录用批示	1.甄选结果、用人部门提名、背景调查与录用意向洽谈结果； 2.薪酬福利、合同管理制度
	4.3 录用审批 单位负责人或其授权人	主要审查一般员工拟聘人员甄选的准确性，并批示	
	4.3 录用审批 董事局主席或其授权人	主要审查部门及以上负责人拟聘人员甄选的准确性、程序的规范性，并批示	

流程环节		部门、岗位	工作内容	工作依据
4.录用	4.4 录用通知	人力资源部门招聘人员	发放录用通知单或电话通知录用	录用审批结果
	4.5 体检	人力资源部门招聘人员	1.通知拟聘人选到指定医院体检，体检不合格者被淘汰； 2.公司内调动且能提供与新岗位要求相应体检项目合格证明的，可不再体检	1.指定医院：××××体检机构； 2.体检项目：肝功能、乙肝两对半、胸透、内外科常规检查以及根据岗位需要的其他检查； 3.体检合格标准：无严重的传染疾病，身体素质符合岗位要求； 4.体检费由各单位承担
	4.6 录用手续办理	人力资源部门招聘人员及用人部门相关人员	1.新员工提交相关资料，填写《员工基本情况登记表》； 2.《入职指引》； 3.签订劳动合同	体检结果
	4.7 入职面谈	人力资源部门负责人及用人部门负责人	1.介绍单位、部门、岗位情况，传播公司企业文化； 2.提出相关要求与希望； 3.解释新员工疑惑及提出的一些问题	公司基本制度与企业文化
	4.8 入职培训	人力资源部门、用人部门	人力资源部门组织并负责企业文化、基本礼仪、基本制度、职业道德等综合素质培训，用人部门负责业务制度、流程及上岗技能的培训	1.企业文化、职业礼仪、职业道德； 2.基本制度、业务制度与流程； 3.岗前业务知识与技能培训； 4.安全质量基本知识(生产类)
5.试用	5.1 制订岗位试用目标计划	人力资源部门、用人部门	根据对试用员工工作内容，拟订岗位试用目标计划，与试用员工一起沟通，修正后确定试用目标计划	1.岗位说明书； 2.目标计划必须具体、可考核
	5.2 指导与面谈	用人部门负责人或试用员工的指定指导人	1.经常对试用员工的业务进行指导； 2.每星期至少与试用员工进行一次正式沟通，听取其对工作的意见与建议，帮助其解决工作、生活中的困难。员工有重大思想波动或遇到重大困难时，及时向上级或者人力资源部门反映	1.岗位目标计划书； 2.试用期员工在工作中的表现

续表

流程环节	部门、岗位	工作内容	工作依据
5.试用	5.3 规划职业生涯	用人部门、人力资源部门、试用员工	人力资源部门、用人部门指导员工制订或修正员工职业生涯规划	1.员工职业生涯规划符合公司文化、单位发展需求； 2.职业目标定位准确，措施具体，可操作性强
	5.4 试用期总结与自评	试用期员工	试用期满前 8 日(申请提前转正时提出)提交总结与自评给用人部门负责人	1.根据职业化素质与能力模型，根据员工在试用期的优良、不良表现及业绩实施考评； 2.考评结果分为以下几种：提前转正、按时转正、延期转正、辞退
	5.5 试用期考评	人力资源部门负责人、用人部门负责人	用人部门进行评价，试用期满前 6 日提交(提前转正的适时提交)至人力资源部门，人力资源部门进行调查核实，并复核签字	
	5.6 考评结果审批	董事局主席或其授权人	审查部门及以上负责人考评结果的客观性，并批示	1.考评结果，员工表现； 2.考评结果分为以下几种：提前转正、按时转正、延期转正、辞退
		单位负责人或其授权人	审查一般员工考评结果的客观性，并批示	
	5.7 考评结果通知	人力资源部门招聘人员	在员工试用期满前将试用期考评结果告知用人部门与员工本人	考评结果
	5.8 相关手续办理	人力资源部门人事信息管理人员	办理转正、延期转正或辞退手续，以及薪酬调整手续	1.考评结果； 2.薪酬管理制度

 案例分析与讨论

　　W 公司是一家比较典型的中小型外商独资企业，它是美国 NASDAQ 上市公司，主要经营国外电子、电力、环保、自动化等方面的电子仪器仪表代理业务，至今已有 30 多年的历史，也是较早一批进入中国内地的外资企业，如今已发展为以代理经营为主，以生产、开发、配套工程以及连锁销售为辅的多种经营型企业，并在国内设有十多家分支机构。

　　W 公司现有员工 200 多人，职位设为三类，即行政管理类职位、销售类及售后服务类。行政管理类职位较少，只占员工总数的 10%，且相对稳定；售后服务类职位主要是售后服务工程师，占员工总数的 15%；其余均为销售类，销售类职位由销售经理和销售工程师构成。

　　公司管理方式采用扁平式，即总公司下设各办事处或直营店等分支机构，各分支机构由行政管理部、销售部及售后服务部三个部门组成。销售部由各产品部门组成，如环保仪器部、测试仪器部、工程部、通用仪表部、过程仪器部等，各部门均由总公司的相应部门遥控指挥。

随着经济的发展和竞争的加剧，该公司的经营状况逐渐滑坡，人员流动性大、工作不稳定等管理上的问题也逐渐暴露出来。

目前，W公司的招聘工作的流程如下。

第一步，当出现职位空缺时，行政管理人员把招聘需求提交给总公司的行政管理部门，总公司的行政管理人员与该职位所在的业务部门沟通、确认，如果需要招聘新人，则由该部门提出招聘要求，并提交招聘条件。行政管理部门接到业务部门的招聘条件后，可能会做文字上的修改，然后下发给相应的分支机构。分支机构的行政管理人员按此招聘条件选定招聘方式，参加招聘会或者借助其他媒介发布招聘广告。由于业务经理并非人力资源专业人士，他们提供的招聘条件比较简单，只包含学历、专业、工作经历等基本内容。

第二步，等待反馈。一般情况下，招聘广告发出后都会收到应聘简历，但不同的职位、不同的时间及不同的招聘方式等都会影响收到简历的数量。例如销售工程师就比售后服务工程师应聘者多；销售工程师中不同的产品部门也不同，如测试仪器部比环保仪器部收到的简历多。不同时间实施招聘所获得的简历数量也有所不同，如果在整个人才市场供应较充足的时期如每年高校学生毕业前夕，所收到的简历就会比平时多，如果在春节前夕发布招聘信息，获得的简历数量就会较少。

收到应聘简历后，由分支机构的行政管理人员进行简历的初步筛选工作，挑选符合条件的求职简历，然后将这些简历发送给总公司的行政管理部门。总公司的行政管理部门收到简历后转交给相应的业务部门经理。

第三步，确定面试名单。业务经理对候选人简历情况作出了解反馈后，交给总公司行政管理部门一份面试名单，并确定可进行面试的具体时间。总公司再将该名单交给分支机构，分支机构的行政人员再按照业务经理安排的时间和人员名单开始通知面试。

由于业务部门经理要对该部门所属的所有的分支机构负责，所以很多时间他们都在各地往返，很难及时处理案头工作，这样等业务经理处理完应聘简历时，已经过去很长时间，一些候选人会因为失去耐心或者认为自己已经被淘汰，转而接受其他单位的"橄榄枝"。

第四步，面试。主考官往往由业务经理担任。由于业务经理时间紧张，每个应聘者通常只安排30~40分钟的面试时间。面试地点在分支机构的办公室内。由于时间紧张，准备工作常常不够充分，很多时候会出现这样的场景：一位应聘者如约而至时，前一位应聘者面试还未结束；或是当应聘者已经坐在了主考官对面时，主考官的电话突然响起，考官抱歉地说了声"不好意思"，然后接起电话，应聘者只好耐心等待；或者应聘者碰巧按时入座，也无其他干扰，主考官问了一下应聘者的名字，然后从一摞简历中找到该人的简历，先是让其自我介绍，然后趁这段时间赶紧浏览简历，再针对一些问题进行提问。

第五步，作出录取决定。经过前面的面试之后，业务经理对面试对象有了一个大概的印象，如果人选合适，则会马上安排复试，复试时会针对一些初试中没时间了解或了解不充分的问题进一步询问，也会针对一些主考官认为非常重要的或他感兴趣的问题进行进一步了解，薪酬和待遇问题也要与候选人明确沟通。

最后，经过复试，如果主考官认为已经找到了合适的人选，则会通知总公司行政部，再由行政部下达聘用通知，至此，招聘工作就算结束了。如果没找到合适的人选，则需重复前面的四步工作，直到找到业务经理认为满意的人员为止。

（资料来源：https:wenku.baidu.com/view/e354579789d63186bceb19e8b8f67c1cfad6eeb5.html.）

1. 请问 W 公司的招聘流程存在哪些问题？
2. 如果您作为该公司的人力资源部总监，将如何改进该公司的招聘流程？

思考与练习

1. 流程的概念是什么？招聘流程的概念又是什么？二者有什么区别和联系？
2. 招聘流程的建立有哪些意义？对招聘质量的提高有哪些影响？
3. 招聘流程设计的主要程序和实施步骤分别是什么？
4. 招聘流程设计过程中需要注意哪些问题？
5. 企业实际操作中的招聘流程设计有哪些灵活设置空间？

■ 拓展阅读

国外招聘管理的模式

由于政治体制、经济发展状况、教育的先进性、企业的发展模式、资源的丰富程度以及文化或地区的人力资源有显著的差异，不同国家或地区的人力资源管理也就有显著的差异。以下将分析四个国家各自不同的招聘模式。

一、美国模式

(一)前期招聘准备注重工作分析

在美国，选用优秀人才对增强企业实力至关重要。美国企业采取"砌砖墙"模式招聘人才，即重视和规范工作分析，把它作为人力资源管理的基石来确定每个岗位的职责、任职者应具备的能力和身心素质标准，明确任职者应有的知识和必须接受的培训。然后根据这些预先确定的"尺度"去衡量应聘者。合格者被录用后，要求在短时间内就能够胜任工作。

(二)以能力为招聘的基础

美国企业在人力资源招聘方面实行能力主义人才竞争机制，即企业筛选和录用应聘者、员工在企业中的合理使用、薪酬增加和职务晋升等都以员工在具体岗位上所发挥的实际能力为依据。这种能力主义人才竞争机制，对美国企业员工管理产生了较大的影响，同时也对企业现有员工构成了某种牵制。

(三)双向匹配最佳

美国的求职者根据企业发布的招聘信息，对照所聘岗位的条件和标准，进行自我分析、衡量，并在了解企业整体情况的基础上选择合适的企业和合适的岗位作为应聘目标。大多数企业对应聘者采取"高不求，低不就"的原则，尽量使录用人员的能力与空缺岗位职能相匹配，不实行"人才高消费"。

二、日本模式

(一)终身雇佣的行为准则

由于文化的影响，在日本，应聘者一旦被企业录用，一般就终身服务于该企业。因此，尽管日本法律规定雇佣和就业自由，但传统的终身雇佣制在很大程度上影响着招聘双方的行为。

(二)主渠道多为校园招聘及内部调整

日本大多数企业采用的是"砌石墙"模式招聘员工。石头不可能按一定规格生产出来，而是有棱有角，形状不规则的。"砌石墙"要根据每块"石头"的形状来安排它们最合适的位置。在日本企业中，尤其是大中型企业普遍以中、高等学校的应届毕业生为候选者的主要来源。其他如通过职业介绍所介绍，或者是来自关联企业的调整人员，不仅数量少，而且在一般人的观念中属于例外情况。同欧美企业从劳动力市场招聘成熟劳动力相比，日本企业并不把新录用的应届毕业生当作合格的员工，而是把他们看作是需要雕琢的。日本企业在招聘员工时，从长远利益出发，通过企业内部的教育培训，培养符合企业需要的人才，同时通过职务轮换制让员工找到最适合的岗位。

三、德国模式

(一)具有文化特点的招聘标准

德国公司人员的招聘标准和他们固有的文化是密不可分的，这一点可以通过德国奔驰公司的招聘标准看出来。奔驰公司招聘有发展潜质的管理人员的标准是：智力、团队合作能力、沟通技巧、积极主动、承担责任、处理压力的能力、多学科的学习潜能、独立。从整体上看，德国看重个人的具体表现及技能，这一点和大多数亚洲国家的招聘标准不太一样。

(二)招聘方式

对于有发展潜质管理人员的招聘，日本大公司固定在每年的 4 月 1 日，而德国大公司则没有固定日期，可以在全年中的任何时间。由于大学和高级专业技术学院的毕业生没有任何工作经验，所以德国公司更愿意雇佣具有工作经验的人员。此外，德国公司对于雇佣新员工制定了具体的流水线式的作业流程。例如，对于秘书职位的新职员，公司会设立一个见习计划或初级员工计划，而对于特别优秀的员工则给予特殊的培训。根据流水线式作业流程，新职员的任务、责任和内部沟通渠道将由预定的、详细的工作说明书来确定。外部招聘的职员常常通过个人咨询顾问或猎头公司的途径获得。

四、韩国模式

(一)公开招聘与个别推荐相结合

企业集团通过其系列会社公开招聘员工，招聘步骤带有共性，即发布信息、审核书面材料、笔试、面试、集体讨论、公布录用名单。此外，韩国企业还经常依靠本企业集团的管理人员、顾问或咨询委员会的个别推荐进行人员雇佣。被推荐者要提交加入会社自愿书、毕业证书、在校期间考试成绩证明、健康证书等书面材料，经过会社人力管理委员会面试后确定取舍。

(二)聘任政军界要员担任高级职务

在韩国企业集团的经营领导中，特别引人注目的是集团从政界和军界特别聘任的要员。企业集团以高薪、要职等手段聘用政界、军界的要职人员，主要是因为他们多年来在政界、军界担任高级职务，视野开阔，处理事务能力强。此外，企业集团还可以借助他们在政界、军界的渠道，办理一般经营者难以办到的事务。

推荐阅读

1. 王楠. 人员招聘面试测评与录用实务手册[M]. 北京：化学工业出版社，2018.
2. 刘俊敏. 我的第一本招聘面试实战指南[M]. 北京：人民邮电出版社，2016.
3. 李艳. 招聘管理业务流程与制度[M]. 北京：人民邮电出版社，2018.

项目 3　制订招聘计划

【项目概述】

　　招聘计划是人力资源部门根据用人部门的增员申请，结合企业的人力资源规划和职务描述书，明确在一定时期内需招聘的职位、人员数量、资质要求等因素，并制订具体的招聘活动的执行方案。人才招聘要内部培养和人才引进相结合。要做到有效招聘，企业必须制订详细的招聘计划，根据招聘岗位类别确定招聘流程、人员分工和责任以及考核奖惩办法，只有这样才能真正保证招聘工作的井然有序。

【学习目标】

- 能够了解企业经营战略的概念和类型，能够理解人力资源战略的概念和分类。
- 能够清楚企业竞争战略与人力资源战略的整合关系。
- 能够弄清楚企业战略、人力资源战略与招聘决策的关系。
- 能够掌握招聘计划的内容。
- 能够清楚招聘策略的概念及招聘团队成员的分工原则，能够掌握组建招聘团队的原则。

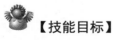

【技能目标】

- 能够根据人力资源规划的业务操作步骤，协助进行人力资源规划相关工作的开展。
- 能够掌握人力资源规划和招聘计划的关系，并根据招聘计划制定的操作流程，协助进行招聘计划的制订。
- 能够对处于不同生命周期的企业进行判断，并匹配不同的人才招聘策略。
- 能够基于不同类型的人力资源，进行招聘策略的选择。
- 能够掌握人才吸引和人才选聘策略，并在实践中应用。
- 能够掌握招聘团队组建的工作要领，并协助进行招聘团队的组建工作。

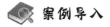 **案例导入** ——————————————————————————————————

天成公司2018年人力资源招聘计划

天成公司是西南地区一家车辆装配企业，根据2017年年底的市场预测，2018年市场销售额将有30%的增长，为了满足生产需要，公司决定启用一直闲置的第四条生产线，1月份就开始投产使用。因此，公司人力资源部拟订了2018年的人力资源招聘计划。

首先，人力资源部组织了市场部、生产装配部的有关人员举行了会议，会上大家分析了公司2017年的数据。从市场部每月的数据来看(见表3-1)，每年3—5月、10—12月是销售高峰期，而其他月份则为淡季，年销售共58 460辆；从生产装配部的数据来看，生产除了1月和7月外比较平均，年装配58 499辆；从人力资源部的统计数据来看，装配生产线的人力投入比较平均，共三条装配线，分别组装不同型号的汽车，每天三班制，每月月初平均590.4人，人均装配8.8辆/月。

表3-1　2017年全年销售情况表

月份	1	2	3	4	5	6	7	8	9	10	11	12
销售	3525	4489	5080	5678	5260	4034	4131	4358	4669	5578	5647	6011
产量	3012	5209	5214	5206	5204	5199	3425	5189	5201	5211	5213	5216
人力	588	590	587	586	592	591	590	585	591	593	596	596

注：(1) 12月份数据为预测数据。

(2) 1月销售发货有1890辆是去年12月的库存(合适的库存为1000～2000辆)。

(3) 1月份春节放假11天，7月份装配线检修，放高温假9天，故数据异常。

根据市场部预测，2018年每月销售将同比增加30%。也就是说，如果按照现在的生产率，到2018年2月就会用掉所有的库存(见表3-2)。

表3-2　2018年销售预测表

项　目	库　存	1月份	2月份	3月份	4月份	5月份	6月份
2018年销售预测		4583	5836	6604	7381	6838	5244
2018年产量预测		3012	5209	5214	5206	5204	5199
剩余库存预测	1929	359	−268	−1658	−3834	−5468	−5513

因此，为了保证2月份不脱货，计划在1月份就要开始招聘并尽快投入生产线，上半年的具体招聘人数见表3-3。同时，为保证质量，将新招聘人员放到现有的生产线上，从这些生产线调配熟练员工到新生产线上，逐步建设起新老结合的生产团队。

表3-3　招聘人数预测表

项　目	库　存	1月份	2月份	3月份	4月份	5月份	6月份
招聘计划		66	131	196	195	197	197
产量预测		288	1154	1722	1719	1737	1734
剩余库存预测	1929	647	1174	1506	1049	1152	2260

(资料来源：互联网综合收集、整理及加工。)

1. 该公司人力资源计划和招聘计划是否合适？
2. 该企业如何控制 6 月份以及以后过高的库存？

3.1　相关知识：人力资源战略与招聘计划

3.1.1　企业经营战略与人力资源战略

1. 企业经营战略的概念和类型

企业经营战略是企业为了求得长远的发展，在对企业内部条件和外部环境进行有效分析的基础上，根据企业的总体目标所确定的企业在一定时期发展的总体设想和规划，包括战略指导思想、战略目标、战略重点和战略步骤等。

企业经营战略多种多样、千差万别，这里主要分析与人力资源战略有密切关系的企业基本竞争战略、企业发展战略和企业文化战略，具体内容如表 3-4 所示。

表 3-4　企业经营战略的类型

类型		内　容
企业基本竞争战略	成本领先战略	企业在采取这种战略时，力求在生产经营活动中降低成本、扩大规模、减少费用，使自己的产品比竞争对手的产品成本低，从而可以用低价格和高市场占有率保持竞争优势。这种战略尤其适合成熟的市场和技术稳定的产业
	产品差别化战略	企业采取这种战略是努力使自己的产品区别于竞争对手的产品，保持独特性。为达到这一目的，企业可能生产创新性产品，即竞争对手无法生产的产品，或具有竞争对手产品所不具有的独特功能。企业也可以生产高品质产品来实现这一目的，以优秀的品质胜过竞争对手的产品
	市场焦点战略	这种经营战略是指企业集中精力于某一个较小较窄的细分市场进行生产经营，努力使自己在这一市场缝隙中专业化，弥补他人产品的不足。这一战略主要是通过巧妙地避开直接竞争而求得生存和发展
企业发展战略	成长战略	企业在市场不断扩大、业务不断增长时通常采取成长战略，以抓住发展机会。企业在采取成长战略时，可以根据其具体情况而选择不同的战略
	维持战略	当市场相对稳定，且被几家竞争企业分割经营时，处于其间的企业常常采取维持性战略，即坚守自己的市场份额、客户和经营区域，防止企业利益被竞争对手吞食，同时保持警惕，防止新的对手进入市场。采取这种战略的企业，经营目标不再是高速发展，而是维护已有的市场，尽可能多地获取收益和投资回报。常用的维持方法包括培养客户的忠诚感、维护品牌的知名度、开发产品的独特功能、挖掘潜在的顾客等
	收缩战略	当企业的产品进入衰退期或因经营环境变化而陷入危机时，企业可以采取收缩战略以扭转颓势，克服危机，争取走出困境
	重组战略	这是指企业通过资产重组的方式寻求发展的战略，主要包括兼并、联合和收购战略

续表

类型		内　　容
企业文化战略	发展式	其特点是强调创新和成长，组织结构较松散，运作上非条规化
	市场式	其特点是强调工作导向和目标的实现，重视按时完成各项生产经营目标
	大家庭式	其特点是强调企业内部的人际关系，企业像一个大家庭，员工就是这个大家庭里的成员，彼此间相互帮助和相互关照，最受重视的价值是忠诚和传统
	官僚式	其特点是强调企业内部的规章制度，凡事皆有章可循，重视企业的结构、层次和职权，注重企业的稳定性和持久性

2. 人力资源战略的概念及分类

人力资源战略用于确定一个企业将如何进行人员管理以实现企业目标。与其他战略一样，人力资源战略是为管理变化而制订的一种方向性的行动计划，是使人力资源管理与企业经营战略保持一致的手段。它提供了一种通过人力资源管理获得和保持竞争优势的企业行动思路，即在变化的环境中将重点放在对人的管理上。其具体分类如表 3-5 所示。

表 3-5　人力资源战略的概念及分类

类　　型		内　　容
按照人力资源管理眼光的长短来划分	累积型战略	累积型战略即用长远观点看待人力资源管理，注重人才的培训，通过甄选来获取合适的人才。以终身雇佣为原则，以公平原则来对待员工，员工晋升速度慢；薪酬是以职务及年资为标准，高层管理者与新员工的工资差距不大
	效用型战略	效用型战略即用短期的观点来看待人力资源管理，较少提供培训。企业职位一有空缺随时进行填补，非终身雇佣制，员工晋升速度快，采用以个人为基础的薪酬
	协助型战略	协助型战略即介于累积型和效用型战略之间，个人不仅需要具备技术性的能力，同时在同事间要有良好的人际关系。在培训方面，员工个人负有学习的责任，公司只是提供协助
按照吸引员工的策略不同来划分	诱引战略	这种战略主要是通过丰厚的薪酬去诱引和培养人才，从而形成一支稳定的高素质的员工队伍。常用的薪酬制度包括利润分享计划、奖励政策、绩效奖酬、附加福利等。由于薪酬较高，人工成本势必增加。为了控制人工成本，企业在实行高薪酬的诱引战略时，往往严格控制员工数量，所吸引的也通常是技能高度专业化的员工，招聘和培训的费用相对较低，管理上则采取以单纯利益交换为基础的严密的科学管理模式
	投资战略	这种战略主要是通过聘用数量较多的员工，形成一个备用人才库，以提高企业的灵活性，并储备多种专业技能人才。这种战略注重员工的开发和培训，注重培育良好的劳动关系。在这方面，管理人员担负了较重的责任，确保员工得到所需的资源、培训和支持。采取投资战略的企业目的是要与员工建立长期的工作关系，故十分重视员工，视员工为投资对象，使员工感到有较高的工作保障

续表

类　型		内　容
按照吸引员工的策略不同来划分	参与战略	实施这种战略，员工有较多的决策参与机会和权利，使员工在工作中有自主权，管理人员更像教练一样为员工提供必要的咨询和帮助。采取这种战略的企业很注重团队建设、自我管理和授权管理。企业在对员工的培训上也比较重视员工的沟通技巧、解决问题的方法、团队工作等，日本企业开创的 QC 小组就是这种人力资源战略的典型
按照企业变革的程度划分	家长式战略	指令式管理为主	基本稳定，微小调整
	发展式战略	咨询式管理为主，指令式管理为辅	循序渐进，不断变革
	任务式战略	指令式管理为主，咨询式管理为辅	局部改革
	转型式战略	指令式管理与高压式管理并用	总体改革

3. 企业竞争战略与人力资源战略的整合

1)　企业竞争战略与人力资源战略之间的整合

竞争战略相对应的三种人力资源战略，具体内容如下。

①　低成本战略　当企业采用低成本战略(即成本领先战略)时，主要是通过低成本来争取竞争优势，因此需要严格控制成本和加强预算。为了配合低成本的企业战略，此时的人力资源战略强调有效率的生产、明确的工作说明书、详尽的工作规则等，并且不鼓励创新性。

②　差异化战略　这种战略思想的核心在于通过创造新产品或者服务的独特性来获得竞争优势。因此，这种战略的一般特点是具有较强的营销能力，强调产品的设计与研究开发，公司以产品的质量著称。此时的人力资源战略则是强调创新性和弹性，工作类别广，以团队为基础的薪酬等。

③　专门化战略　当企业采用专门化战略(集中化战略)时，企业战略的特点是综合低成本战略和差异化战略，相应的人力资源战略也综合了上述两种人力资源战略的特点。

同时，适应不同的企业战略的一般组织特征也不相同，具体内容如表 3-6 所示。

表 3-6　企业竞争战略与人力资源战略的整合

企业竞争战略	一般组织特征	相应的人力资源战略
低成本战略	·持续的资本投资 ·严密地监督员工 ·经常、详细的成本控制 ·低成本的配置系统 ·结构化的组织和责任 ·方便制造的产品设计	·有效率的生产 ·明确的工作说明书 ·详尽的工作规则 ·强调具有技术上的资格证明和技能 ·强调与工作有关的培训 ·强调以工作为基础的薪酬 ·用绩效评估作为控制机制

续表

企业竞争战略	一般组织特征	相应的人力资源战略
差异化战略	·营销能力强 ·重视产品的设计与开发 ·基本研究能力强 ·公司以科技或品质的领导著称 ·公司的环境可吸引有创造性的员工、科学家或其他具有创造性的人	·强调创新和弹性 ·工作类别广 ·松散的工作规划 ·外部招聘 ·以团队为基础的训练 ·强调以个人为基础的薪酬 ·用绩效评估作为员工发展的工具
专门化战略	综合上述两种战略且具有特定的战略目标	综合上述两种人力资源战略的特点

2)　企业发展战略与人力资源战略的配合

如果从企业从事的产品范围或业务领域来看，企业采用何种发展战略也将对企业人力资源战略产生重要影响，尤其是在人员招聘、绩效考评、薪酬政策和员工发展等方面。人力资源战略的这些方面应与企业的发展战略相配合，这样才能实现企业的发展目标。企业发展战略与人力资源战略的配合如表 3-7 所示。

表 3-7　企业发展战略与人力资源战略的配合

企业发展战略		相应的人力资源战略	
名　称	内　容	名　称	内　容
单一产品式发展战略	这种战略的典型特征是企业采用单一产品主攻特定的市场区域。企业采取这种战略时，往往具有规范的职能型组织结构和运作机制，高度集权的控制和严密的层级指挥系统，各部门和员工都有严格的分工	家长式(集权型)人力资源战略	这种企业相应地采用集权型人力资源战略，在员工选聘和绩效考评上，较多地从职能作用上评判，且较多依靠各级主管的主观判断。在薪酬上，这种企业多采用自上而下的独裁式分配方式。在员工的培训和发展方面以单一的职能技术为主，较少考虑整个系统
纵向整合型发展战略	采用这种战略的企业在组织结构上仍较多地实行规范性职能型结构的运作控制，控制和指挥同样较集中，但这种企业更注重各部门实际效率和效益	任务式人力资源战略	这种企业的人力资源战略多为任务式，即人员选聘和绩效考评较多地依靠客观标准，立足于事实和具体数据，奖酬的依据主要是工作成绩
横向多元化发展战略	采取此战略的公司因为经营不同产业的产品系列，其组织结构较多地采用战略业务单元或事业部制。这些业务单元都保持着相对独立的经营权	发展式人力资源战略	这类企业的发展变化较为频繁，其人力资源战略多为发展式。在人员选聘上，较多地运用系统化标准；绩效考评主要是看员工对企业的贡献，主客观评价标准并用，奖酬的基础主要是对企业的贡献和企业的投资贡献；员工的培训和发展往往是跨职能、跨部门甚至跨业务单元的系统化开发

4．企业战略、人力资源战略及招聘决策

企业要做好招聘工作，就必须从企业战略和企业文化出发，在战略的高度上制定人力资源招聘战略，建设和完善招聘工作流程体系(完善招聘面试技术手段，建立起基于企业战略的招聘工作体系)。基于企业战略的招聘工作体系如图 3-1 所示。

图 3-1 基于战略的招聘工作体系

战略层面的招聘计划的制订、职位说明书的编写和评估以及招聘环境分析，解决的是招聘多少人、招聘什么样的人、如何招聘等根本性问题；制度层面的招聘面试流程的建设，主要帮助企业解决如何组织招聘、如何进行面试等制度性问题。而人力资源规划技术、人员招募技术、筛选技术、聘用技术等是招聘工作技术层面的具体操作方法，可以直接提高招聘面试工作的效率和效果。在招聘工作体系中，战略层面的招聘战略、制度层面的招聘流程和技术层面的具体技术，这三者缺一不可，并且共同构成了企业招聘工作体系的基础。在这个基础上进行招聘工作的组织和实施，才有战略、制度和技术的保障，招聘工作才能顺利开展。

1) 生产、服务战略与招聘

不同的组织战略、不同的人力资源战略与影响招聘决策的情况如表 3-8 所示。

表 3-8 组织战略、组织要求、人力资源战略及招聘决策

组织战略	组织要求	人力资源战略	招聘决策
防御者战略：产品市场狭窄、效率导向	·维持内部稳定性 ·有限的环境侦察 ·集中化的控制系统 ·标准化的动作程序	累积型战略：基于建立最大化的员工参与及技能培训，获取员工的最大潜能，开发员工的能力、技能和知识	侧重内部招聘。低层次职位采用招聘新员工的方式，高层次职位从内部提拔那些有财政金融和生产制造背景的人才，以利于稳定市场份额，特别适合那些对安全有较高需求、对变化的容忍度较低的人
分析型战略：追求新市场，维持目前存在的市场	·弹性 ·严密及全面的规划 ·提供低成本的独特产品	协助型战略：基于新知识和新知识的创造，获取自我激励的员工，鼓励及支持能力、技能和知识的自我发展在正确的人员配置及弹性结构化团体之间的协调	既重视内部招聘，也重视外部招聘。对高层次职位更多地使用外聘方法，注意发掘那些具有应用研究才能、市场开发才能和制造才能的人

续表

组织战略	组织要求	人力资源战略	招聘决策
探索型战略：持续地寻求新市场、外部导向、产品市场的创新者	·不断地改变使命 ·广泛的环境侦察 ·分权控制系统 ·组织结构的正式化程度低 ·资源配置快速	效用型战略：基于极少员工承诺及高技能利用，雇用具有岗位所需技能且立即可以使用的员工，使员工的能力、技能和知识与特定的工作相配合	侧重外部招聘。倾向于在所有层次职位上都雇用有经验的员工，特别注意那些有工程研究和市场开发背景的人，以利于组织开发新产品和新市场。比较欢迎独立性强、具有创造性思维能力、乐于冒险的人

2) 企业竞争战略对招聘的影响

① 低成本战略 在这种情况下，公司的竞争优势在于以较低的成本提供某种产品和服务，公司不追求技术上的高端和创新，在提供产品和服务的效率上有较高要求。因此，在员工的招聘和保留策略上所体现出来的特点有以下几个。

- 不打算以高工资来吸引最拔尖的人才，而是希望以中等或者较低的工资待遇招聘到能够胜任工作的人。
- 在人员招聘工作方面注重效率，希望用较低的成本获得职位候选人，并且在人员选拔方面也采用简单高效的手段。
- 尽可能地保留现有的人才以减少招聘的成本。
- 招聘那些可以立即胜任工作的人，或者以较低的培训投资即可以使员工胜任工作。

② 差异化战略或者创新战略 公司期望提供与竞争对手不同的有创新的产品，以产品高的边际利润来提高公司的收益。当公司创造出一种新的产品或服务时，它的独特性使得公司能够为之设定高的价格，并且消费者愿意接受这个高价格。在这种战略下，员工的招聘和保留策略体现出来的特点有以下几个。

- 以高报酬吸引本领域中的高端人才。
- 必须设法主动接触所需的人才，而不是等待他们找上门来。
- 注重对关键员工的保留。
- 有些人才需要具有本领域独特的技能，因此往往不能直接获得已经具备这种技能的人，必须对那些有潜力的人进行投资，培训他们使之具备公司所需的特定才能。

③ 多元化战略 有的公司实行的是多元化战略，从事几个不同领域的业务，那么在人员招聘选拔方面就应做到以下几点。

- 在制订新的业务扩张计划的同时就应该考虑如何高效地获取相应的人才。
- 设法从现有员工中发现适合新业务的潜能，并加以培养，通过现有人员的调配满足对新业务的需要，以减轻从外部招聘的压力。
- 为新业务进行适当的人才储备。

3.1.2 招聘计划的内容

招聘计划主要包括以下几方面。

1. 招聘规模

招聘规模是指组织准备通过招聘活动吸引多少数量的应聘者。无论组织的规模如何，在进行招聘之前都应明确招聘范围和规模，就是说要明确哪些岗位需要多少人员，以及获得这些人员大致需要多少应聘者。

2. 招聘地点

招聘的主要活动场所。

3. 招聘时间

招聘过程中一个重要的问题是在保证招聘质量的前提下确定一个科学合理的招聘时间。企业要想使人员得到及时补充，保证招聘要求的方法之一，就是按照各种工作的要求，对整个组织劳动力的情况进行检查。

4. 招聘信息发布的范围

招聘信息发布的时间、方式、渠道与范围是根据招聘计划确定的。由于所需招聘的岗位、数量、任职者要求的不同，招聘对象的来源与范围的不同，以及新员工到位时间和招聘预算的限制，招聘信息的发布时间、方式、渠道与范围也是不同的。

信息发布的范围是由招聘对象的范围决定的。发布信息的面越广，接收到该信息的人就越多，应聘者也会越多，挑选的余地也就越大，即"人才蓄水池"的容量越大，招聘到合适人选的概率也相应地有保证，只是费用也会相应地增多。

5. 招聘标准

设置招聘标准，可以将资格要求分为两大类：必备条件和择优条件。所谓必备条件，就是对候选人最低限度的资格要求，不能依靠学习新的技能或从其他途径获得帮助等加以弥补。

扫描二维码，观看微课10 招聘计划。

微课 10
招聘计划

3.1.3 招聘策略

招聘策略，主要是指组织为了达到一定的战略目标，尤其是为了实现组织对人力资源的需求，而利用资源采取的招聘行动的总计划。招聘员工是讲求"实用性"还是为后期发展储备人才，不同的目的有不同的招聘策略。当不同的企业根据环境状况和自身情况确定了不同的发展战略之后，招聘管理就需要随之制定相应的策略。

扫描二维码，观看微课11 招聘策略。

微课 11
招聘策略

3.1.4 招聘团队

在招聘过程中，应聘者与组织的招聘者直接接触，招聘者的表现将直接影响组织的形象，也直接影响应聘者是否愿意接受组织提供的工作岗位。因此，对于招聘者的选择非常关键。

1. 招聘团队成员的分工

在大型企业中，一般都有专门的人力资源管理部门，企业的人力资源管理决策大多由这个部门作出。但是有一些人力资源管理的决策必须由企业的部门管理决策者作出，主要包括提出增补雇员、审阅申请表、与应聘者面谈、培训员工和帮助上层管理人员制定职业生涯发展规划等。在现代企业中，部门经理的人力资源管理职能也在逐渐扩大，人力资源管理越来越依赖于全体经理的合作。

现代组织中，内部的人力资源管理部门和用人部门都要参加重大的招聘工作。人力资源管理部门主持日常性招聘工作并参与招聘的全过程，在招聘团队中，仍以人力资源管理部门为主，并吸收有关部门人员参加。另外，用人部门(业务部门)的意见将在很大程度上起决定性作用。在传统观念中，招聘是人事部门的事，用人部门只要提出用人需求即可，不用参与或很少参与到招聘过程中。事实上，只有用人部门最清楚需要什么样的人，因为招聘进来的人员的素质和能力将直接关系到本部门的工作绩效。具体来说，用人部门的经理人员和人力资源部门的招聘人员在此合作过程中分别承担着不同的工作。

2. 组建招聘团队的原则

对个体的招聘者要求要有突出的能力和良好的素质，如果他们能够按照知识、能力、气质、性别、年龄和技能互相组合在一起，就可以起到增值的效果，从而更好地达到招聘目的。

招聘团队的组建应该遵循以下原则。

1)　知识互补

不同知识结构取长补短、互为补充，丰富招聘团队整体知识水平的深度和广度，同时也易于对不同知识结构的人员进行考评。

2)　能力互补

招聘团队要为组织招聘各个岗位的员工。如果招聘团队中有的人懂生产，有的人精通销售，有的人了解办公室工作，各种不同能力的人组合在一起，便于招聘组织中不同岗位的员工。

3)　气质互补

不同的招聘者具有不同的心理特征和气质。将不同气质的招聘者组合在一起，可以消除招聘工作中由于某一气质类型员工的心理偏差或者成见而造成的失误。

4)　性别互补

不同的性别有不同的长处，女性喜欢从细节考察人，男性则往往善于从全局进行把握。另外，性别互补还可以避免考评过程中的性别歧视，有利于正确地评价应聘者。

5)　年龄互补

年龄的差别体现了精力、知识、经验、处理问题的方式、思维方式等方面的差别。年龄稍大的人，往往比年轻人更稳重，经验更丰富；而年轻人则往往富有激情，接受新事物快等。因此，不同年龄层次的招聘者组合在一起，更能客观地对不同年龄段的应聘者进行正确的分析，把招聘工作完成得更好。

以上几个原则，可以使每个招聘者优势互补、扬长避短，使整个招聘团队的功能达到最优。

3.2 工作任务：进行人力资源规划的业务操作

人力资源规划的操作流程如图 3-2 所示。

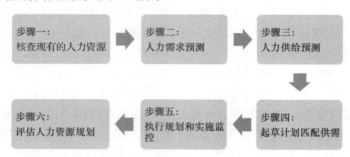

图 3-2 人力资源规划的操作流程

3.2.1 步骤一：核查现有的人力资源

这一阶段是后面各阶段的基础，是人力资源规划的第一个过程，它的质量如何对整个工作影响很大，必须高度重视。

核查现有人力资源关键在于人力资源的数量、质量、结构及分布状况。这一部分工作需要结合人力资源管理信息系统和职务分析的有关信息来进行。如果企业尚未建立人力资源管理信息系统，这一步工作最好与建立该信息系统同时进行。一个良好的人事管理信息系统，应尽量输入与员工个人和工作情况相关的资料，以备管理分析使用。人力资源信息应包括以下几个方面。

(1) 个人情况，如姓名、性别、出生日期、身体自然状况和健康状况、婚姻、民族和所参加的党派等。

(2) 录用资料，包括合同签订时间、候选人征募来源、管理经历、外语种类和水平、特殊技能，以及对企业有潜在价值的爱好或特长。

(3) 教育资料，包括受教育的程度、专业领域、各类培训证书等。

(4) 工资资料，包括工资类别、等级、工资额、上次加薪日期以及对下次加薪日期和量的预测。

(5) 工作执行评价，包括上次评价时间、评价或成绩报告、历次评价的原始资料等。

(6) 工作经历，包括以往的工作单位和部门、学徒或特殊培训资料、升降职原因、是否受过处分及其原因和类型、最后一次内部转换的资料等。

(7) 服务与离职资料，包括任职时间长度、离职次数及离职原因。

(8) 工作态度，包括生产效率、质量状态、缺勤和迟到早退记录、是否建议及建议数量和采纳数，是否抱怨及经常性与否和抱怨内容等。

(9) 安全与事故资料，包括因工受伤和非因工受伤、伤害程度、事故次数类型及原因等。

(10) 工作或职务情况。

(11) 工作环境情况。

(12) 工作或职务的历史资料等。

3.2.2　步骤二：人力需求预测

这一步工作与人力资源核查可以同时进行，主要是根据企业的发展战略规划和本企业的内外部条件选择预测技术，然后对人力需求的结构和数量、质量进行预测。

在预测人员需求时，应充分考虑以下因素对人员需求在数量上和质量上以及构成上的影响。

(1) 市场需求、产品或服务质量升级或决定进入新的市场。

(2) 产品和服务的要求。

(3) 人力稳定性，如计划内更替(辞职和辞退的结果)、人员流失(跳槽)。

(4) 培训和教育(与公司变化的需求相关)。

(5) 为提高生产率而进行的技术和组织管理革新。

(6) 工作时间。

(7) 预测活动的变化。

(8) 各部门可用的财务预算。

在预测过程中，预测者及其管理判断能力与预测的准确与否关系重大。一般来说，商业因素是影响员工需要类型、数量的重要变量，预测者通过分离这些因素，并且收集历史资料作为预测的基础。从逻辑上讲，人力资源需求是产量、销量、税收等的函数，但对于不同的企业或组织，每一因素的影响并不相同。

3.2.3　步骤三：人力供给预测

人力供给预测也称为人员拥有量预测，是人力预测的又一个关键环节，只有进行人员拥有量预测并把它与人员需求量相对比之后，才能制定各种具体的规划。人力供给预测包括两部分：一是内部拥有量预测，即根据现有人力资源及其未来变动情况，预测出规划各时间点上的人员拥有量；二是对外部人力资源供给量进行预测，确定在规划各时间点上的各类人员的可供量。

3.2.4　步骤四：起草计划匹配供需

起草计划匹配供需包括以下几方面。

1. 确定纯人员需求量

这一步主要是把预测到的各规划时间点上的供给与需求进行比较，确定人员在质量、数量、结构及分布上不一致之处，从而得到纯人员需求量。

2. 制定匹配政策以确保需求与供给的一致

这一步实际是制定各种具体的规划和行动方案，保证需求与供给在规划各时间点上的匹配。它主要包括晋升规划、补充规划、培训开发规划、配备规划等。

3.2.5　步骤五：执行规划和实施监控

人力资源规划应包括预算、目标和标准设置，它同时也应承担执行和控制的责任，并建立一整套报告程序来保证对规划的监控。可以只报告对全公司的雇佣总数量(确认那些在岗的和正在上岗前期的)和为达到招聘目标而招聘的人员数量，同时应报告与预算相比雇佣费用情况如何、损耗量和雇佣量的比率变化趋势如何。

1. 执行确定的行动计划

在各分类规划的指导下，确定企业如何具体实施规划是这一步的主要内容。一般来说，在技术上或操作上没有什么困难。

2. 实施监控

实施监控的目的在于为总体规划和具体规划的修订或调整提供可靠信息，强调监控的重要性。在预测中，由于不可控因素很多，经常会发生令人意想不到的变化或问题，如若不对规划进行动态的监控、调整，人力规划最后就可能成为一纸空文，失去指导意义。因此，执行监控是非常重要的一个环节。此外，监控还有加强执行控制的作用。

3.2.6　步骤六：评估人力资源规划

虽然人力需求的结果只有过了预测期限才能得到最终检验，但为了给企业人力规划提供正确决策的可靠依据，有必要事先对预测结果进行初步评估，由专家、用户及有关部门主管人员组成评估组来完成评估工作。

评估者应考虑以下具体问题。

(1) 预测所依据的信息的质量、广泛性、详尽性、可靠性，以及信息的误差及原因。

(2) 预测所选择的主要因素的影响与人力需求的相关度，预测方法在使用的时间、范围、对象的特点与数据类型等方面的适用性程度。

(3) 人力资源规划者熟悉人事问题的程度以及对它们的重视程度。

(4) 人力资源规划者与提供数据和使用人力资源规划的人事、财务部门以及各业务部门经理之间的关系如何。

(5) 在有关部门之间信息交流的难易程度(如人力资源规划者去各部门经理处询问情况是否方便)。

(6) 决策者对人力资源规划中提出的预测结果、行动方案和建议的利用程度。

(7) 人力资源规划在决策者心目中的价值如何。

(8) 规划实施的可行性。评估预测结果是否符合社会、环境条件的许可，能否取得达到预测成果所必需的人、财、物、信息、时间等条件。

为了提高人力资源预测的可靠性，有必要使评估连续化，除了上述因素可以对一项人力资源规划评价时提供重要参考外，还要对以下几个因素进行比较。

(1) 实际招聘人数与预测的人员需求量的比较。

(2) 劳动生产率的实际水平与预测水平的比较。

(3) 实际的与预测的人员流动率的比较。

(4) 实际执行的行动方案与规划的行动方案的比较。

(5) 实施行动方案后的实际结果与预测结果的比较。

(6) 劳动力和行动方案的成本与预算额的比较。

(7) 行动方案的收益与成本的比较。

评估要客观、公正和准确；同时要进行成本—效益分析以及审核规划的有效性；在评估时一定要征求部门经理和基层领导人的意见，因为他们是规划的直接受益者，最有发言权。

扫描二维码，观看微课12　人力资源规划。

微课12
人力资源规划

3.3　工作任务：制订招聘计划的业务操作

3.3.1　制订招聘计划的方法

招聘计划应由用人部门制订，然后由人力资源部门对其进行复核，特别是要对人员需求量、费用等项目进行严格复查，签署意见后交上级主管领导审批。编制招募计划的过程，有调研分析、预测和决策三个步骤。

步骤一：进行调研分析。

调研分析是制订计划的基础。为了避免盲目编制计划和盲目实施招聘，首先要做好组织人力资源状况分析，并根据本组织人力资源规划及当前的工作任务情况，招聘的范围、数量和规模，确定如何开展招聘工作。一般可从以下几方面进行。

① 了解本组织发展与运行现状　了解本组织发展与运行现状，并作详细周密的分析，以便明确工作任务及完成这些任务所需或所缺人员的情况。调查的结果是明确和确定工作岗位或者在岗人员任职情况，以及岗位职责和要求等。

② 了解与分析本组织人力资源或者局部人力资源状况　了解与分析本组织人力资源或者局部人力资源状况，其内容主要是人员的学历结构、技术人员结构、年龄结构、人力资源分布与分配状态，以及人力资源利用情况，目的是掌握组织人力资源现状以及当前管理利用情况。

③ 了解与分析组织人员更新、技术发展与革新　了解与分析组织对人员更新、技术发展与革新、企业扩张等方面的规划与预测，结合组织人力资源战略与规划，预测近期人力资源的需求量、类型和趋势。

步骤二：进行预测。

预测是计划的前提和依据。它主要包括组织机构变化预测、产品规划对人力资源需求的预测、新产品开发对人力资源结构和数量影响的预测、设备的技术改造与更新对人力资源结构影响的预测、劳动(工作)效率对人力资源结构和数量影响的预测、减员预测、人才市场和劳动力市场预测。例如，在确定职位空缺时，不妨仔细考虑和科学测算：本组织目前是否拥有足够的员工以及他们是否拥有足够的技能开展工作，组织是否合理地利用了现有的员工以及他们是否需要学习或从事一些不同的或新的工作以满足组织未来发展的需要，组织现有职工的数量和才干是否满足组织未来的发展需要，是否有财力进行新员工的招聘，需要的员工是兼职的还是专职的，空缺岗位的工作性质与要求是什么等问题，以此来确定是否需要招聘以及招募计划的内容。

步骤三：进行决策。

决策是计划的核心，具体包括招聘的岗位，人员需求量，每个岗位的具体要求(工作/职位分析在整个招聘中的作用很大，它主要是确定空缺岗位所包含的一系列特定任务、职责和责任，为整个招聘甄选过程提供有效的依据)，招聘信息发布的时间、方式、渠道与范围，招聘对象的来源与范围，招聘方法，招聘测试的实施部门，招聘预算，招聘结束时间与新员工到位时间。决策完成了，招募计划也形成招聘计划后，需要经过人力资源部经理及高层管理者的批准。表3-9为一份年度报批表的示例，是人力资源部每年根据人力资源规划而制订的招聘计划报批表，主要是向组织领导说明本组织目前人力资源规划分布状况及本年增加员工的数目。

表3-9 人力资源部年度招聘计划报批表

填表日期：   年   月   日

部门有关情况	录用部门	录用职位概况				考试方法和其他		
		职位名称	人数	专业	资格条件	考试方法	招考范围	招考对象
公司核定的编制数								
本年度缺编人数								
本年度拟录用人数								
备注								

3.3.2 确定招聘计划的内容

步骤一：确定招聘规模。

招聘规模取决于两个因素：一是企业招聘录用的阶段，阶段越多，招聘的规模相应地就越大；二是各个阶段通过的比例，这一比例的确定需要参考企业以往的历史数据和同类企业的经验，每一阶段的比例越高，招聘的规模就越大。

步骤二：选择招聘地点。

选择在哪个地方进行招聘，应考虑人才分布规律、求职者活动的范围、组织的位置、劳动力市场的状况及招聘成本等因素。招聘地点选择的规则一般有以下几个。

(1) 在全国乃至世界范围内招聘组织所需的高级管理人才或专家教授。

(2) 在跨地区的市场上招聘中级管理人员和专业技术人才。

(3) 在招聘单位所在地区招聘一般工作人员和技术工人。

组织之所以在这样的地理范围内进行选择，是因为在不同的范围内，劳动力的供给是不同的，尤其是不同的市场倾向于提供不同素质的劳动力。表 3-10 显示了由职业和地理因素共同决定的相关劳动力市场的范围。

表 3-10　按照地理范围和雇员群体划分的劳动力市场

地理范围	雇员群体/职业					
	生产工人	文职和办公人员	技术人员	科学家和工程师	管理人员	主管
地方市场	可能性很大	可能性很大	可能性很大	—	—	—
区域市场	只在短缺或紧急情况下	只在短缺或紧急情况下	可能性很大	可能性很大	可能性很大	—
全国市场	—	—	可能性很大	可能性很大	可能性很大	—
国际市场	—	—	只在极短缺或针对特殊技能	只在极短缺或针对特殊技能	可能性很大	

步骤三：确定招聘时间。

在出现职位空缺之前，必须仔细确定每个招聘步骤可能占用的时间，以便决定填补空缺职位需要花费的全部时间。表 3-11 列出了在招聘过程中从接到个人简历到新雇员开始工作的时间阶段分布情况。

表 3-11　招聘过程中的时间阶段分布

事　件	平均天数
从收到个人简历到发出面试通知	5
从发出面试通知到面试	6
从面试到提供工作	4
从提供工作到接受所提供的工作	7
从接受工作到实际开始工作	21
总的时间	43

根据各阶段工作时间的安排，计划中应制作一张招聘工作时间表，以保证招聘工作能有条不紊地如期进行。

步骤四：确定招募信息发布的范围。

这就需要我们根据人才分布规律、求职者活动范围、人力资源供求状况及成本大小等确定招聘区域。通常招聘区域选择的规则是：高级管理人员和专家一般在全国范围内招聘，甚至可以跨国招聘；而专业技术人员可以跨地区招聘；一般办事人员在本地区招聘，如图 3-3 所示。

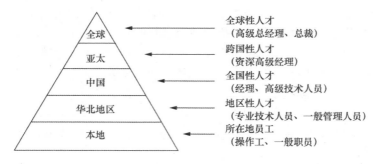

图 3-3　招募范围

步骤五：设置招聘标准。

例如，要求汽车司机能驾驭复杂的路况，那么他的基本驾驶能力必不可少。一旦必备条件确定以后，与此对应的要求也需要确定，即带有倾向性的资格要求，也就是所谓的择优条件。在候选人其他方面都相当的情况下，择优条件可以帮助组织比较候选人的相对优劣。只有掌握了招聘标准，招聘者才能用这把"尺"去衡量每一位应聘者。

步骤六：招聘经费预算。

在招聘计划中，还要对招聘的预算作出估计，以便提高招聘效率，降低招聘成本。招聘的成本预算可以由以下几项费用组成。

(1) 人工费用，即组织招聘人员的工资、福利、差旅费、生活补助以及加班费等。

(2) 业务费用，包括通信费(电话费、上网费、邮资和传真费)、专业咨询与服务费(获取中介信息而支付的费用)、广告费(在电视、报纸等媒体发布广告的费用)、资料费(组织印刷宣传材料和申请表的费用)以及办公用品费(纸张、文具的费用)等。

(3) 其他费用，包括设备折旧费、水电费以及物业管理费等。

步骤七：完成招聘计划书。

在完成以上六项工作后，接下来就需要完成招聘计划书的写作了，以便提高招聘效率。图 3-4 所示为某单位的招聘计划书，可作参考。

<table>
<tr><td colspan="3" align="center">招聘计划书</td></tr>
<tr><td colspan="3">一、招聘职位、人数</td></tr>
<tr><td>招聘职位</td><td>招聘人数</td><td>主要职责和任职资格</td></tr>
<tr><td>研发工程师</td><td></td><td></td></tr>
<tr><td>销售代表</td><td></td><td></td></tr>
<tr><td>培训主管</td><td></td><td></td></tr>
<tr><td>服务工程师</td><td></td><td></td></tr>
</table>

图 3-4　招聘计划书

二、招聘方式

上述职位均采用外部招聘，拟利用报纸和本地人才网站以及本企业网站进行招聘。

三、招聘宣传

××报第三版，从 7 月 1 日开始，每周一次，共两次(第三次为免费赠送)。

四、招聘小组成员名单

组长：张平(招聘负责人，负责整个招聘的全程跟进、组织与筹划，撰写招聘广告，组织编写面试题目，参与培训主管以及部分人员的面试)。

副组长：刘刚(研发部经理，负责研发人员的专业面试题目编写、面试、初步录用决定)。

王晓(销售部经理，负责销售人员的专业面试题目编写、面试、初步录用决定)。

王树一(服务部经理，负责维修工程师的专业面试题目编写、面试、初步录用决定)。

组员：孙莹、于宁(人力资源部，负责招聘广告刊登、简历筛选、面试题目打印、面试、组织各类测试安排、通知等相关事宜)。

李强(研发部主管，参与研发人员专业面试题目编写、面试)。

郭跃(服务部副经理，参与服务工程师专业面试题目编写、面试)。

宋晓梅(销售副经理，参与销售代表专业面试题目编写、面试)。

五、甄选流程以及时间安排

(一)甄选阶段(7 月份)

职　位	资料筛选	笔　试	初　选	专业测试	专业面试	初步录用决定
研发工程师	15—20 日		21—25 日	28—29 日	30 日	8 月 1 日
销售代表	同上	22 日	25 日		27—29 日	8 月 3 日
培训主管	同上	23 日	27 日	28—29 日	30 日	8 月 5 日
服务工程师	同上		21—25 日	27—29 日	30—31 日	8 月 2 日

(二)录用阶段(8 月份)

职　位	薪酬谈判	高层审批	体　检	背景调查	录用手续	入职培训
研发工程师	8 月 3 日	10 日	13 日	15 日前	18 日	19—30 日
销售代表	8 月 5 日	同上	同上	同上	同上	同上
培训主管	8 月 6 日	同上	同上	同上	同上	同上
服务工程师	8 月 3 日	同上	同上	同上	同上	同上

图 3-4　招聘计划书(续)

招聘计划应由用人部门制订，然后由人力资源部门对其进行复核，特别要对人员需求量、费用等项目进行严格复查，签署意见后交上级主管领导审批。编制招聘计划可分为三个步骤：调研分析、预测和决策。

3.4 工作任务：选择招聘策略的业务操作

3.4.1 基于企业生命周期的人才招聘策略选择

1. 企业在创业期的招聘策略选择

企业在创业期，还没有得到社会承认，实力弱、规模小、人员少，但却极富灵活性和成长性。在这一时期，企业各方面均不成熟，制度基本没有，企业文化也未形成，由管理者直接管理，企业发展战略的目标是求得生存与发展。企业的发展与业务的开展主要依靠管理者的个人能力，企业员工高度团结，效率高，但品牌知名度差，市场占有率低，面对的主要问题是市场开拓和产品创新。创业期高层团队依靠创业精神维系比较稳定，中层团队相对稳定，但一般员工却由于企业管理制度不完善、保障体系不健全、工资待遇低等因素的影响流动率通常较高。此时期企业的招聘策略如下。

(1) 对外部人才的需求不突出，数量少，以一般员工尤其是销售人员的招聘为主，招聘极少数的中层人员，基本没有高层人员招聘。

(2) 对人员的要求较高，丰富的工作经验和工作业绩是重点选择标准，最好是多面手，尤其是一些对企业发展方向和目标比较认同、年纪较轻的人员。

(3) 吸引人才的手段主要依靠良好的职业前景、工作的挑战性和领导者的个人魅力。薪酬虽然较低，但弹性相对较高，有较大的增长空间；也可采取股票期权的激励方式。

(4) 由于企业资金不充裕，招聘费用较低，多采用朋友介绍、网络招聘和招聘会等招聘渠道。

(5) 企业还没有形成人力资源的专业部门，甄选主要依赖管理者的个人判断力。

(6) 用人的灵活性较强，一人多岗和因人设岗的现象普遍，对招聘时间和招聘效率没有明确要求。

2. 企业在成长期的招聘策略选择

在成长期，企业逐步走向正规化，经营规模不断扩大并快速增长，人员迅速膨胀，品牌知名度急剧上升，机构和规章制度不断建立和健全，企业的经营思想、理念和企业文化逐渐形成；跨部门的协调越来越多，并且越来越复杂和困难；企业面临的主要问题是组织均衡成长和跨部门协同。高层之间开始出现分歧，跟不上企业发展步伐的员工主动辞职，员工流动性相对较大。这一时期企业的招聘策略如下。

(1) 人才需求大，外部招聘数量多，高层人员、中层人员、一般员工等各层级的均有。对专业技术人才和中层管理人才的需求大幅度增加。

(2) 要求人员具备相应职位的工作经验，能直接上手，具备一定的发展潜力，同时对变化的适应速度快。

(3) 吸引人才的手段主要依靠较大的晋升空间、良好的发展前景和与行业平均水平接近或以上的薪酬。

(4) 有一定的招聘费用，由于招聘需求急迫，因此采用以招聘会为主、网络招聘为辅，在专业人才的招聘上开始引入猎头，建立广泛而灵活的招聘渠道。

（5）企业已经设置了人力资源部，但专业性不强，甄选主要依赖用人部门的部门经理进行评判。

（6）根据业务的发展进行人力资源需求预测，用人开始有一定的计划性，对招聘时间和招聘效率的要求较高。

3. 企业在成熟期的招聘策略选择

成熟阶段的企业是企业发展的巅峰时期，在这个阶段，企业规模大，业绩优秀，资金充盈，制度和结构也很完善，决策能得到有效实施。另外，企业也非常重视顾客需求和顾客满意度，一切以顾客至上为原则，重视公司形象，要求计划能得到不折不扣地执行，而如何使繁荣期延长并力争使企业进入到一个新的增长期成为制定企业发展战略的关键。在企业的成熟期，晋升困难，各层面人员的流动率低，人员规模相对稳定。企业的发展，主要是靠企业的整体实力和规范化的机制，企业内部的创新意识可能开始下降，企业活力开始衰退。此时期企业的招聘策略如下。

（1）人才需求不多，外部招聘数量少，只在公司开拓新业务和新市场时才会产生大量的外部人才需求。

（2）人员要求高，强调综合能力素质，尤其是创新意识、执行力和明确的职业发展方向。

（3）吸引人才的手段主要依靠企业实力、形象和领先于行业平均水平的薪酬。

（4）招聘费用充裕，高级人才的招聘以猎头为主，辅以内部推荐、专场招聘会、网络招聘、校园招聘、平面媒体等招聘渠道。

（5）人力资源部具备较好的专业性，开始使用评价中心技术对人才的能力素质进行评价，业务水平则由用人部门的部门经理进行评判。

（6）有规范的招聘计划，对招聘时间和招聘效率有明确的规定。

4. 企业在衰退期的招聘策略选择

这是企业生命周期的最后时期，此时期企业市场占有率下降，整体竞争能力、获利能力和盈利能力全面下降，资金紧张，危机开始出现。企业战略管理的核心是寻求企业重整和再造，使企业获得新生。企业内部官僚风气浓厚，人浮于事，制度多却缺乏有效执行，员工做事越来越拘泥于传统，注重于形式，只想维持现状，求得稳定。人心涣散，核心人才流失严重，一般员工严重过剩，高层更替频繁，并波及中层。此时期企业的招聘策略如下。

（1）对外部人才的需求集中在高层，其他层级基本以内部竞聘为主，无对外招聘。

（2）要求高层管理人员具备改革意识、大局观、决策能力、战略眼光和驾驭企业的整体能力，尤其是同行业类似企业的运营经验，有扭亏为盈的经历最好。

（3）吸引人才的手段主要依靠利益分享机制和操作权限。

（4）招聘经费锐减，但由于招聘时间短，而且还是高级、稀缺人才，因此仍然以猎头为主要渠道。

（5）总经理的招聘由董事会直接进行评价，并引入专业的人才评价机构辅助。

扫描二维码，观看微课 13　网络招聘。

微课 13
网络招聘

3.4.2 基于不同类型人力资源的招聘策略选择

1. 将人力资源进行分层分类

一个企业的人力资源可以根据价值与稀缺性两个维度进行分层分类，如图3-5所示。横轴代表人力资源的价值，人力资源的价值通过收益成本比进行衡量；纵轴代表人力资源的唯一性或稀缺性。其中，价值高同时也很稀缺的人才就是核心型人力资源；价值低同时也稀缺的人才是独特型人力资源；价值高同时在市场上又很容易获得的人才是通用型人力资源；最后一类是低价值、在市场上也很容易获得的人才，也就是所谓的辅助型人力资源。

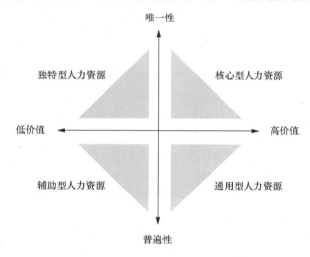

图 3-5　人力资源的分层分类模型

2. 将人力资源进行分层分类管理

对不同的人力资源应该有不同的管理方法，具体而言，对核心型人力资源应该采取基于承诺的人力资源管理方法，对通用型人力资源应该采取基于效率的人力资源管理体系，对辅助型人力资源应该采取基于服从的人力资源管理体系，而对独特型人力资源应该采取合作的人力资源管理体系。四种不同的管理方法，可概括为承诺、效率、服从与合作。

进一步讲，基于承诺的人力资源管理体系，其基本含义是对核心型人力资源采取的管理方法不要太严格，可以与其进一步沟通，要以人为中心。基于效率的管理方法是指对通用型人力资源的管理主要是为了获得效率。基于服从的人力资源管理体系，是指辅助型人力资源服从企业，企业要求这些人只要服从命令即可。最后一种管理方法是合作，因为独特型人力资源比较稀缺，供职于一个企业里又不切实际，可以采取在需要的时候签合同进行合作的方式。上述即分层分类的人力资源管理理念，如表3-12所示。

表 3-12　不同类型的人力资源所具有的特点及适用的管理方法[①]

类　型	核心型人力资源	通用型人力资源	辅助型人力资源	独特型人力资源
例子	微软的软件开发人员、证券和基金公司的操盘手	企业的财务会计、销售人员	流水线装配工人、前台、门卫、清洁工	某企业雇用的专业咨询师和咨询顾问
价值	• 高价值； • 直接与核心能力相关	• 高价值； • 直接与核心能力相关	• 低战略价值； • 操作性角色	• 低战略价值； • 与核心价值间接联系
独特性	• 独一无二； • 掌握了公司特殊的知识和技能	• 普遍性； • 普通知识和技能	• 普遍性； • 普遍性知识和技能	• 独一无二； • 特殊的知识和技能
雇佣方式	知识工作	传统工作	合同工	伙伴
雇佣关系	以组织为核心	以工作为核心	交易	合作
人力资源管理系统	以责任为基础的人力资源管理系统	以生产率为基础的人力资源管理系统	以服从为基础的人力资源管理系统	以合作为基础的人力资源管理系统
工作设计	• 授权、提供资源； • 因人设岗	• 清晰定义； • 适度授权	• 准确定义； • 圈定范围	• 以团队为基础； • 资源丰富/自主
招募	• 内部提升； • 根据才能	• 外部招募； • 根据业绩	• 人力资源外包； • 为特别的任务招聘	• 能够合作； • 根据成绩

3.4.3　人才吸引策略选择

为了吸引足够多的应聘者，组织需要分析与研究人才吸引策略。在人才吸引策略制定前，应做一些调研工作。首先，调查目前已经在本组织任职的员工，他们最初是出于什么目的来到这里，现在他们认为本组织有哪些吸引力，还有哪些让他们担忧和犹豫的地方。其次，了解本组织最近一个时期的招聘情况和效果，如投递简历的应聘者一般来自哪些地方，他们为什么选择本组织，由此基本可以确定本组织在招聘中的优势和劣势。最后，了解优秀组织具有哪些共性特点。通过与优秀组织的比较找出差距，提出改进措施。通常情况，应该选择以下人才吸引策略。

1. 高工资和高福利策略选择

高工资和高福利是吸引人才的重要因素。由于薪酬对几乎所有的应聘者而言都很重要，因此向员工支付比现有市场通行工资水平更高的工资，可以使组织在招募方面具有一种独特的优势。

---

① 文跃然. 人力资源战略与规划[M]. 上海：复旦大学出版社，2007：48～49.

2. 良好的组织形象策略选择

一方面，组织招聘工作受到组织形象和声誉的影响，良好的组织形象是组织在生产、市场、管理、技术等各方面的综合反映，是广大应聘者选择应聘单位的重要因素；另一方面，人员招聘也是组织向社会展示形象的机会，如果组织在招聘过程中能够创造尊重知识、重视人才的氛围，给社会以良好的形象，就会增强组织的吸引力。美国就以其人才政策吸引了世界各地各方面的人才，为其发展提供了大量的人才资源。

3. 组织的稳定性和职位的安全感策略选择

组织的不稳定性、职位的不安全感，来自于有威胁的竞争者、行业状态的无序，以及公司或单位生态的不确定性。影响这种安全感的因素包括：职业是否有保障，企业是否随意地解除与员工的合同，企业自身的稳定性等。如果企业比较稳定，职业的安全感比较高，那么对那些渴望稳定工作的人才来讲就具有很强的吸引力。

4. 工作本身的成就感策略选择

虽然目前本组织可能并不是最有竞争力的，如正处于发展阶段，很多体系还没有构建起来，效益和收入也不太好，但是员工可以亲历一个创业的过程，可以从事很多创造性的工作，这对那些希望体验成就感的人来说是很有吸引力的。

5. 更大的责任或权力策略选择

例如，任职的公司规模虽小，但可能有机会负责全面的人力资源工作，这对从事人力资源管理的人员来说是一次成长和锻炼的机会。

6. 工作和生活之间的平衡策略选择

例如，这个职位并不要求放弃个人生活中的乐趣，讲求工作与生活的平衡，这对于那些在过去的工作中常常夜以继日地加班、频繁出差、苦于没有时间体验个人生活中乐趣的人来说，也是很有吸引力的。此外，有出色的上司和同事、弹性的工作时间、开放的沟通、以人为本的管理风格、学习型组织、工作本身对社会的贡献等，都是吸引应聘者的因素。

在某种程度上，招聘工作类似于营销工作，既需要清楚自己的优势和不足，也需要了解竞争对手的优势和不足，还要知道自己的目标顾客是什么样的人群，如何才能使他们对本组织感兴趣。关键是要找出自己"产品"的优势，并且明确哪些人是要吸引的关键"顾客"。

3.4.4 人才选聘策略选择

保留核心员工，降低人才流失率，是组织人力资源保持与发展的重要关注点。而选聘环节没有把握好，就有可能为日后的人才流失留下隐患。人才选聘的策略可从以下几个方面入手。

1. 关注人才的文化、价值追求

鉴于人才流失的原因之一是由于人才不认可组织的文化、价值追求，因此，成功的选聘应该关注人才对组织文化、价值追求的认可程度。例如，朗讯公司在人员选聘过程中，就非常注重考虑人才对全球增长观念、注重结果、关注客户和竞争对手、开放和多元化的工作场所、速度等文化价值观的认同。选聘中有必要既重视人—岗的匹配度，又重视人—组织的匹配度。这里的组织，主要指的是组织的文化和价值追求。

2. 关注人才与团队的融合度

在一些组织中，有些优秀人才尽管也认同组织文化，但最后还是流失了，究其原因是人才的个性特点与所在团队结构的兼容性太小。试想，一个观念陈旧、员工素质普遍较低的组织，选聘一位观念超前、思想有创意的人才，会出现什么样的结果。因此，在选聘过程中，除了关注人才个体的素质外，还要认真分析团队的结构特点，如团队成员的学历、性别、年龄、观念、价值取向等，尽量减少不必要的磨合成本，增加人才与团队的融合度。

3. 关注选聘与培训开发的结合度

人员选聘是企业吸收新鲜血液的源泉，也是组织积累人力资本、提升组织竞争优势的起点。在选聘人才时应更多地考虑人才在组织中的长远发展，将组织目标的实现与人才职业生涯的发展结合起来，找到两者的平衡点。因此，人才的培训开发应该贯穿于包含人员选聘在内的所有人力资源活动中。对新聘任的人员在上岗前针对岗位要求进行导向性培训(包括环境介绍、业务熟悉、了解工作关系、了解组织文化等)，让他们尽快适应岗位，从而创造出优良的业绩。

4. 关注"心理契约"

"心理契约"理论认为，在组织与其成员之间存在一种非正式且十分重要的契约，即"心理契约"(Psychological Contract)。这种契约的基本含义是指在组织成员之间及组织与成员之间存在着"期望"和"对义务的承诺与互惠"。与经济契约不同的是，心理契约强调个人与组织的关系而不是交换。这种心理契约在组织招聘人员的过程中就已经开始了，并且存在于组织管理活动的几乎所有方面。在现实生活中，某些组织的招聘者为了招到满意的人员，会把组织说得天花乱坠，似乎一切要求都可以得到满足，等人才进入组织后才发现事实并非如此，就有上当受骗的感觉，期望越高失望就越大，离职率势必上升。因此，在人员选聘中招聘者应注意坦诚相见，需要给应聘者以真实、准确、完整的有关职位的信息，明确告知组织的战略和企业的发展目标，使应聘者在了解组织的真实情况后进行理性的选择，从而提高招聘的有效性，降低雇员流失率。

3.5　工作任务：组建招聘团队的业务操作

3.5.1　确定招聘团队构成及其职责

根据相关知识内容部分的介绍，建议人力资源部门和用人部门的职责分工如表 3-13 所示。

表 3-13　招聘管理中的组织分工

人力资源部门	用人部门
1.招聘过程规划 招聘渠道选定、广告刊登 2.实施招聘过程 • 应聘简历筛选登记 • 公司情况介绍 • 评价方式、候选人确定 • 面试、各类测试的组织 • 背景调查 • 录取通知书寄发 • 录取报到手续办理 • 新员工培训 3.评价招聘过程	1.辨认招聘需求 2.传达招聘需求 • 招聘申请的制定与报批 • 招聘岗位要求的填写 • 新增岗位说明书填写 3.参与招聘过程 • 负责协助外地招聘的联系或广告刊登 • 传达公司及岗位信息 • 笔试或实际操作、考卷及标准设定及参与评价 • 参与应聘人员的初选 • 参与面试和候选人确定

3.5.2　确定招聘团队成员的核心素质

1. 明确团队成员的基本素质

1)　良好的个人品质

对应聘者来说，招聘者的形象、行为代表着该组织及组织的文化，从他们身上能够反映出组织的风范，所以组织对招聘者的个人品质有很高的要求。

(1) 招聘者要热情、诚恳。招聘者热情、诚恳的态度，让应聘者如沐春风，感受到该组织拥有良好的亲和力以及可信赖性，在无形中对应聘者形成带动和示范作用。这里需要说明的是，为避免应聘者产生不切实际的心理期望，招聘者在招聘期间的任何允诺都应慎重，一定要诚实地提供真实的信息。

(2) 招聘者要公正、认真。招聘者在招聘过程中，应本着公正公平的原则，一切从组织利益出发，避免任人唯亲的情况发生。同时，招聘者要有强烈的责任心，能够尽心尽责、踏踏实实地做好招聘工作中的每一个环节，这样才能保证招聘工作的有效性。

2)　相关的技能要求

招聘工作复杂而又关键，需要招聘者具备一定的能力和相关的技术。招聘者必须具备以下能力。

(1) 表达能力。表达能力包括口头表达能力和书面表达能力。招聘者需要与人才市场、人才中介公司、广告媒体、校园、社区等各种各样的人员接触，面对各种场合时，他们需要通过谈话、报告、信件等形式来清楚地表达自己的想法，表明组织对应聘者的要求，因此，表达能力十分重要。

(2) 观察能力。招聘者被要求在很短的时间内认识和了解应聘者的性格、才能等方面的信息，因此，招聘者需要培养和具备很强的观察能力。

（3）协调和沟通能力。无论是内部招聘还是外部招聘，都需要同组织内部和组织外部发生关系，因此，招聘者也要具备良好的协调和沟通能力。

（4）自我认知能力。心理学研究认为，人们总是习惯以自我为标准去评价他人，但对于招聘者而言，就要超越一般的自我，对自我有一个健全、完整的认识，才能公正、公平地评判应聘者。

（5）不断完善自我的能力。招聘者为了能适应现代企业的变化和发展，要不断地完善自我，学习各方面的知识来充实自己。对于心理学、社会学、法学、管理学、组织行为学等学科内容，招聘者都应该有所涉猎，使自己具备广博的知识和不断更新知识的能力，并有效地运用到招聘实践中。

2. 确定团队成员的相关技术要求

1）人员测评技术

通过掌握人员测评的方法和手段，来提高对应聘者的评判能力，从而提高招聘能力和技巧。测评技术包括创造力测验、能力倾向测验、笔迹测验、人格测验、兴趣测验等。

2）面谈技术

这里的面谈不仅指面试，也包括同应聘者进行的所有谈话。招聘者只有掌握策略性的谈话技巧，才能突破应聘者的心理防线，使之放松心情，展现真实的自我，从而为获取应聘者的真实信息奠定基础。面谈技术的关键是如何找到与交谈者之间的心灵共鸣点或思想交汇点。

3）观察技术

观察是招聘者评价应聘者常用的方式。有经验的招聘者往往善于通过观察应聘者不同的体态语言、习惯动作等，来进一步了解应聘者的情况。

4）招聘环境设计技术

良好的招聘环境既能让应聘者充分发挥自己的才华，亦可使招聘者提高工作效率，即双方都能在这样的环境里，保持心情愉快、注意力集中、思维敏捷。所以，招聘者应有意识地提高自己的环境设计能力，招聘前要考虑环境布置问题，包括招聘场所的整洁、光线的柔和、温度的适中、空间布置的美观等因素。

5）招聘测试题的设计技术

对于不同的招聘目的，只有设计与之相适合的测试形式，才能加强人员招聘的有效性。测试形式的演进，从初始多凭现场感觉到经专业人员按特定要求进行科学设计，测评效果有了很大的改变。为了准确判断与选择应聘者，要求招聘者具有较强的对测试题的选择与设计技术。

 案例分析与讨论

A 公司职位分析

A 公司是我国中部省份的一家房地产开发公司。近年来，随着当地经济的迅速发展，房地产需求强劲，公司有了飞速的发展，规模持续扩大，逐步发展成为一家中型房地产开发公司。随着公司的发展和壮大，员工人数大量增加，众多的组织和人力资源管理问题逐步凸显出来。

公司现有的组织机构，是基于创业时的公司规划，随着业务扩张的需要逐渐扩充而形成的，在运行过程中，组织与业务上的矛盾已经逐步凸显出来。部门之间、职位之间的职责与权限缺乏明确的界定，扯皮推诿现象不断发生；有的部门抱怨事情太多，人手不够，任务不能按时、按质、按量完成；有的部门又觉得人员冗杂，人浮于事，效率低下。

公司在人员招聘方面，用人部门给出的招聘标准往往较为含糊，招聘主管无法准确地加以理解，使得招来的人大多差强人意。同时，目前的许多岗位往往不能做到人事匹配，员工的能力不能得到充分发挥，严重地挫伤了士气，并影响了工作的效果。公司员工的晋升以前由总经理直接作出。现在公司规模大了，总经理几乎没有时间来与基层员工和部门主管打交道，基层员工和部门主管的晋升只能根据部门经理的意见来作出。而在晋升中，上级和下属之间的私人感情成为决定性的因素，有才干的人往往不能获得提升。因此，许多优秀的员工由于看不到自己未来的前途，而另寻高就。在激励机制方面，公司缺乏科学的绩效考核和薪酬制度，考核中的主观性和随意性非常严重，员工的报酬不能体现其价值与能力，人力资源部经常可以听到大家对薪酬的抱怨和不满，这也是人才流失的重要原因。

面对这样严峻的形势，人力资源部开始着手进行人力资源管理的变革，变革首先从进行职位分析、确定职位价值开始，职位分析、职位评价究竟如何开展，如何抓住职位分析、职位评价过程中的关键点，为公司本次组织变革提供有效的信息支持和基础保证，是摆在 A 公司面前的重要问题。

首先，他们开始寻找进行职位分析的工具与技术。在阅读了国内目前流行的基本职位分析书籍之后，他们从中选取了一份职位分析问卷，作为收集职位信息的工具。然后，人力资源部将问卷发放到了各个部门经理手中，同时他们还在公司的内部网上发了一份关于开展问卷调查的通知，要求各部门配合人力资源部进行问卷调查。

据反映，问卷在下发到各部门之后，就一直搁置在各部门经理手中，根本没有发下去。很多部门是直到人力资源部开始催收时才把问卷发放到每个人手中。同时，由于大家都很忙，很多人在拿到问卷之后，并没有时间仔细思考，草草填写完事。还有很多人在外地出差，或者任务缠身，自己无法填写，而由同事代笔，此外，据一些较为重视这次调查的员工反映，大家都不了解这次问卷调查的意图，也不理解问卷中那些陌生的管理术语，何谓职责、何谓工作目的，许多人对此并不理解。很多人想就疑难问题向人力资源部进行询问，可是也不知道具体该找谁。因此，在回答问卷时只能凭借个人的理解来填写，无法把握填写的规范和标准。

一个星期之后，人力资源部收回了问卷。但他们发现，问卷填写的效果不太理想，有一部分问卷填写不全，一部分问卷答非所问，还有一部分问卷根本没有收上来。辛苦调查的结果却没有发挥它应有的作用。

与此同时，人力资源部也着手选取了一些职位的员工进行访谈。但在试着谈了几个职位的员工之后，发现访谈的效果并不好。因为，在人力资源部能够对部门经理访谈的人只有人力资源部经理一人，主管和一般员工都无法与其他部门经理进行沟通。同时，由于经理们都很忙，能够把双方的时间凑到一块，实在不容易。因此，两个星期过去之后，只访谈了两个部门经理。

人力资源部的几位主管负责对经理级以下的人员进行访谈，但在访谈中，出现的情况却出乎意料。大部分时间都是被访谈的人在发牢骚，指责公司的管理问题，抱怨自己的待遇不公等。而在谈到与职位分析相关的内容时，被访谈人往往又言辞闪烁，顾左右而言他，似乎对人力资源部这次访谈不太信任。访谈结束之后，访谈人都反映对该职位的认识还是停留在模糊的阶段。这样持续了两个星期，访谈了大概 1/3 职位的员工。人力资源部经理认为时间不能拖延下去了，因此决定开始进入项目的下一个阶段——撰写职位说明书。

可这时，各职位的信息收集却还不完全。怎么办呢？人力资源部在无奈之中，不得不另觅他途。于是，他们通过各种途径从其他公司中收集了许多职位说明书，试图以此作为参照，结合问卷和访谈收集到的信息来撰写职位说明书。

在撰写阶段，人力资源部还成立了几个小组，每个小组专门负责起草某一部门的职位说明，并且要求各组在两个星期内完成任务。在起草职位说明书的过程中，人力资源部的员工都颇感为难，一方面不了解别的部门的工作，问卷和访谈提供的信息又不准确；另一方面，大家又缺乏写职位说明书的经验，因此，写起来感觉很费劲。规定的时间快到了，很多人为了交稿，不得不急急忙忙、东拼西凑了一些材料，再结合自己的判断，最后成稿。

最后，职位说明书终于出台了。然后，人力资源部将成稿的职位说明书下发到了各部门，同时，还下发了一份文件，要求各部门按照新的职位说明书来界定工作范围，并按照其中规定的任职条件来进行人员的招聘、选拔和任用。但这却引起了其他部门的强烈反对，很多直线部门的管理人员甚至公开指责人力资源部，说人力资源部的职位说明书是一堆垃圾文件，完全不符合实际情况。

于是，人力资源部专门与相关部门召开了一次会议来推动职位说明书的应用。人力资源部经理本来想通过这次会议来说服各部门支持这次项目，但结果却恰恰相反，在会上，人力资源部遭到了各部门的一致批评。同时，人力资源部由于对其他部门不了解，对于其他部门所提出的很多问题也无法进行解释和反驳。因此，会议的最终结论是，让人力资源部重新编写职位说明书。后来，经过多次重写与修改，职位说明书始终无法令人满意。最后，职位分析项目不了了之。

人力资源部的员工在经历了这次失败的项目后，对职位分析彻底丧失了信心。他们开始认为，职位分析只不过是"雾里看花，水中望月"的东西，说起来挺好，实际上却没有什么作用，而且认为职位分析只能针对西方国家那些管理先进的大公司，拿到中国的企业中来，根本就行不通。原来雄心勃勃的人力资源部经理也变得灰心丧气，但他一直对这次的失败耿耿于怀，对项目失败的原因也是百思不得其解。

1. 请问职位分析真的是他们认为的"雾里看花，水中望月"吗？
2. 该公司的职位分析项目为什么会失败呢？

思考与练习

1. 企业经营战略和人力资源战略的类型或分类分别有哪些？
2. 企业竞争战略与人力资源战略的整合关系是什么？
3. 企业战略、人力资源战略与招聘决策的关系是什么？
4. 招聘计划有哪些内容？
5. 招聘团队的成员是如何分工的？组建招聘团队有哪些原则？
6. 人力资源规划的业务操作流程是什么？

7. 人力资源规划和招聘计划是什么关系？招聘计划制订的操作流程又是什么？

8. 企业有哪些生命周期？分别需要实行什么样的人才招聘策略？

9. 不同类型的人力资源需要实行什么样的招聘策略？

10. 人才吸引和人才选聘有哪些策略？如何进行招聘团队的组建？

■ 拓展阅读

上海通用汽车公司的招聘策略

上海通用汽车有限公司(SGM)是上海汽车工业(集团)总公司和美国通用汽车(GM)公司合资建立的轿车生产企业。

SGM 的目标是成为国内领先、国际上具有竞争力的汽车公司。一流的企业，需要一流的员工队伍。因此，如何建设一支高素质的员工队伍，是中美合作双方都十分关心的首要问题。同时，SGM 的发展远景和目标定位也注定其对员工素质的高要求：不仅要具备优良的技能和管理能力，而且还要具备出众的自我学习能力、适应能力、沟通能力和团队合作精神。要在一个很短的时间里，客观公正地招聘到高素质的员工并配置到适合的岗位，对 SGM 来说无疑是一个重大的挑战。

一、"以人为本"的公开招聘策略

"不是控制，而是提供服务"是 SGM 人力资源部职能的特点，也是与传统人事部门职能的显著区别。

第一，根据公司发展的战略和宗旨，确立把传递"以人为本"的理念作为招聘的指导思想。SGM 在招聘员工的过程中，在坚持双向选择的前提下，还特别注意应聘者和公司双向需求的吻合。应聘者必须认同公司的宗旨和五项核心价值观：以客户为中心、安全、团队合作、诚信正直、不断改进与创新。同时，公司也要充分考虑应聘者自我发展与自我实现的高层次价值实现的需求，尽量为员工的发展提供良好的机会和条件。

第二，根据公司的发展计划和生产建设进度，制订拉动式招聘员工计划，从公司的组织结构、各部门岗位的实际需求出发，分层次、有步骤地实施招聘。1997 年 7 月至 1998 年 6 月实施对车间高级管理人员、部门经理、骨干工程师、行政部门管理人员和各专业工程师、工段长的第一层次的招聘计划；1998 年年底到 1999 年 10 月实施对班组长、一班制操作工人、维修工和工程师的第二层次的招聘计划；二班制和三班制生产人员的招聘工作与拉动式生产计划同步进行。

第三，根据"一流企业，需要一流员工队伍"的公司发展目标，确立面向全国广泛选拔人才的员工招聘方针，并根据岗位的层次和性质，有针对性地选择不同的新闻媒体发布招聘信息，采取利用媒体和人才市场为主的自行招聘与委托招募相结合的方式。

第四，为确保招聘工作的信度和效度，建立人员评估中心，确立规范化、程序化、科学化的人员评估原则，并出资几十万元聘请国外知名的咨询公司对评估人员进行培训，借鉴美国 GM 公司及其公司已有的"精益生产"样板模式，设计出具有 SGM 特点的"人员评估方案"。同时，明确各类岗位对人员素质的要求。

第五，建立人才信息库，统一设计岗位描述表、应聘登记表、人员评估表、员工预算计划表及目标跟踪管理表等。

两年来，公司先后收到 50 000 多封应聘者的来信，最多一天曾收到 700 多封信，收发室只好用箩筐收集。这些信件来自全国各地，有的还来自大洋洲和欧洲等地区。为了准确及时地处理这些信件，SGM 建立了人才信息系统，并开通了应聘查询热线。成千上万的应聘者，成筐的应聘简历，充分说明了 SGM 人员招聘策略的成功。

二、严格规范的评估录用程序

1998 年 2 月 7 日到上海科学会堂参加 SGM 招聘专场的人士无不感慨："上海通用招聘人才门槛高！"那天，凡是进入会场的应聘者必须在大厅接受 12 名评估员岗位最低要求的应聘资格初筛，合格者才能进入二楼的面试台，由用人部门同应聘者进行初次双向见面，若有意向，再由人力资源部安排专门的评估时间。在进入科学会堂的 2 800 人中，经初步面试合格后进入评估的仅有百余人，最后正式录用的只有几十人。

1. 录用人员必须经过评估

这是 SGM 招聘工作流程中最重要的一个环节，也是 SGM 选择员工方式的一大特点。公司为了确保自己能招聘到适应一流企业、一流产品所需的高素质员工，借鉴通用公司位于东德和美国一些工厂利用人员评估中心来招聘员工的经验，结合中国的文化和人事政策，建立了专门的人员评估中心，作为人力资源部的重要组织机构之一。整个评估中心设有接待室、面试室、情景模拟室、信息处理室，中心工作人员也都接受过专门培训，评估中心的建立确保了录用工作的客观公正性。

2. 标准化、程序化的评估模式

SGM 的整个评估活动完全按标准化、程序化的模式进行。凡被录用者，须经填表、筛选、笔试、目标面试、情景模拟、专业面试、体检、背景调查和审批录用九个程序和环节。每个程序和环节都有标准化的运作规范和科学化的选拔方法，其中笔试主要测试应聘者的专业知识、相关知识、特殊能力和倾向；目标面试则由受过国际专业咨询机构培训的评估人员与应聘者进行面对面的问答式讨论，验证其登记表中已有的信息，并进一步获取信息；专业面试则由用人部门完成；情景模拟是根据应聘者可能担任的职务，编制一套与该职务实际情况相仿的测试项目，将应聘者安排在模拟的、逼真的工作环境中，要求应聘者处理可能出现的各种问题，用多种方法来测试其心理素质、潜在能力的一系列方法。如通过无领导的两小组合作完成练习，观察应聘管理岗位的应聘者的领导能力、领导欲望、组织能力、主动性、说服能力、口头表达能力、自信程度、沟通能力、人际交往能力等。SGM 还把情景模拟推广到了对技术工人的选拔上，如通过齿轮的装配练习，来评估应聘者的动作灵活性、质量意识、操作的条理性及行为习惯。在实际操作过程中，观察应聘者的各种行为能力，孰优孰劣，一目了然。

3. 两个关系的权衡

SGM 的人员甄选模式，特别是其理论依据与一般的面试以及包括智商、能力、人格、性格在内的心理测验相比，更注重以下两个关系的比较与权衡。

1) 个性品质与工作技能的关系

公司认为，高素质的员工必须具备优秀的个性品质与良好的工作技能。前者是经过长期教育、环境熏陶和遗传因素影响的结果，它包含了一个人的学习能力、行为习惯、适应性、工作主动性等。后者是通过职业培训、经验积累而获得的，如专项工作技能、管理能力、沟通能力等，两者互为因果。但相对而言，工作能力较容易培训，而个性品质则难以培训。因此，在甄选录用员工时，既要看其工作能力，更要关注其个性品质。

　　2)　过去经历与将来发展的关系

无数事实证明：一个人在以往的经历中，如何对待成功与失败，对其将来的成就具有或正或负的影响。因此，分析其过去经历中所表现出的行为，能够预测和判断其未来的发展。

SGM 正是依据上述两个简明实用的理论、经验和岗位要求，来选择科学的评估方法，确定评估的主要行为指标，从而取舍应聘者。如在一次员工招聘中，有一位应聘者已进入第八道程序，经背景调查却发现其隐瞒了过去曾在学校因打架而受到处分的事，当对其进行再次询问时，他仍对此事加以隐瞒。对此公司认为，虽然人的一生难免有过失，但隐瞒过错却属于个人品质问题，个人品质问题会影响其今后的发展，最后经大家共同讨论一致决定对其不予录用。

　　4. 坚持"宁缺毋滥"的原则

为了招聘一个工段长，人力资源部的招聘人员在查阅了上海市人才服务中心所有的人才信息后，发现符合该职位要求的具有初步资格者只有 6 人，但经过评估，遗憾的是一个人都不合格。对此，中外双方部门经理肯定地说："对这一岗位决不放宽录用要求，宁可暂时空缺，也不要让不合适的人占据。"评估中心曾对 1997 年 10 月到 1998 年 4 月这段时间内录用的 200 名员工随机抽样调查了其中的 75 名员工，将其招聘评估的结果与半年的绩效评估结果作了一个比较分析，发现当时的评估结果与现实考核结果基本一致的在 84%左右，这证明人员评估中心的评估有着较高的信度和效度。

推荐阅读

1. 张明辉. 人力资源规划 结合业务量的测算分析[M]. 清华大学出版社，2017.
2. 张相林，吴新辉. 人力资源战略与规划[M]. 北京：科学出版社，2016.
3. 文跃然. 人力资源战略与规划[M]. 2 版. 上海：复旦大学出版社，2017.

项目 4　选择招聘渠道

【项目概述】

　　企业选择的招聘信息发布渠道及方式将决定什么样的人能了解到这些信息，进而直接影响应聘者的数量和素质。因此，企业应在合理的成本范围内，保证招聘来源能提供足够的高素质应聘者。人员招聘的渠道可分为内部招聘和外部招聘。内部招聘主要有内部公开招聘、工作轮换以及返聘等渠道；外部招聘主要有现场招聘、网络招聘、社交媒体招聘、校园招聘、传统媒体广告招聘、公共雇佣机构、员工推荐等渠道。

【学习目标】

- 能够熟悉招聘渠道的类型，并清楚内、外部招聘渠道的区别。
- 能够掌握招聘渠道选择的影响因素。
- 能够了解招聘广告的定义、特点和目的。

【技能目标】

- 能够为处于生命周期不同阶段的企业选择适合的招聘渠道，也能够为不同的职位进行招聘渠道的选择。
- 能够进行招聘广告的撰写和创意设计，也能够进行招聘广告的信息化工作开展。
- 能够掌握内部竞聘的业务操作流程，并能够协助进行内部竞聘工作的开展。
- 能够掌握校园招聘的业务操作流程，并能够协助进行校园招聘工作的开展。

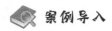

案例导入

思科公司招聘人才的策略

在市场竞争日趋激烈的今天，一个企业要想生存和发展，除了提高产品和服务质量外，拥有高素质人才是不可缺少的。因此，有效的人才招聘策略就成了一种强有力的战略性武器。这在硅谷表现得更加突出，因为硅谷除了要有独特的新思想外，还有独特的招聘并留住人才的策略。

一、公司背景

思科(Cisco)系统公司于 1984 年成立，总部在美国加州的圣荷塞，是一家标准硅谷模式的高科技公司，创始人是来自斯坦福大学的一对教授夫妇，一开始两位教授的计算机之间互相不能交流，1986 年，他们做了第一个 Router(路由器)，这是思科的核心产品。1990 年思科公司在纳斯达克上市，股票代号为 CSCO，是纳斯达克高科技板块的第二大企业，市值达到 4 000 亿美元。1990 年的 1 美元思科股票现在价值 1 000 多美元。思科的创业资本是高技术专利，公司很快实现了财富的积累，也聚集了大量高技术人才，当时思科全球有 2 万多名员工。1999 年思科系统公司营业额为 121.5 亿美元。思科系统公司成为全球领先的网络解决方案供应商。

1994 年，思科公司开始在中国成立代表处，当时在中国的思科系统(中国)网络技术有限公司已经有员工近 500 人。思科公司在中国成立了网络技术实验室，为国内多家网络技术公司和研究所提供了网络解决方案的性能测试、ATM 宽带交换机的性能测试、千兆位路由光纤传输和虚拟局域网的性能评估测试。这是思科公司在全球的第三个大型实验室，也是其在亚洲最大的网络实验室。思科公司几乎参加了中国所有的大型网络项目的建设。

思科的人力资源管理无论在中国还是在美国，都被同行认为是最先进的。在美国《财富》杂志 2000 年的一次排名中，思科当选为信息产业"最吸引员工的公司"。美国著名的《互联网与计算机》杂志在 2000 年 11 月 3 日也将思科评选为"20 世纪 90 年代最有效公司"。思科的人才管理有许多经典之处，是成功的硅谷企业的一个缩影。

二、事例：招聘人才的常用策略

思科能取得如此辉煌的成就，在很大程度上取决于其完善的招聘人才、留住人才的程序及策略。思科公司在招聘人才方面，归纳起来具有以下几个方面的独特之处。

1. 公司的大门始终对优秀人才敞开

思科的招聘广告是：我们永远在雇人。对优秀人才思科永远有兴趣。在互联网世界里，最关键的是人才的获得和保留。思科在互联网领域发展得非常快，以致整个业界人才的供应跟不上思科成长的速度。

2. 让所有员工都成为猎头代理

思科公司的招聘方式是全面撒网，报纸招聘广告、网站、猎头、人才招聘会等都用上，面对思科每年 60% 的增长速度对人才张开的巨口，这些方式都显得不够给力。思科公司经常到 IT 界专门的人才会议中做人才资源收集工作。

对思科公司来说，最有效的招聘方式是用猎头公司，这样成本很高，但是面对大量高技术人才缺乏的状况，思科还是有大概 40% 的员工是通过猎头公司找来的，思科用猎头公司招人从上到下不分职位。思科还有大概 10%的应聘者是通过员工互相介绍进来的，思科有一项特别的鼓励机制，鼓励员工介绍他人加入思科，方式有点像航空公司累积旅程。思科的规定是：介绍一个人来面试就给你一个点数，每过一道面试关又增加一个点数，如果被介绍的人最后被思科雇用，则有事成的奖金，这些点数最后累计折合成海外旅游。这是思科创造性的做法，让所有的员工都是猎头代理，有合适的人一定会介绍到公司来。

3. 进入学校培养员工

思科的发展速度要求员工能够很快独当一面，所以对应届毕业生使用得比较少。思科从 1999 年开始在一些大学设立有一个虚拟的网络学院，通过提供一些设备和课程，让学生熟悉互联网环境，而且对学生有一个笔试的 CCNA 认证，让学生对互联网有个基本的了解。思科在过了这一关的学生中挑选一些人做见习员工。另外，思科也在学校开始一些助理工程师的培养，以后这些学生经过半年到一年的培养，将成为思科正式的工程师。

4. 人人都需领导素质

思科招聘一个人，除了有基本条件的要求外，还要求应聘者有领导的特质。因为在思科，每一名员工都是一个单兵作战的单位。例如，思科的系统工程师，不是简单地做产品规格，工程师可能要到客户那里去作报告，需较好的表达能力。所以，思科在招聘时要考虑应聘者的综合素质，需要有领导的特质和专业精神，对工作的需要和客户的需要都能有敏锐的反应。思科的业务不是做一次买卖，而是与客户建立一种长久的关系，需要员工能够感觉客户的需要就是思科的需要，这样的敏感度和成熟度必须反映到每个人身上。

5. 对应聘者严格把关

到思科应聘主要是通过面谈。招聘的大致经历是首先挑选简历，然后用人部门直接安排时间与应聘者面谈，一个应聘者进入思科最少要与 5～8 人交谈，任何职务都要经过这个过程。

1999 年，思科向员工推出一项培训，让招聘者学习很专业的面谈技巧，所有的招聘经理都要学习这个课程。如果这个课程你很早就学过，以后也要复习，目的是让招聘者保持敏感度。在面试的过程中，应聘者需要通过很多项目的交谈，每个负责招聘的人都有一份面谈记录，每个人与应聘者面谈后都有一个评价。思科用的是全体通过制，例如，在 8 个负责招聘的人中，如果有 1 个人说 No，那么应聘者就没有机会被录用。

6. 广泛征求应聘者的意见

思科非常重视面谈的开始和结束，强调面试人员需要一个完整的培训。招聘者不只是懂得问什么问题，还要给应聘者一个愉快的环境，让应聘者不要等得太久。面试员有一个责任是在面试程序结束后做总结，所有的面试员在面试结束后都会问那些应聘者，有什么环节他们做得不好，希望他们对面试提出意见。如果应聘者多次对招聘人员在某些方面的意见都是一致的，比如说，等了一个小时，时间太长，思科内部就会针对应聘者提出的问题做修正。

1. 思科公司招聘人才的渠道都有哪些？

2. 谈谈您对思科公司招聘中一票否决制的看法。

4.1　相关知识：招聘渠道和招聘广告

人员招聘的渠道可分为内部招聘和外部招聘。内部招聘主要有内部公开招聘、工作轮换以及返聘等渠道；外部招聘主要有现场招聘、网络招聘、社交媒体招聘、校园招聘、传统媒体广告招聘、公共雇佣机构、员工推荐等渠道。

4.1.1　招聘渠道的类型

1. 内部招聘

内部招聘是指在企业出现职务空缺后，从内部寻找聘用者的方式。内部招聘的方法主要分为内部公开招聘、工作轮换以及返聘等。

1)　内部公开招聘

内部公开招聘是指用现有员工来填补职位空缺的政策。一般而言，那些具有间接能力导向或者希望员工对组织有较高认同感的企业通常倾向于从内部选拔人员来填补职位空缺。如美国玛丽凯化妆品公司主张从本公司内部选拔干部，如果公司内部有合适的人选，他们一般不会聘请外人来公司任职。其具体做法是：当一个部门的领导职务出现空缺时，该部门的经理向公司人事部门正式提出担任这一职务必须具备的条件，人事部门即在每幢办公楼的布告栏上公布这一消息。公司里的每一个人都可以申请这个职位，无论申请者现在干什么工作，只要认为自己是合格的人选，就可以提出申请。人事部门将与每一名希望得到这个职务的雇员进行面谈，从中择优录取。只有在认为申请者都不理想的情况下，他们才聘请外部人员补缺。中国移动也采用这种招聘方式。

2)　工作轮换

工作轮换是暂时的工作岗位变动，是指在组织的几种不同职能领域中为员工作出一系列的工作任务安排，或者在某个单一的职能领域或部门中为员工提供在各种不同工作岗位之间流动的机会。一般来说，企业对各级管理人员，可考虑采取 5 年调换一次工作的方式进行重点培养。工作轮换有利于促进雇员对组织不同部门的了解，从而对整个组织的运作形成一个完整的概念；有利于提高雇员解决问题的能力和决策能力，帮助他们选择更合适的工作；有利于部门之间的了解和合作。

3)　返聘

返聘是指组织将提前退休、已退休职工再招回到组织来工作。这样不仅能够充分发挥他们的经验优势，使企业扬长避短，还能降低用人单位的劳动成本。

扫描二维码，观看微课 14　内部招聘渠道。

微课 14　内部招聘渠道

2. 外部招聘

1)　现场招聘

现场招聘是一种企业和人才通过第三方提供的场地，进行直接的面对面对话，现场完成招聘的一种方式。现场招聘一般包括招聘会及人才市场两种方式。招聘会一般由各级政府及人才介绍机构发起和组织，较为正规。同时，大部分招聘会有特定的主题，如"应届毕业生专场""研究生学历人才专场""IT 类人才专场"等，通过这种毕业时间、学历层次、知识结构等的区分，企业可以很方便地选择合适的专场，从而设置招聘摊位进行招聘。对于这种招聘会，组织机构一般会先对入会应聘者进行资格审核，这种初步筛选，节省了企业大量的时间，方便企业对应聘者进行更加深入的考核。目标人群的细分在方便企业的同时，也带来一定的局限性，如果企业需要同时招聘几种人才，那么就要参加几场不同的招聘会，这在另一方面也提高了企业的招聘成本。人才市场与招聘会相似，但是招聘会一般为短期集中式，且举办地点一般为临时选定的体育馆或者大型的广场，而人才市场则是长期分散式，地点也相对固定。因此，对于一些需要进行长期招聘的职位，企业可以选择人才市场这种招聘渠道。现场招聘的方式不仅可以节省企业初次筛选简历的时间成本，同时简历的有效性也较高，而且相比其他方式，它所需的费用较少。但是现场招聘也存在一定的局限，首先是地域性，现场招聘一般只能吸引到所在城市及周边地区的应聘者；其次是这种方式也会受到组织单位的宣传力度以及组织形式的影响。

2)　网络招聘

网络招聘是指人力资源部门通过网络发布招聘信息，经过信息处理后初步确定所需岗位人选的过程。在实际生活中，网络招聘一般通过下面四种方式来实现：一是注册成为人才网站的会员，在人才网站上发布招聘信息，收集求职者的信息资料，查询合适人才的信息，如前程无忧、智联招聘、中华英才网等；二是在自己公司的主页或网站上发布招聘信息，很多求职者会瞄准特定的公司，经常上网查看其招聘信息；三是利用索引搜索相关专业网站及网页，发现可用人才；四是在某些专业的网站或者特定的浏览量大的网站上发布招聘信息，如新浪网、搜狐网等。网络招聘没有地域限制，受众人数大，覆盖面广，而且时效较长，费用相对比较低廉。但是，这种渠道不能控制应聘者的质量和数量，海量的信息，包括各种垃圾邮件、病毒邮件等会加大招聘工作的压力。随着计算机网络的发展及广泛应用，网络已经深入人们生活的各个方面，网络招聘作为一个新的招聘渠道现在已经成为许多公司的主要招聘渠道。

3)　校园招聘

校园招聘通常是指企业到学校张贴海报，召开宣讲会，吸引即将毕业的学生前来应聘，并从中选拔企业所需要的人才的招聘形式。传统的校园招聘是一种两点式招聘，即在学校与企业两点间进行。对于部分优秀的学生，可以由学校推荐，对于一些较为特殊的职位也可以通过学校委托培养后，企业直接录用。校园招聘能够极大地提高公司在高校圈的知名度，为公司储备人才提供人才库，为建立良好的校企合作关系奠定基础。校园招聘虽然能够吸引众多的潜在人才，但是这类人员的职业化水平(态度、专业技能、行为习惯等)不高，流失率较高，需要企业投入较多的精力进行系统完整的培训。所以，当这类潜在的人才进入企业后，通常要接受比较完整的培训，再安排到生产经营的一线作为储备干部接受工作训练。通过这样一个过程，那些能够积极融入企业、满足企业要求的人才便会脱颖而出。

4)　传统媒体广告招聘

企业通过电视、报纸、广播、杂志等媒体向社会公开发布招聘广告，具有受众面广、收效快、过程简单的特点，一般会收到较多的应聘资料，这样不仅可以提升企业在当地的知名度，也可以有效地宣传企业的业务，有一举多得之功效。中国电视广告媒体呈四层金字塔结构，塔尖是中央电视台，第二层为省级卫视，第三层是省级非卫视频道，第四层为城市电视台。电视广告招聘就是通过以上电视媒体向社会公开发布招聘信息的招聘方式；一个城市的报业集团有属于自己的晨(日)报、晚报或商报，企业招聘方可通过以上所列报纸的广告版块发布招聘信息，即报纸广告招聘；广播是一般家庭重要的收听信息的媒介，企业也可以通过广播媒体发布招聘信息；国内杂志种类众多，从行业来看，前几年 IT 类杂志发展很快，近几年汽车类和财经类杂志发展很快，另外还有时尚类和航空类杂志，企业在类似的杂志上发布招聘信息有很强的针对性。但是这种招聘渠道会吸引到很多不合格的应聘者，增加了人力资源部门筛选简历的工作量和难度，延长了招聘的周期。另外，该渠道的费用比较高，特别是选择"抢眼"版位和版式费用会更高。通常，公司采用这种方式招聘有实际工作经验的社会人员。另外，该渠道的效果会受广告载体的影响力、覆盖面、时效性的影响。与网络招聘相比，传统媒体广告招聘也有其自身的优缺点，如表 4-1 所示。

表 4-1　传统媒体广告与网络招聘的优缺点与适用范围

类　型	优　点	缺　点	适用范围
报纸	发行量大，读者面广	对象无针对性，印刷质量差	招聘对象限定在某一区域时
杂志	特定职业群体	预约期太长，发行区域分散	需要专业工作人员时
广播电视	视听效果明显	不能保留，费用昂贵	组织需要迅速扩大影响时
互联网	范围广，速度快，成本低	网站知名度影响信息发布有效性	上网人群

5)　公共雇佣机构

公共雇佣机构，也就是就业中介机构，这种机构一方面为企业寻找人才，另一方面也帮助人才寻找合适的雇主，一般包括针对中低端人才的职业介绍机构以及针对高端人才的猎头公司。目前，我国就业中介机构的主要种类有劳务市场、人才交流中心或人才市场、人才咨询公司、猎头公司等。组织可以利用这些就业中介机构提供的信息和条件扩大招聘范围，直接面对应聘者对其进行评价和筛选，或先由就业中介机构根据组织的招聘要求对应聘者进行评价和筛选，从而大大提高招聘工作的效率。其中，猎头公司的招聘成本也是相当高的。它的招聘费用一般按照应聘者进入企业后年薪的一定比例来收取。当然，当企业对某职位的应聘者有某些较特殊要求时，委托给猎头公司是一条比较快速、有效的途径。

6)　员工推荐

企业可以通过员工推荐其亲戚朋友来应聘公司的职位，这种招聘方式最大的优点是企业和应聘者双方掌握的信息比较对称。介绍人会将应聘者的真实情况向企业介绍，节省了企业对应聘者进行真实性的考察，同时应聘者也可以通过介绍人了解企业各方面的内部情况，从而作出理性选择。目前已经有许多企业采用这种招聘方式，如高露洁公司就鼓励员工推荐，并设置了激励手段，如果应聘者被录取，介绍人会得到一定的奖金。但采用该渠道时也应注意其负面影响：一些公司内部员工或中高层领导为了培植个人在公司的势力，在公司重要岗位安排自己的亲信，形成小团体，这会影响公司正常的组织架构和运作。

7) 社交媒体招聘

社交媒体招聘是指通过社交网站、职业 SNS 网站微博、微信等社交媒体进行企业招聘行为。社交媒体招聘渠道比传统招聘渠道显得更灵活，时间和资金成本上都有明显的降低。这对中小型企业而言，不失为一个不错的选择，也可为它们带来更多的机会。根据 Jobvite 公司 2011 年发起的第三次年度社交网络调查报告显示：在 600 名接受调查的 HR 中，有 70% 已经开始利用社交网络进行招聘活动。社交媒体为企业招聘活动提供的便捷性已经得到广泛认可。社交网络的"互动"优势和基于现实关系网的深度数据挖掘能力让社交招聘双方信息的匹配更"精准"，候选人的教育背景、职业履历、专业优势、人际口碑等企业所重视的简历项目都可以通过事先的沟通与账号信息比对提前获知，不仅极大地降低了人才搜寻与背景调查成本，也为拟录用人员的可靠性与稳定性提供了一定程度的保障。

8) 招聘流程外包

招聘流程外包(Recruitment Process Outsourcing，RPO)服务，即企业将全部或部分招聘活动外包给第三方专业的外部服务商来完成。有调研显示，2011 年全球 RPO 市场规模达 16 亿美元，年增速超过 25%，绝大部分世界 500 强企业都采用了 RPO 服务。根据客户需求，RPO 服务商可以提供从建立具体职位需求到候选人入职等内部招聘流程的各环节服务，包括职位需求分析、招聘渠道管理、简历筛选、背景调查、候选人面试、入职通知发放等，以此区别于猎头公司所提供的高级管理人才搜寻服务。由于 RPO 服务提供商一般具备更好的招聘方法与技能，可以为企业节约大量的招聘成本，因此堪称在专业技术领域快速招聘合格员工的首选。

扫描二维码，观看微课 15 外部招聘渠道。

微课 15
外部招聘渠道

3. 内外部招聘的比较

内部招聘和外部招聘都是企业招聘渠道的重要组成部分，二者缺一不可，但它们也各有优缺点，具体内容如表 4-2 所示。我们应该掌握内外部招聘的优缺点分析，结合企业的实际情况选择适合企业的渠道类型。

表 4-2 内部招聘和外部招聘渠道的比较

招聘渠道的类型	优 点	缺 点
内部招聘	· 可信度高、忠诚度高、适应能力强、组织效率高、激励性更佳、费用低。 · 许多企业特别注重人才的内部招聘，尤其是招聘企业高级管理人才时。例如，著名的通用电气原总裁韦尔奇就是从公司内部选拔出来的	· 可能造成内部矛盾； · 容易"近亲繁殖❾"，抑制个体创新； · 可能出现裙带关系的不良现象，引发组织内的"政治小团体"，削弱组织效能； · 失去选取外部优秀人才的机会，降低组织更新的机会； · 内部发展计划需要培训成本，在短时间内会影响到组织的整体动作效率和绩效

续表

招聘渠道的类型	优 点	缺 点
外部招聘	· 外部人员对现有组织文化有一种崭新、大胆的视野，而少有主观的偏见，可以迅速打开局面； · 新员工会带来不同的价值观和新观点、新思路、新方法，有利于企业的发展和创新； · 会起到广告作用，树立企业良好的形象和口碑； · 会给组织原有的员工施加压力，使他们产生危机意识，激发他们的斗志和潜力，产生鲇鱼效应； · 外部人才来源广泛，选择余地充分，能引进许多优秀人才，可以节省大量的内部培训和培养的费用； · 有利于平息和缓和内部竞争者之间的紧张关系； · 从宏观意义上说，外部招聘可以在全社会范围内优化人力资源配置，促进人才合理流动，具有巨大的社会效益	· 筛选时间长、难度大； · 进入角色状态慢，引进成本高； · 决策风险大，影响内部员工的积极性，有❽中转站❾的风险； · 外部招聘人才之间、外部招聘人才和内部人才之间关系复杂，矛盾重重

扫描二维码，观看微课 16　内外部招聘渠道比较。

微课 16　内外部招聘渠道比较

4.1.2　招聘渠道选择的影响因素

影响企业招聘渠道选择的因素主要有时间、数量、质量以及成本。

1. 时间因素

时间是影响企业招聘渠道选择的非常重要的因素之一，企业专门负责招聘的人员要具备识人的本领，将适合企业的较优人员从众多应聘者中筛选出来。这不仅是和众多候选者斗智的过程，也是同其他企业争夺人才的过程，还是与时间赛跑的过程。空缺职位填补的急切性和劳动力市场的有限性共同作用，迫使招聘者争分夺秒地工作，直至招聘到能填补该空缺职位的企业满意的人选为止。从这一角度来看，招聘渠道的选择对企业招聘者来说是至关重要的。试想从一开始就没分清各招聘渠道之间的差别，盲目地投放招聘信息，就可能产生大量的无效的信息接收者，影响企业的招聘进程，使企业的招聘时间延长。

报纸招聘相对现场招聘、校园招聘等来说比较节省招聘者的时间和精力，招聘者只需要将招聘信息委托给报纸来发布即可；招聘会要花费招聘者大量的时间和精力，包括前期的准备工作以及到现场进行招聘，但在招聘会上，企业和应聘者可进行简短的交流，这可节省人力资源部初次筛选简历的时间，而且在招聘会上收到的简历有效性比较大，即投递简历的人绝大多数为寻找工作的人；校园招聘招来的学生都没有实际工作经验，企业要花费大量的时间及精力对他们进行培训，这包括正式培训和非正式培训；公共雇佣机构这种招聘渠道对企业来说，比较省时、省力；员工推荐，推荐方对被推荐方和企业都比较了解，由于他们之间存在着特殊关系，推荐方会向企业提供被推荐方比较全面而真实的信息，企业可以省掉许多时间和精力来对被推荐方进行各种调查；网络招聘的招聘信息的时效性较强，而且在较长时间内可以持续收到大量的简历。

另外，企业应遵循劳动力市场人才流动的时间规律。一般来说，在每年的大学毕业生就业阶段是人才寻找就业机会的高峰，这段时间一般是从每年的 11 月份开始，直到第二年的五六月份结束。在这个时期进行人员招聘，因为劳动力供给充分，所以可以在很大程度上雇用到素质较高的员工，同时也有利于节约招聘成本。企业的应届生招聘计划一般在每年 11—12 月，最晚应在次年的 1 月上旬就确定。如果招聘的是热门专业的学生，在 12 月底或次年的 1 月底之前就要与各校的毕业分配办公室联系，让其协助发布招聘信息，并了解当年的毕业分配政策。各校的毕业生分配洽谈会一般会在次年的 1—3 月举行，人事部门可以有选择地参加几次。另外，每年春节长假过后，很多企业都面临员工"跳槽"的影响，这时候多数企业都要补充招聘非应届人员。

2. 数量因素

招聘是市场营销活动，是让目标群体对企业产生美好的联想行为，从而打动他们的内心，使双方有机会直面交流。有效招聘的基础在于获取充足的应聘者，这样才有足够的空间选拔优秀的人才，并保证面试求职者时的谈判优势。招聘方要利用一切可以利用的手段来吸引足够多的应聘者，使他们产生主动应聘的行为，并乐于来公司工作。在发布招聘信息之前，企业必须考虑在多大范围内吸引应聘者、吸引多少应聘者为宜。例如，某公司需要招聘 5 名工程师，公司根据以往招聘时的经验以及劳动力市场当时的供求状况，估计了各环节的淘汰比例，如图 4-1 所示。

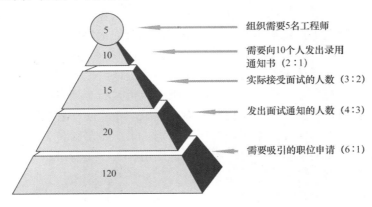

图 4-1 招聘金字塔

根据图 4-1 可知，必须要有 120 个人申请，才能产生出 20 个被邀请到招聘地点进行面谈的人；企业大约需要对 15 个被邀请者进行面谈；在这些被面谈的人中可以发出 10 份录取通知书；这 10 个人中有一半的人，即 5 个人会被最终雇用。实践中，大型公司或经常招聘的公司积累这方面的数据相对容易一些，小公司或不经常招聘的公司，在数据收集上会有一定的困难。尽管如此，作为招聘者，还是应该尽量收集能反映实际问题的有关数据。

3. 质量因素

招聘有效性的高低与不同招聘渠道的人员质量的好坏密切相关，而不同渠道人员质量的好坏又与招聘职位要求的匹配程度密切相关。由于不同的行业、不同的企业和不同的职位要求不同，导致对候选人资格的要求不同，从而企业采用的招聘渠道也应不同。可见，衡量如何选择招聘渠道的一个重要因素是招聘渠道的职位匹配性，体现在某种招聘渠道针对某类职位的招聘比其他招聘渠道更有效的现象，即通常所说的质量较好。职位匹配性具体表现在人—岗匹配、人—团队匹配、人—组织匹配三个方面。人—岗匹配方面，人—岗匹配是双重匹配，岗位要求与人的知识、技能、能力相匹配；工作报酬与人的期望、工作动机相匹配。一个有着既定知识、技能、能力的人不可能适应所有的岗位，不同的岗位要求不同的知识、技能、能力；一个有着既定期望和工作动机的人不可能满足所有的岗位，因为不同岗位提供的报酬也不相同。因此，招聘者需要根据拟聘岗位的工作要求和报酬来评价应聘者。人—岗的双重匹配要求招聘者在招聘渠道选择中给予同等重视。如果招聘者只是强调工作要求与应聘者知识、技能、能力的匹配，而忽略了工作期望、动机与报酬的匹配，那么，他可能会找到高绩效的人，但无法说服该应聘者接受工作机会，即便该应聘者接受工作机会，也不会在企业工作很长时间。其中，工作要求包括明确的工作任务和完成工作任务所需要的知识、技能和能力。

人—团队匹配，是指应聘者与其将要工作的直属团队之间的匹配。不论是新员工还是老员工，他们与团队其他成员之间的关系都会影响他们对团队的贡献。新成员的素质很重要，因为它能够影响其他成员的工作绩效，乃至影响整个团队的绩效。所以，在渠道选择中就要考虑应聘者的素质是否与团队的要求相一致。新员工与其工作团队之间的匹配既要获得辅助匹配，又要获得互补匹配。辅助匹配是以新员工和其他员工有相似的价值观和信念为前提的，这些价值观和信念在工作当中就成为团队成员共同遵守的规范和准则，使员工在工作中表现出积极的工作态度。互补匹配是以新员工和团队其他成员之间有明显不同的素质和性格为前提。由于新成员具有不同于其他成员的素质，他可以补充其他成员的素质和性格上的不足。

人—组织匹配方面，员工不只是在企业找到一份工作，也要能融入团队、融入组织，这就涉及组织的价值观念。组织的价值观念是组织希望其员工拥有的一系列态度和行为规范，这些价值观念虽然不会写在工作说明书中，但组织希望应聘者拥有这些价值观念。新员工刚进企业时，有些工作任务不明确或很难明确，组织希望新员工能够承担这些工作任务，并且组织在有了新的工作任务时，不需要再雇用新人。随着组织的发展，组织希望员工与组织能够长期匹配。

4. 成本因素

企业选择不同的招聘渠道的花费是各不相同的，资金的有限性使得招聘人员对于空缺职位的资金预算必须非常清楚。要知道，企业每年的招聘资金预算是全年人力资源开发与管理总预算的一部分，每个公司根据自己的实际情况，按照所采用的招聘方式、招聘对象的不同、招聘人数的多少等因素来具体决定招聘资金预算。

　　招聘资金预算具体落实到企业招聘渠道上就是招聘渠道成本。招聘渠道成本主要表现在两个方面，一是因为使用该种招聘渠道发布招聘信息所发生的直接成本，二是因为采用这种招聘渠道导致招聘人员花费的时间、精力、员工工资以及管理费用等间接成本。不同渠道的招聘成本是不同的，报纸招聘的成本受报纸影响力、覆盖面以及招聘信息所占版面位置及其大小等因素的影响；相对来说，招聘会的招聘费用较低；校园招聘的成本比较偏高，这包括直接成本和间接成本，尤其对有些需要在全国各地举行校园招聘的企业来说，其成本更高；人才交流中心和职业介绍所主要面对中、低层次的人才，其招聘成本相对于其他招聘方式来说偏高；而猎头公司主要为企业输送中、高层次的人才，其招聘成本也相当高，它的招聘费用一般是应聘者进入企业后职位年薪的 $1/4 \sim 1/3$，也就是说，猎头的费用相当于某一职位三四个月的薪水。内部招聘相对于外部招聘，其最明显的优点就是最大限度地节约了招聘成本；员工推荐可降低企业的招聘成本，通常企业人力资源部可选择某些职位向员工公布，推荐成功者将获得奖励；网络招聘费用相对来说比较低，但也有很多大型网站费用高昂，它们颇有口碑，声誉佳，如想雇用一名能干突出的多面手，在大型网站刊登广告绝对是不错的选择，如果想要招聘具备特殊专业技能的人才，那么在相对低廉的特殊职业网站，或在一个专业人员联合会网站上登载信息则更明智。此外，招聘的沉没成本也构成了企业招聘成本中很重要的一部分，因为当企业招聘失败的时候，对企业造成的损失也是巨大的。

4.1.3　招聘广告的定义、特点和目的

1. 招聘广告的定义

　　招聘广告是指通过地方、国家及特定的报刊和其他媒介(包括互联网)对空缺职位进行广告宣传，其目的是要吸引足够数量的候选人。广告本身应清晰明确、内容翔实，应避免歧视性内容，其中包括与年龄相关的标准或对年龄的限制；应尽可能避免具体的语言、形象、性别或文化的限制；同时也应设法呼吁更多的人来关注。

2. 招聘广告的特点

　　招聘广告作为广告的一种类型，有其自身的特点：①招聘广告从本质上来看是大众的而非个体的；②有相当一部分招聘广告是放在自己公司招聘网站上的；③大量招聘广告的目的是让求职者应聘空缺的岗位以便公司找到合适的人才；④发起者必须是特定的群体；⑤很多招聘广告信息是通过诸如报纸、杂志、电视、广播以及网络传递给大众的。

3. 招聘广告的目的

　　招聘广告有一个清晰的目的，即为了吸引和说服潜在的求职者来应聘公司提供的空缺岗位，以便企业能够招募到合适的人。除此之外，招聘广告还有其他的目的，如树立公司的形象、提供就业信息等。但有些求职者可能对公司或者提供的职位不感兴趣，因此，招聘广告设计者面临着这样的难题：①如何才能"捕捉"求职者的注意力，唤起他们的兴趣；②如何才能激起他们的"斗志"以致"刺激"他们的行动(如向公司投递简历)。因此招聘广

告主要有以下目的。

1) 说服求职者

从某种意义上来说，招聘广告设计者的目的就是要让那些求职者有所行动，即投出简历。然而要完成这一目标并不容易，它需要从社会、文化、心理甚至广告策略上下一番功夫。

2) 吸引注意

如今，每天都有大量的招聘广告充斥于各个媒介中，求职者很有可能错过对他们来说合适的工作岗位。同样，从公司角度来说，他们也遭受大量合格的人才与其失之交臂的可能。所以，好的招聘广告必须是能够吸引那些已经有工作意向或根本没打算找工作的人的注意。

3) 唤起兴趣

仅仅"捕捉"到求职者的注意是远远不够的，如果招聘广告不能引起求职者的注意并唤起他们的兴趣，那么这个招聘广告就毫无意义。

4) 树立一个良好的形象

对每个应聘者来说，了解所有的公司情况是不可能的。因此，树立一个良好的形象对那些尤其是不太出名的企业来说尤为重要。企业可以在招聘广告中体现能够给求职者提供广阔的发展空间、培植其潜能、挖掘其天赋、发挥其特长等的条件。即使有些求职者在看到这些内容后不会有所行动，但对公司来说达到了一个目的，即给潜在的求职者及顾客留下深刻的印象，提高了企业的形象地位。

5) 让求职者了解企业的情况

招聘广告的一个基本功能就是让求职者了解具体的工作岗位的信息以及企业的基本情况，这样才能知己知彼，在充分了解后有所行动。

6) 激发"斗志(愿望)"付诸行动

在很好地了解企业情况后，求职者很可能还不会展开行动，一般来说，求职者的行动取决于内部的需求和外部的刺激。内部的需求就是这个岗位提供的应聘条件和要求是否和求职者本身的实际情况相符；外部的刺激是在他们得到这份工作之后会有什么好处，如获得具有竞争力的报酬、培训的机会、发展晋升的机会以及自我价值实现的机会等。此外，在招聘广告中还要说明该岗位需求的人数以及招聘信息的有效期限等。

7) "过滤"部分应聘者

除了上面提到的目的外，还有一个目的就是对应聘者进行过滤。例如，一个著名的企业在网络上进行招聘时，往往会有超出岗位需求数量的求职者关注，并收到大大超过需求量的简历，因为它提供的大多是有高薪酬和广阔发展机会的具有相当诱惑力的岗位。因此也会导致人力资源部的巨大负担。为了避免这种情况的发生，招聘广告中还必须完成一项任务——通过对一些招聘条件的澄清来"过滤"部分应聘者。例如，在中国有大量的外资企业和合资企业，招聘广告用全英文的形式呈现，就会使得那些对英文不熟悉者知难而退。

4.2 工作任务：选择招聘渠道的业务操作

4.2.1 对处于生命周期不同阶段的企业招聘渠道选择

1. 初创期企业的招聘渠道选择

根据招聘人员的职位类别，在企业初创期的招聘渠道技巧分为一般人员的招聘技巧和管理人员的招聘技巧，具体如表 4-3 所示。对初创期的企业而言，一般人员的共同特点就是企业对其没有过多的要求，只要求具备一定的基本素质和基本技能；而对于管理人员的综合素质要求则非常高，通常要求其独当一面。

表 4-3　初创期企业招聘渠道选择的技巧

人员类别	建议招聘渠道类型	操作技巧
一般人员	招聘广告	招聘广告的内容可以让招聘的要求一目了然，同时信息面广，可吸引较多的应聘者，从而提高企业选拔到合适人选的概率。 由于广告费用高，应聘者多，所以企业要根据自己的资金规模慎重选择合适的广告媒体以及选拔方式，并尽量将招聘录用过程简化
	校园招聘	该阶段企业鉴于自身条件的限制，最好选择在一般大学进行招聘，从而节省费用。 简单的学校招聘费用不高，目标范围限定，虽然许多学生经验不足，但可塑性强，并且不乏许多有兼职经验的学生。 和工作经验丰富的人相比，在校学生绝大多数不了解市场的平均工资，在人才供过于求的局面下，一般院校毕业生的工资起点不高，他们更多地关注日后的发展前景，因而初创期企业可用美好的发展前景来吸引毕业生，让他们和企业一同成长
	政府职业辅导机构	企业只需将自己的要求告之政府职业辅导机构，由他们负责初选，这种方式快捷、成本低，可为企业节约大量的时间和费用。 由于政府职业辅导机构大多是失业人员，面临再就业的压力，要求的薪金不会太高，企业在招聘到有经验的员工的同时也帮助政府解决了失业人员再就业的问题，从而有利于企业树立良好的形象，也容易得到政府的帮助
管理人员	内部招聘	初创期企业的管理处于混沌阶段，不清晰也不规范，一个管理人员常常身兼数个管理职位。 这一时期，企业需要的是能独当一面的管理人员，而这些角色通常都由企业的创业团体担当。 当管理人员缺乏时，企业不会选择外聘，更不用说通过猎头公司，因为对于管理人员的招聘，这些方式成本较高，并且不能保证招聘到合适的人才，所以初创期企业的管理人员往往是通过内部招聘或人员推荐来满足需求

2. 成长期企业的招聘渠道选择

表 4-4 所示的一般员工在企业成长期的几种渠道具备某些相同的特征,这些渠道应聘者多,企业可以快速地招聘到合适的人才,从而满足企业较多、较急的人才需求。表 4-4 所示的管理人员在企业成长期的两种渠道对成长期企业的管理人员招聘较有效。除了这些渠道,企业在需求仍不能得到充分满足的情况下可以选用其他渠道做辅助,如广告招聘,可在必要的时候应急。

表 4-4 成长期企业招聘渠道选择的技巧

人员类别	建议招聘渠道类型	操作技巧
一般员工	广告招聘	如果企业有资金支持广告费用,就应该选择传播范围较广的媒体,随着应聘者的增加而提升企业招聘到合适人才的概率
	学校招聘	因为该阶段不仅招聘数量多,而且要求高,企业可能会比较青睐从重点大学招聘员工,提高在名牌学校毕业生中的录用比率
	人才交流市场	人才交流市场有大量具备工作经验的应聘者,也不乏少许学校毕业生,这为企业招聘一般员工提供了方便。 同时,也可继续使用政府职业辅导机构
管理人员	猎头公司	这种方式可以为公司最高管理层节省大量招聘和选拔的时间。猎头公司的联系面广,信息量大,对各类管理人才比较了解,因而可以为企业招到有能力的管理人员,但企业需要支付给猎头公司较高的费用
	职业团体	职业团体和人才交流市场、私人职业介绍机构相区别,后者仅适用于一般人员的招聘,而职业团体为中高级管理人员、技术人员的选拔提供服务。职业团体的申请者水平和素质较高,并且人才集中,不仅有利于企业在较短的时间内选拔出合适的人员,也可以帮助企业节约时间和费用

3. 成熟期企业的招聘渠道选择

虽然对成熟期的企业而言招聘不是重点,但也应当选择合适的渠道,招聘合适的人员,从而避免给企业带来不必要的花费。由于这时的企业人才需求量不大,资金充足,企业知名度高、信誉好,人力资源管理系统比较完善,培训方法也更加成熟,所以,企业的招聘重点不在于一般员工,而在于管理人员。成熟期企业机构臃肿,缺乏活力,急需为企业注入新鲜血液,所以企业需要到外界"挖"优秀的管理人才。具体内容见表 4-5。

4. 衰退期企业的招聘渠道选择

在企业继续衰退,直至灭亡的情况下,过多的人员已成为企业巨大的包袱,企业几乎不存在招聘。在企业内部进行大变革,企业获得新生的情况下,公司需要招聘的人员如表 4-6 所示。

表 4-5　成熟期企业招聘渠道选择的技巧

人员类别	建议招聘渠道类型	操作技巧
一般员工和技术人员	学校招聘	企业进校园招聘主要有以下方式：一是企业直接到相关学校的院系招人，这类企业的招聘针对性很强；二是企业参加学校举办的专场人才招聘会，或通过校园网站发布招聘信息；三是企业派出专门的人员，到校园举办专场招聘会或宣讲会。据统计，毕业生参加人数最多的往往是第三种招聘方式。第一种方式企业直接针对目标人才，针对性强，效率高；第二种方式学校搭台，企业唱戏；第三种方式是企业自己搭台唱戏。一般的大型企业采用第三种方式，中小企业采用第二种方式。对于专业性比较强的人才，则采用第一种方式
	广告招聘	在报纸和专业出版物上或利用媒体刊登广告一直是征召求职者最常见的办法。企业只要认真规划广告的内容、登出的时间和版面，就会得到广泛的响应，并产生结果。这是一个常用的外部招聘渠道
	人才交流市场	同❽成长期企业招聘渠道选择的技巧中的人才交流市场❾
	人才租赁	有新项目的时候，公司还可以选择这种方式，这样公司不必过多地储备人才，又可解决急需人员的状况
管理人员	内部招聘	企业也应注重内部人员的晋升，以此维持员工的忠诚度，使员工对个人的职业发展充满信心，这样有利于鼓舞士气。因此，内部招聘仍然是招聘公司管理人员的一个重要渠道
	猎头公司	有新项目的时候，公司可选择实力雄厚、信誉度较高的猎头公司
	职业团体	有新项目的时候，公司可选择有丰富的人才储备的职业团体
	招聘外包	有新项目的时候，通过猎头公司或者当地一些公司聘请高级管理人员领导团队，直至项目完成

表 4-6　衰退期企业招聘渠道选择的技巧

人员类别	建议招聘渠道类型	操作技巧
熟悉整个市场行业的人才	猎头公司	这时企业需要的不仅是优秀的管理人员，还要求必须是对整个行业市场环境较熟悉的人才，这样的人才适应时间短，能快速协助企业进行改革。这种情况下企业不能使用广告招聘的方式，因为企业对应聘者没有较多的了解，处于信息不对称的劣势，对录用者能否胜任也是未知的。最好的方式是采用人员推荐和猎头公司来获取人才，猎头公司有大量行业内出色的管理人员的信息，可帮助企业找到合适的人才

续表

人员类别	建议招聘渠道类型	操作技巧
熟悉整个市场行业的人才	人员推荐	企业进行大变革时期适用,对于人员推荐,推荐者对被推荐者比较了解,并熟知被推荐者所创造的业绩以及所具备的能力,被推荐者也对企业的困境有所了解,一上任便能有针对性地采取措施
管理人员	外部招聘	通过外聘为企业带来新的管理方法和理念,为企业老化的躯体注入新鲜的血液

企业可以在招聘的同时裁减不合格的员工,加强培训,将精简后的人员成功转型组成新领域的人才队伍,同时仍需外聘部分人才和原有员工共同进行第二次创业。于是,企业又开始新一轮的生命周期,这时员工招聘要选用初创期所适用的渠道,由此开始,企业的人才招聘渠道随着第二轮生命周期进入下一次循环。

微课 17
猎头招聘

扫描二维码,观看微课 17 猎头招聘。

4.2.2 对不同职位的招聘渠道选择

组织在进行招聘时必须使潜在的工作申请人能够知道存在的工作机会。一般而言,那些人会知道组织的就业机会与组织所使用的招聘渠道之间存在着密切的关系。在现实的招聘实践中,组织有多种招聘渠道可以选择。而组织具体选择的招聘渠道应该能够保证组织以合理的成本吸引到足够数量的高质量的工作申请人。美国人力资源管理学界一个主流的看法是:招聘专业技术人员最有效的三个途径依次是员工推荐、广告和就业服务机构,招聘管理人员最有效的三个途径依次是员工推荐、猎头公司和广告。在 20 世纪 80 年代末,美国曾经公布过一个包含 245 个样本组织的调查结果,结果显示了这些组织对不同的招聘渠道的有效性的评价,如表 4-7 所示。

表 4-7 不同职位采用不同招聘渠道的匹配度

有效性	行政办公	生产作业	专业技术	获取佣金的销售	经 理
一	报纸招聘	报纸招聘	报纸招聘	报纸招聘	内部招聘
二	内部招聘	内部招聘	内部招聘	员工推荐	报纸招聘
三	员工推荐	员工推荐	校园招聘	内部招聘	私人就业服务机构
四	政府就业服务机构	政府就业服务机构	员工推荐	私人就业服务机构	猎头公司

由此可见,不同的工作岗位应该有不同的招聘渠道。对于行政办公人员,被认为最有效的招聘渠道依次是报纸招聘、内部招聘、员工推荐和政府就业服务机构。对于生产作业人员,被认为最有效的招聘渠道依次是报纸招聘、内部招聘、员工推荐和政府就业服务机构。对于专业技术人员,被认为最有效的招聘渠道依次是报纸招聘、内部招聘、校园招聘和员工推荐。对于获取佣金的销售人员,被认为最有效的招聘渠道依次是报纸招聘、员工推荐、内部招聘和私人就业服务机构。对于经理人员,被认为最有效的招聘渠道依次是内

部招聘、报纸招聘、私人就业服务机构和猎头公司。值得注意的是，各个组织对招聘渠道的选择和使用与它们的有效性评价存在很大程度上的不一致。

4.3　工作任务：设计招聘广告的业务操作

4.3.1　进行招聘广告的撰写

招聘广告的撰写流程如图 4-2 所示。

图 4-2　招聘广告的撰写流程

步骤一：区分招聘广告与普通商业广告的不同。

招聘广告就是为招聘满足岗位需求的各类人才，通过报纸、电视、网络、宣传单等媒体发布的招聘、宣传信息。它不同于普通的商业广告，不以营利创收为主要目的，而是有着招聘满足岗位需求人才的特定目的和面向求职者的特殊受众。

因此，对招聘广告来说，最重要的是根据求职者的需求和心理，找出招聘广告的关键点和关键词汇，而不是利用这一机会让招聘者了解公司、记住公司产品。

步骤二：精心构思，巧妙布局。

构思犹如施工图纸，是一个呈现着系统性的、有中心及层次的、物化的整体性思维活动。它是写作活动和应用写作活动中承前启后的一个环节，对写作成果水平的高低有着重要影响，是文章写作的关键。

招聘广告中的构思就是对招聘广告整体考虑、策划的过程。企业必须根据发布媒介、发布渠道和招聘预算费用等限制条件提前做好构思。构思时主要考虑以下几方面。

(1) 写哪些、不写哪些，在联系方式中留电话还是留 E-mail。

(2) 是否需要在招聘广告中增加宣传公司的口号、标语或其他材料。对此，某些企业会尽量巧妙地利用每次对外宣传的机会。例如，某汽车销售公司在招聘广告中写了"××，您的销售服务专家，4 周年店庆即将到来，试驾、购车均有大礼相送"，就十分巧妙地将 4 周年店庆融入招聘广告中，在招聘员工的同时为企业 4 周年店庆做广告宣传，达到了事半功倍的效果。

(3) 篇幅长短也需要仔细斟酌，这主要依据发布渠道而定。通过报纸、电视发布招聘广告对篇幅长短要求较为严格，因为篇幅长短将直接影响报纸版面占用多少和电视播放时长，版面占用和播放时长都要根据招聘预算成本而定。但是，网络招聘则不需对此过多考虑。

(4) 考虑写作布局。写作中的布局通常是指合理安排结构，并根据结构组织安排相关材料。先写哪些，后写哪些，是按照招聘职位高低安排顺序，还是按照部门安排顺序等，都需要事先有个规划。一般情况下，招聘广告按照职位从高到低排序，遵循岗位对应要求的原则。同时也要考虑哪些该详，哪些该略，哪些需要重点突出。如果公司是世界 500 强企业，那就可以重点突出公司的知名度；如果公司提供的年薪高于同行业的职位，则可重点突出薪酬。

步骤三：细化广告内容，分块各个击破。

在经过精心构思和巧妙布局后，还需将广告的内容进一步细化，然后根据材料分块写作。

① 标题无须复杂 在不偏离启事这一日常应用文文体的前提下，标题写作非常灵活。"招聘启事""单位+招聘+启事""年度+单位+招聘启事""年度+单位+招聘岗位(职位)+招聘启事""××单位诚聘"均可作为标题。甚至在一些专业的招聘媒体中即便广告标题只有单位名称，也丝毫不影响招聘的效果。

② 公司简介简短明了 招聘广告中的公司简介与一般公司简介不能相提并论，篇幅不宜过长，因为在现代信息大爆炸的时代，广大受众已经很难承受巨大的信息量冲击，如果篇幅过长，很多求职者就会把简介部分直接跳过，这就失去了简介应有的价值。简介在写作中主要突出公司规模、主营业务、发展前景即可，篇幅不宜超过 200 字。

③ 准确定位岗位名称，详细列举工作内容 岗位名称是求职者除公司名称外关注的又一重点内容，岗位名称是否准确，直接影响求职者的求职欲望。不同的岗位对员工素质要求大不相同，而待遇差距也很大。这就需要招聘广告写作人员准确定位招聘岗位，充分认识、区分工作内容，并按照工作内容合理确定岗位名称。

工作内容又称岗位职责，就是具体做哪几项工作。写作时应采用逐条罗列式，其内容既要概括精练，又要具体到位，要用简洁的语言文字概括性地描述岗位的所有具体工作。因为随着法律观念和意识的不断增强与提高，劳动者往往因招聘广告中未涉及部分工作内容而拒绝额外工作，容易与用人单位产生劳动纠纷。例如，某小型餐饮企业招聘人事主管，其工作内容为员工招募、员工培训、人事档案管理，但该人事主管入职后，公司要求其设计员工薪酬体系，并统计考勤、核算工资。该人事主管以招聘广告中工作内容不含上述工作为由断然拒绝，遂产生劳动纠纷。后诉至人民法院，公司因规模小，无人事主管岗位说明书，不能证明上述工作为人事主管的工作内容而败诉。

可见，工作内容应该全面涵盖招聘岗位所有的工作内容，特别是对各种人事制度尚不完善和健全的中小企业来说，工作内容的描述更要具体、详尽。

④ 任职资格表述准确 任职资格条件是招聘广告中的核心内容，决定了公司会招聘一个什么样的人，所具备的知识和能力是否可以满足岗位要求。同时，《中华人民共和国劳动合同法》第三十九条规定劳动者在试用期被证明不符合录用条件的，用人单位可以在不通知劳动者的前提下，随时解除劳动合同。换言之，用人单位在招聘广告中对任职资格条件表述不全面或不准确，很可能就不能依据此条规定与试用期员工解除劳动合同。任职

资格是胜任岗位所具备的基本条件和能力要求，一般包括年龄、学历、专业、工作经验、技能技巧和素质要求等。一篇好的招聘广告可以从工作内容中看出任职资格要求，也可以从任职资格条件中看出工作内容。写作时与工作内容一样采取逐条罗列的方式，除内容全面、语言表达准确外，还需注意表 4-8 所示的问题。

表 4-8 广告设计中任职资格写作需要注意的问题

问 题	内 容
性别要求	非特殊岗位尽量避免性别要求，否则容易让人视为性别歧视
年龄要求	年龄必须是分段年龄，如 28 岁以内、30 岁左右或 25～35 岁，不可具体要求多少岁
学历要求	学历要求为××学历或同等学力。知识经济时代，各种社会学历琳琅满目，除统招、自考、函授的学历外，还有 MBA、EMBA 等，所以企业在招聘时需尽量明确岗位所需的是哪种学历
量化要求	技能技巧尽量避免出现难以测量的表述，如有"较高的管理能力和领导水平"就不如"有 3 年以上大型企业类似工作岗位工作经验"更具体

步骤四：明确应聘须知，减少招聘困扰。

应聘须知就是告诉求职者应聘时间、应聘方式或应聘流程(是先投简历，经过初步筛选后面试，还是直接面试)、应聘地点、联系方式以及应聘时需要哪些资料和证书等信息。应聘须知应根据实际情况而定，若这次招聘是安排先投递简历，经过初步筛选后再面试，则可省略联系电话，直接告知电子信箱，必要时可以告知公司网址，以方便求职者更全面地了解公司。

大量的求职者在没有认真阅读招聘启事的前提下，直接通过电话咨询招聘启事中已列明的事项，致使电话长时间占线或堵塞，影响正常办公，这在无形中增加了招聘的成本。直接告知 E-mail 和公司网址后，求职者可以通过网站较为详细地了解公司，并通过 E-mail 将简历先发过来。这对于维持日常的工作秩序，合理安排工作时间较为有利。

步骤五：把握文体，避免应聘者理解混乱。

招聘广告属于日常应用文，是告知广大求职者本公司正在招聘，邀请求职者前来应聘的过程，适合用启事。

启事就是机关、企业、团体、个人向公众陈述、告知某项事情，并希望更多人参与或响应的诉求性应用文。公告则属于国家行政公文，向国内外宣布重要事项或者法定事项。在招聘广告的写作中，经常出现启事与公告混用的现象。

扫描二维码，观看微课 18 招聘广告的制作。

微课 18
招聘广告的制作

4.3.2 进行招聘广告创意设计

创意是广告的灵魂，招聘广告也不例外。特别是在人才流动越来越频繁、人才竞争越来越激烈的今天，企业要想通过广告招聘到自己真正需要的人才，就要在创意上下功夫。具体要从以下两个角度进行招聘广告创意设计。

1. 招聘广告标题要新颖独特，吸引目标受众的注意力

对以广告文案为主的招聘广告来说，创意首先表现在标题上。"读报读题"是人们的普遍阅读习惯。美国广告大师大卫·奥格威(David Ogilvy)认为读标题的人为读正文的人的5倍，可见标题的重要性。招聘广告标题无须千篇一律用"招聘××启事""诚聘××"等形式，可以将广告中最重要的、最吸引人的信息进行富有创意性的表现，以一种新颖独特的形式来吸引受众的注意力。

如中国台湾地区1995年的一则招聘广告标题是"一只蚊子"，正文："1994年12月20日晚，我彻夜未眠，不是为了客户提案，也不是为了下午的两个重要会议，也不是为了那只一直在我周边飞来飞去的蚊子。而是因为公司的发展，需要招聘一批人才。相互广告公司在业绩稳定增长下，仅短短的两个星期，竟能从1995年开始服务两个在业界极具代表性的客户。客户服务总监告诉我，业务部必须增加5～6人；创意总监告诉我，希望能增加4个工作伙伴；制作总监说他要3个人；媒体总监也表示TV Buyer必须增加一位。身为相互总经理的我答应在1995年1月10日前给他们一个满意的答复。1994年12月21日凌晨5点，蚊子依然飞来飞去，我还是睡不着。无论你什么时候看到这个信息，如果你也因此睡不着，请随时与我联络。"

这则广告的创意出人意料，首先看它的标题，不是"招聘××"而是"一只蚊子"。从结构类型上来说，这是运用了间接标题的写法，不直接点明广告的主题和宗旨，而是以耐人寻味的词句引起人们的注意和好奇心。一只蚊子，什么意思呢？受众在好奇心的驱使下，对广告产生了追根究底的欲望，他们只能到正文中寻找答案。读完正文后方才领悟到这是一则招聘广告。招聘广告一般是刊登在媒体的"招聘广告"栏目中，在大同小异的众多"招聘××"标题中，忽然"一只蚊子"出现在人们的眼前，这个有别于常情的标题，是受众意想不到的，会使受众兴致勃勃地去想办法搞明白，那就急于要读正文以揭开这个悬念。从标题内容的来源看，它选择了最有趣味性的信息。在标题中传达最有趣味性的信息比不包含趣味性的信息更能够吸引受众，这也是增强标题效果的一个好办法。这些信息包括与企业或产品相关的故事、传说、新闻、消费者或名人名言等。"一只蚊子"的信息就是相互广告公司总经理为招聘人才彻夜未眠写招聘广告的故事，这使受众感到很有趣味，并使他们产生了极大的好奇心，从而密切关注正文内容。

2. 招聘广告正文要突破常规，以情感人，塑造鲜明的企业形象

广告是塑造企业形象的重要手段，也就是说，广告的功能之一就是塑造企业形象。这一点在其他广告中非常突出，但在一般招聘广告中我们看到的只有招聘信息，却看不到企业形象，那是因为这些招聘广告没有创意。企业形象需要通篇广告去塑造，因此在写作招聘广告正文时，就要紧承标题精心创意，突破常规，运用各种艺术手段进行表现，在传达招聘信息的同时传达企业的理念和价值观，塑造企业形象，给媒体受众留下深刻印象。

这篇标题为"一只蚊子"的招聘广告正文正是这样写的，它紧承标题，首先告知受众"1994年12月20日晚，我彻夜未眠"，紧接着说明"彻夜未眠"的原因："不是为了客户提案，也不是为了下午的两个重要会议，也不是为了那只一直在我周边飞来飞去的蚊子。而是因为公司的发展，需要招聘一批人才。"短短一段话表现出了广告主对人才的高度重视。他把人才看得比客户提案和重要会议更重要，还巧妙地、不露声色地使受众不知不觉

地得知了公司良好的业务状况。接下去又用一句话"相互广告公司在业绩稳定增长下，仅短短的两个星期，竟能从 1995 年开始服务两个在业界极具代表性的客户"强有力地表达出了公司的飞速发展，而事实是最有说服力的。于是，一个富有生机的、业务良好的公司形象呈现在受众面前，这对应聘者当然是很有诱惑力的。

在飞速发展的情况下，公司各部门人员紧张，需要招聘人才。"客户服务总监告诉我，业务部必须增加 5～6 人；创意总监告诉我，希望能增加 4 个工作伙伴；制作总监说他要 3 个人；媒体总监也表示 TV Buyer 必须增加一位。"在这里，文案不是像一般招聘广告那样站在居高临下的角度"客户服务部招聘 5～6 人……"，而是站在平等的角度，招聘"工作伙伴"，这就给受众一种很亲切的感觉。招聘期限的表达也非常富有人情味："身为总经理的我答应在 1995 年 1 月 10 日前给他们一个满意的答复。"结尾，文案照应开头："1994 年 12 月 21 日凌晨 5 点，蚊子依然飞来飞去，我还是睡不着。"再次强调总经理对人才的重视程度，表示"请随时与我联络"。没有时间限制，随时可以与他联系。至此受众看到了这位总经理的感人形象：重视人才、平易近人、态度诚恳。这就给受众一种很亲切甚至很感动的感觉。

文案以"一只蚊子"为引子，以广告者的思路为线索，串联起整个广告信息，语言机智活泼，句式富于变化，使信息表达得非常清楚而传神；文案用第一人称来写，亲切感人，虽然是以老板的口吻表达，却可以使受众感受到整个公司的风格和个性。这样的广告，受众看了不仅不烦，而且深受感动。正是创意使很平常的信息有了不同寻常的吸引力，也塑造了鲜明的企业形象：一个对人才高度重视，亲切诚恳，具有民主、平等意识的管理者领导下的一个富有生机、业绩良好而又富有亲和力的公司，就展现在受众面前，因此达到以情感人、招聘人才的目的。

从以上分析可以看出，创意不仅使招聘广告的信息传达更具吸引力，同时也塑造了良好的企业形象，还使整个广告充满了感情色彩。广告是一种信息传播活动，而传播的核心问题是使传播者与接收者之间互相领会对方的含义，即广告必须与受众沟通，而创意的追求正是为了获得最大限度的沟通力。因此，招聘广告应针对其目标受众进行新颖独特的创意，以打动高素质人才，从而取得良好的效果，使广告发挥更大的效用。

4.3.3　进行招聘广告的信息化发布

1. 二维码介绍

二维码，又称二维条形码，最早发明于日本，它是用某种特定的几何图形按一定规律在平面(二维方向上)分布的黑白相间的图形记录数据符号信息的，在代码编制上巧妙地利用构成计算机内部逻辑基础的"0""1"比特流的概念，使用若干个与二进制相对应的几何形体来表示文字数值信息，通过图像输入设备或光电扫描设备自动识读以实现信息自动处理。

它具有条码技术的一些共性：每种码制有其特定的字符集；每个字符占有一定的宽度；具有一定的校验功能等。同时还具有对不同行的信息自动识别、高密度编码、信息容量大等特点。

二维码自诞生之时起就受到了国际社会的广泛关注，现已应用在国防、公共安全、交通运输、医疗保健、工业、商业、金融、海关及政府管理等多个领域。目前已经开发了很多免费二维码生成网站，如草料[①]、联图等。

2. 使用二维码进行招聘广告设计

二维码在公司招聘中的应用主要包括两个方面：岗位信息和应聘者信息。

企业可以通过下载二维码编码软件或者二维码生成器，输入招聘文本内容：公司简介、招聘岗位、任职要求、工作职责、薪酬福利、联系方式，生成二维码，或者接入在线编码网站，在线生成二维码。二维码图形生成后，企业将二维码图形显示在计算机屏幕上或者打印出来，二维码中可包含文字标题、正文、图片等信息。公司招聘广告内容生成二维码的过程及方法如图 4-3 所示。

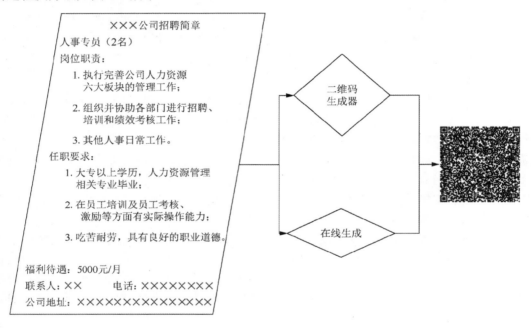

图 4-3　招聘广告内容生成二维码的流程

企业在招聘的时候，把上述生成的二维码通过网络发布出来，或者在招聘会现场打印出来，求职者只需轻松一扫，就可以查阅企业招聘信息并直接储存。

4.4　工作任务：进行内部竞聘的业务操作

在现实企业中，内部选拔方式是经常使用的。当一个岗位需要招聘人员时，管理人员首先想到的是内部选拔解决问题的途径。布告招标是组织内部选拔的普通方法，现在已开始采用多种方法发布招聘信息和利用管理信息系统相结合的方法。采取布告招标时，应允许雇员有一定的时间去"投标"，即内部竞聘。

---

① 草料网：http://cli.im/。

内部竞聘有利于发挥组织中现有人员的工作积极性，激励士气，鼓励员工在机构中建功立业，且内部竞岗选拔费用低廉，手续简便，人员熟悉，因此当招聘少数人员时常常采用此方法，其效果也不错。但是，当企业内部员工人数不够或没有合适的人选时，就应该采取其他形式进行招聘。下面举例说明内部竞聘的流程与相关内容。

4.4.1   进行内部竞聘的准备

内部竞聘准备主要包括以下几方面。

(1)   特聘人力资源专家指导。

(2)   成立竞聘工作小组。

(3)   重新审定、修正《职位说明书》。

(4)   确定竞聘程序。竞聘工作小组根据公司业务部经理的职位特点与要求，确定了此次竞聘的程序，如图 4-4 所示。

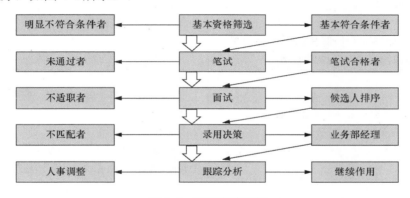

图 4-4   内部竞聘流程

(5)   公布内部竞聘业务部经理信息。根据业务部经理职位说明书(见表 4-9)，竞聘工作小组做出《内部竞聘工作安排表》，如表 4-10 所示，并撰写《内部竞聘公告》，如表 4-11所示；之后，利用公司网站与公司布告栏向全体员工传递《职位说明书》与《内部竞聘公告》等相关信息。

表 4-9   业务部经理职位说明书

所属部门	业务部	职位系列	管理
所属科室		职位编码	
职位关系： 直接上级：总经理或分管的副总经理 直接下级：业务部副经理、欧美业务主管、东南亚业务主管、国内业务主管、合同管理员、业务员、内勤等 平行协调：其他部门经理 (具体可见公司组织机构图)		职位要求： 1.学历要求：本科及以上。 2.专业要求：经济管理类专业，国际贸易专业、英语专业尤佳。 3.经历要求：五年以上国际贸易实务经验。 4.其他要求：熟练操作计算机与网络，英语基础扎实，口语流利；略通日语、法语、德语、粤语等交际用语最佳	

职位概述： 1.在上级授权下，全面负责公司业务管理工作。 2.制订业务部年度工作目标与计划,经上级审核后实施。 3.组织草拟公司业务发展规划。 4.根据业务计划组织部门员工开展业务。 5.负责评审各种管理权限内的贸易合同;对于超出管理权限的合同，及时报上级审批。 6.负责制定、修订与执行公司业务管理制度;定期检查下属的业务工作，发现问题，及时处理。 7.实时监控业务开展的全过程,并定期根据业务部考核办法对下属进行考核。 8.在下属遇到问题时，及时有效地指导其工作。 9.健全各项基础资料,如构建分类分层次客户数据库等。 10.负责协调本部门与其他部门的工作关系。 11.完成上级临时交办的其他工作任务	职位标准： 1.思想素质：为人坦诚，公正无私;工作认真负责;严守公司机密，凡事以公司利益为重。 2.心理素质：情绪稳定，性格开朗，不怕非议，能承受较强的人际压力。 3.身体素质：身体健康，能承受较长时间的外出工作，环境适应力较强。 4.能力素质：沟通能力、组织协调能力与处理问题的能力强，学习能力、预见能力、判断能力与指导能力较强。 5.知识素质：熟悉贸易方面的法规、政策与内贸外贸理论和实务以及国际惯例、行业惯例等，了解公司全盘运作及流程
职位责任： 1.责任范围：承担公司业务管理的全部责任。 2.失误责任：(见公司相关规定)。 3.责任大小：重大	职位培训： 1.管理培训：人事管理、顾客心理学、市场营销等方面知识的培训。 2.技术培训：国际贸易新知识、计算机相关软件操作、数据库管理与电子商务实务等培训。 3.其他培训：社交礼仪、人际沟通技巧等培训

备注：能够经常出差，包括国内与国外。

表 4-10　内部竞聘工作安排表

环　节	具体操作	负责人
1.收集应聘者信息	校验应聘者提供的证书、证明材料原件真伪，汇总应聘者的个人简历、身份证、学位证书和毕业证书复印件及《应聘登记表》等	
2.基本资格筛选	按照竞聘要求，将应聘者分为基本符合条件者、明显不符合条件者和有争议者三类;然后经过讨论，将部分有争议者筛选出来分别列入前两类	
3.笔试	用笔试试卷对通过基本资格筛选的应聘者进行考试	
4.面试	对按 1:3 或 1:4 筛选出来的候选人进行面试，并提供各候选人的相关信息与分析资料，供匹配试验之用	
5.录用决策	经过竞聘工作小组讨论与决策，确定最终的人选	
6.跟踪分析	在之后的一年中对竞聘上岗业务部经理跟踪考察，如有需要，作出必要的人事调整	

表 4-11 内部竞聘公告

<table>
<tr><td>

业务部经理内部竞聘公告

公司目前正进入二次创业阶段，为了保持可持续发展，诚聘业务部经理，希望他(她)：

1.身心健康，精力充沛，愿意经常出差。

2.拥有学士学位，国际贸易专业或英语专业尤佳；能够使用英语进行书面与口头交流。

3.具有五年以上贸易实践经验，熟悉贸易方面的法律法规与国际贸易惯例。

有意挑战该职位工作的员工请于××××年××月××日携带个人简历、身份证、学位证书和毕业证书原件及复印件到公司业务部登记。

公司将及时电话通知进入笔试者本人。

××公司
××××年××月××日

</td></tr>
</table>

(6) 考官培训。

(7) 考场布置。

4.4.2 进行内部竞聘的实施

内部竞聘按照既定程序实施，并在运作过程中自始至终坚持"公开、公平、公正"的原则，主要流程如图 4-5 所示。

图 4-5 内部竞聘的实施流程

内部竞聘结束并不意味着竞聘工作全部完成，还应在后续时间不断评估竞聘结果与到岗员工实际表现的一致性程度，总结本次竞聘的经验与教训，以便在下次竞聘时改进。

4.5 工作任务：进行校园招聘的业务操作

校园招聘的流程如图 4-6 所示。

图 4-6　校园招聘的流程

4.5.1　步骤一：招聘宣传

公司确定举行校园招聘后，要通过各种形式进行宣传，以吸引更多的应届毕业生投递简历，为公司招聘积累庞大的人才库。其形式包括通过招聘网站进行宣传、通过学校就业中心网站进行宣传、定向投递招聘手册等，最终目的是基本覆盖目标应届毕业生，使更多的应届毕业生知晓招聘信息，使更多的符合公司文化、符合岗位要求的应届毕业生加入应聘者行列。

4.5.2　步骤二：举办校园宣讲会

举办校园宣讲会主要有两个目的：一是宣传公司校园招聘活动，吸引更多的学生投递简历，并参加校园招聘活动；二是通过招聘会，展示公司的形象和实力，为符合岗位要求的应届毕业生最终签约公司奠定基础。

校园宣讲会的程序一般如下：校领导致辞、公司情况介绍、招聘职位政策介绍、校友分享感受、互动问答等。

为了表示对校园招聘的重视，一般的公司都会请公司高层来参加校园招聘会。通过面对面的直接沟通和介绍，展示企业的业务发展情况及其独特的企业文化、良好的薪酬福利待遇，勾画出职业发展前景。而具有校友身份的公司员工亲自分享自己在公司工作生活的感受，更具有感召力，使应聘学生对加盟公司有较为深入的了解和更多的信心。

4.5.3　步骤三：筛选简历

目前，大部分公司是通过网络来接收应聘者的简历，这样便于不同地区的学生投递简历，便于筛选和保存简历。

毕业生通过访问校园招聘的网站，按照公司的要求投递简历。公司安排人力资源部门和业务部门按照职位要求在网上进行简历筛选。通过简历筛选的应届毕业生则可以进入下一个环节。

4.5.4　步骤四：笔试面试

通过简历筛选的应届毕业生可以接受企业的招聘选拔。招聘选拔一般包括笔试和面试两个环节。

① 笔试　笔试主要包括通用能力测试、英文水平测试和专业技能测试三部分。能力是做好工作的基础。通用能力测试主要考察应聘者的阅读理解能力、分析判断能力、逻辑思维能力等，是人才素质考察的最基本的一关。英文水平测试主要用于考核母语不是英语的人的英文能力，考试内容包括听力、阅读、写作、口语等。与这两项能力测试不同，专业技能测试并不是申请任何职位的申请者都必须进行的。它主要是公司对一些专业知识要求比较严格的职位进行的，如研究开发部、信息技术部和财务部等，一般由业务部门进行考察评价。

② 面试　面试一般分两轮。第一轮为初试，一般采用小组面试的形式，一对多或者多对多，在人际互动的环境下考察应聘者的基本素质。第二轮为业务面试，一对一面试，面试者通常为有一定经验并受过专门面试技能培训的公司业务部门经理。面试主要对应聘者是否符合职位的专业素质要求进行评价。

笔试和面试的时间，各企业可根据招聘职位情况以及应聘情况进行调整。

4.5.5　步骤五：录用签约

通过公司的笔试、面试后，企业发出录用通知书给应聘者，内容包括岗位信息、工薪信息等。应聘者接受录用通知书后，会和用人公司签订双方协议(企业、应聘者)、三方协议(企业、学校、应聘者)。

扫描二维码，观看微课 19　校园招聘。

微课 19
校园招聘

 案例分析与讨论

华远公司的特色外部招聘

一、华远公司的发展背景

华远科技发展有限公司成立于 1997 年，专门从事网络音视频产品的研究、应用、生产、销售，为用户提供技术咨询、技术服务、客户培训等全面的解决方案。公司初建时，只有 100 多名员工。其技术人员占大半，都是在视频通信和数字监控领域具有丰富经验的工程师，可以为用户定制符合实际情况及最有效和最经济的网络视频解决方案。华远公司以在中国普及视频通信和监控产品、提供视频通信和数字监控应用解决方案、提高各企事业单位的办公效率为目标，多年来，在网络视频领域取得了相当大的成就，并逐步在北京、上海、天津、广州、武汉、成都、青岛、沈阳及香港地区等设立了地区办事处，业务范围逐渐扩大。

发展至今，公司项目涉及医院、学校、政府机关、港务系统、通信系统、邮电系统、公安系统、医药系统、电子商务网站等单位，有各种不同类型的应用，包括视频及数据监控、远程医疗、远程教学、多点会议、点对点通信、远程监控、网上广播、VOD 点播等。

随着业务范围的逐渐扩大,公司的招聘工作一直被公司领导高度重视,他们高薪聘请了国内知名人力资源管理专家李雨作为公司人力资源管理部门经理,其独特、有效的招聘策略为公司吸纳优秀人才起到了决定性作用,发展至今,公司已有员工 1 万多名。

二、优秀员工的广泛来源——校园招聘

华远公司总裁江伟雄先生的口号是:"宁愿放弃 100 万元销售收入,绝不放过一个有用之才。"在这样的人才观的指导下,华远公司管理层特别是人力资源部经理李雨先生非常重视每年从高校招聘优秀毕业生的工作。

在激烈的人才争夺战中,华远公司逐年加大了引进优秀毕业生的力度:招收应届大学毕业生的数量逐年递增,层次也逐年提高。1998 年招聘毕业生 104 人,其中硕士 8 人,本科生 74 人,专科生 22 人;1999 年招收毕业生 246 人,其中硕士 16 人,本科生 214 人,专科生 16 人;2000 年招收毕业生的总量激增到 665 人,其中硕士 51 人,本科生 541 人,专科生 73 人,并在全国 17 所重点院校设立"华远奖学金",2007 年就拿出 60 余万元奖励成绩优秀的在校生,既支持了教育事业,也扩大了在高校中的影响力。

华远公司的校园招聘有其独特之处。

首先,大多数公司只是指派人力资源部的人去校园招聘,但李雨先生主张由人力资源部门配合用人部门去招聘,即由用人部门亲自来选人,而非人力资源部作为代理来选人才。让用人单位参与到挑选应聘者的过程中去,避免了"不用人的选人,而用人的不参与"的怪圈。

其次,建立了一套科学的评估体系。华远公司的招聘评估体系趋向全面深入,一改传统的招人看证书,凭印象来判断的表面考核制度,从深层次多方位考核应聘者,通过严格的笔试、面试等考核环节,以事实为依据来评价应聘者的综合素质和能力。

最后,建立了富有温情的"招聘后期沟通"制度。李雨先生认为,在物质待遇大致相当的情况下,"感情投资"便是人才竞争的重点。一旦成为华远公司决定录用的毕业生,人力资源部会专门派一名人力资源部的员工去跟踪服务,定期与录用者保持沟通和联系,把他当成自己的同事来关怀照顾,使应聘学生从"良禽择木而栖"的彷徨状态迅速转变为"非他不嫁"的心态。对此,李雨先生解释道:"这种制度扩展了传统意义上的招聘过程,使其不仅限于将合适的人招到公司,而且在招聘过程中迅速地使录取者建立了极强的认同感,使他们更好地融入公司文化中。"这正是华远公司在人才竞争中的过人之处。

1. 请说明校园招聘的优点及适用范围。
2. 您认为华远公司的"招聘后期沟通"制度在校园招聘中有何作用?
3. 请分析华远公司校园招聘的特色及给我们的启示。

(资料来源:互联网综合收集、整理及加工。)

思考与练习

---

1. 招聘渠道的类型有哪些?内、外部招聘渠道有哪些区别?
2. 招聘渠道选择的影响因素有哪些?
3. 招聘广告的定义、特点和目的分别是什么?

4. 处于生命周期不同阶段的企业该如何选择招聘渠道？不同的职位又该如何进行招聘渠道的选择？

    5. 如何进行招聘广告的撰写和创意设计？

    6. 内部竞聘的业务操作流程是什么？

    7. 校园招聘的业务操作流程是什么？

■ 拓展阅读

欧美公司的招聘渠道选择

    在职工招聘方面，美国企业采取双向选择的自由雇佣制。对人员的甄选具有实用的价值观，故美国企业招聘的对象以有实际工作经验者居多。对企业需要的高级人才，往往通过猎头公司获得。美国企业的这种聘用职工的方式，能使企业提高"速战能力"，对满足企业短期用人的需要非常适用。此外，美国公司认为报纸广告是行之有效的招聘渠道之一。通常，经由雇员推荐的成功率很低，人们普遍认为，雇员推荐会导致招聘的人员只是与现雇员有相似的背景，甚至可能导致对像妇女或少数民族这样特定群体存在潜在偏见。美国经理认为公开招聘可以扩大可供选择的人才库，这样做使所有人都能针对空缺职位展开竞争，体现了人人平等的准则。

    欧洲企业的招聘实践在很大程度上受到法律环境的影响。一方面，法律对有关招聘的方方面面都有规定，包括政府职业介绍所、临时工作、合同、工作时间、非工作时间、雇佣终止、机会均等与歧视问题等，企业必须严格执行。另一方面，法律的有关规定直接影响雇主在招聘问题上的战略与决策，因为人们总是愿意选择那些法律规定的对自己有利的实践方式。欧洲企业的招聘渠道主要来自企业内部招聘和外部招聘。内部招聘是对公司现有的员工进行排名后选出承担新职位的最佳人选，这是欧洲企业招聘的主要方式。一项研究结果表明，2/3的欧洲企业只有30%的高级经理是从外部招聘来的。在丹麦和德国，有半数以上的企业先让员工任办事员(部分作为学徒工)，再设立人才库，然后依此为大多数新职位提供合适的人选。西班牙企业中 66%的专业人员是从雇员中招聘的，瑞典也是如此。外部招聘则是从公司的外部吸收劳动力，主要来源是劳动力市场。外部招聘主要通过下面几种途径：一是国家雇佣办公室；二是报刊广告；三是聘请招聘顾问；四是招聘中学和大学毕业生。

    当前人才市场活跃，各用人单位间竞争激烈，真可谓"千金易得，一将难求"。如何招聘到适合企业的人才，同时又尽可能地减少招聘成本，一直是企业人力资源招聘部门要考虑的核心问题。而事实上，很多企业投入了大量人力、物力，在企业急需用人的时候，却常常苦于招不到合适的人才。要解决这一问题，就不得不建立企业有效的招聘渠道。

    招聘的主体是招聘方，客体是应聘者，招聘渠道即连接招聘主体和客体的桥梁。从招聘主体的角度来看，招聘渠道是指招聘方为获取应聘者的应聘信息所采取的具体的招聘信息投放方式。从招聘客体的角度来看，招聘渠道是指应聘者获取招聘方招聘信息的途径。招聘渠道是与企业所在行业的特性、企业发展的阶段、招聘职位的特点以及人才市场的供给情况密切相关的。

中国农业银行招聘渠道选择

招聘渠道的选择是中国农业银行(Agricultural Bank of China，ABC)招聘流程中的重要一环，为了能找到足够的合适的人员，银行注重多渠道引进人才，综合使用内部选拔和外部引进的各种招聘渠道。ABC 外部招聘渠道主要有校园招聘、猎头招聘、现场招聘、员工推荐、网络招聘等；内部招聘渠道主要有同级别工作轮换和内部公开招聘等。

1. 校园招聘

ABC 校园招聘主要用来招聘普通实习生和管理培训生。对于普通实习生，ABC 各分行与所在地的高校建立长久合作关系，通过在校园的网站上公布 ABC 内部需要招聘的实习职位，招聘能长期实习的大四学生或者研究生二年级学生。要求每周能兼职工作 4 天以上，实习期为 3 个月至 1 年。在实习期内，通过各种在职培训，考察实习生的工作胜任能力，观察实习生的性格特质是否适应 ABC 的工作氛围和企业文化。如果在实习期内能被证明符合空缺职位要求，ABC 会与实习生签订就业协议，等学生毕业后立即转为正式员工。

对于管理培训生，招聘渠道来源主要面对各个国家一流大学品学兼优的应届研究生或者工作经验少于两年的名校研究生，目标是寻找公司未来的领袖。ABC 从 2003 年开始在新加坡、中国香港等亚洲地区率先进行校园管理培训生招聘，2006 年开始在中国大陆地区实行中国的管理培训生招聘项目，这个项目的起点比一般的管理培训生起点高。这些管理培训生一开始就是以银行副经理级别入职，而一般本科学历的员工升职到副经理级别至少需要拥有 4 年的相关工作经验。

2. 猎头招聘

ABC 一般都对助理副总裁级别以上的空缺岗位或者针对市场紧缺人才岗位才选择使用猎头公司这一渠道进行招聘。猎头公司的服务费用，一般为招聘进来的新员工 13 个月的固定工资总数的 20%～25%，并同时注明，如果在试用期内此新员工辞职，猎头公司必须无偿提供代替的候选人应聘，如果实在找不到合适的代替者，必须退还至少一半的服务费用。

ABC 与猎头公司的合作分为以下两种形式。

(1) 长期合作的战略伙伴关系。在这种合作模式下，ABC 挑选世界知名的猎头公司作为合作伙伴，双方签订长期服务协议，并规定该猎头公司不得主动接触、挖掘、推荐 ABC 所有的员工到竞争对手公司就职，同时规定猎头公司按期提供人才市场相应的调查报告，而 ABC 也承诺相比其他猎头公司，在面对空缺职位时，ABC 会优先考虑长期合作的战略伙伴猎头公司，并会参加由他们组织的各种论坛和同业聚会，并在市场薪酬调查、招聘意向、同业意见等市场调查中给予配合。

(2) 签订一次性服务协议的合作关系。只有在空缺岗位发给战略伙伴超过两周后一直没有合适的应聘候选人时，才会与本地其他的猎头公司进行合作。一般一次性合作没有竞业限制，不得规定该猎头公司不能挖掘 ABC 公司的在职员工，而且往往这种一次性服务的协议价格比较高，通常都是新员工 13 个月的固定工资总数的 25%～28%。ABC 人力资源部把所有战略合作伙伴和一次性服务协议的合作伙伴的具体信息、收费价格、联系方式等随时补充至"猎头公司服务质量评估一览表"中，同时把猎头公司在接到空缺岗位信息开始到送出合适的候选者的反应时间、送出候选人与空缺岗位的匹配程度等服务质量信息注明在这张表中，随时补充、更新战略合作伙伴公司，摒弃与不合格的猎头公司的合作。

3. 现场招聘

ABC 会 5 年内大力扩展全国各地一线城市的个人银行网点分布，急剧增加的全国各营业网点需要大量有银行从业经验的员工加入。当面临在短时间内要熟悉当地人才情况并招聘到符合银行岗位需求的招聘规划时，ABC 通常会选择现场招聘这一招聘渠道去完成这项艰巨的任务。

ABC 组织现场招聘常常通过两个途径完成：一是与全国各地有名的人才市场中介机构长期保持联系，把现场招聘的组织工作外包出去。人才市场中介机构提供的外包现场招聘会的费用，一般根据外包服务的期限和服务内容而定，其中单次招聘会(分为综合场和专场)的费用要比长期会员服务费用高很多。二是与全国各地星级酒店和当地新闻报社联系，由当地的 ABC 招聘经理自己预定招聘会场并向社会发布招聘广告。

现场招聘的方式不仅可以节省企业初次筛选简历的时间成本，同时简历的有效性也比较高，而且相比其他方式，它所需的费用较少。但是现场招聘也存在一定的局限，首先是地域性，现场招聘一般只能吸引到所在城市及周边地区的应聘者。其次是这种方式也会受到组织单位的宣传力度和组织形式的影响。

4. 员工推荐

ABC 在招聘渠道选择方面一直推行"全员招聘，伯乐推荐"策略。由于银行的岗位大多需要具备银行工作经验的专业金融人才，而通过猎头招聘的费用又很高，所以内部员工推荐成为既经济又实用的招聘渠道。具体原因如下。

首先，由于被推荐者曾经与推荐者同处一个金融单位，互相对对方的工作能力、职责、为人等都有一定的了解，能保证推荐的候选人的能力与 ABC 的空缺岗位要求相匹配。

其次，由于被推荐者知道推荐者在 ABC 工作，并且愿意推荐自己到 ABC 工作，他们能从侧面了解到 ABC 确实有吸引员工的地方。另外，这也是在帮 ABC 进行品牌宣传。

最后，通过员工推荐，可以节省很多招聘成本，如猎头费用、广告费用、现场招聘费用。同时，由于每周更新最新的空缺岗位，员工可以及时地推荐候选人，可以节约招聘的时间，及时完成招聘需求。

推荐者可以凭借发票去财务部报销现金 100 元，如果被推荐者通过最终面试得到了录用，只要他们完成了试用期，推荐者就可以按照被推荐者的级别领取相应的推荐奖金。奖金会被直接打入推荐者的当月工资中，并被代扣个人所得税。内部推荐伯乐奖金领取的具体条款如下。

(1) 入选并参加人力资源部面试，给推荐者人民币 100 元现金。

(2) 被推荐者完成试用期后，给推荐者的奖金如下。

被推荐者为助理级别：人民币 2 000 元。

被推荐者为经理级别：人民币 5 000 元。

被推荐者为副总裁级别及以上：人民币 10 000 元。

5. 网络招聘

网络招聘没有地域限制，受众人数多，覆盖面广，而且时效较长，可以在较短时间内获取大量应聘者的信息，费用相对来说也比较低，并且在较长时间内能持续收到大量的简历。

ABC 一共有三类网络招聘渠道方式，用来吸引或者储藏人才信息和简历。第一类是 IT 供应商 JobsDB 提供的与 ABC 银行内部网站主页互相链接的招聘网站。这个招聘网站通行整个 ABC 集团，从新加坡到中国香港再到中国大陆地区，所有亚洲地区的人力资源部招聘负责人都可以在网上看到应聘者的简历。ABC 各地区各分行按照岗位性质排列空缺岗位，应聘者通过因特网，可以在 ABC 网站主页上轻松找到。通过这一种方式寻找到的候选人，都具有为 ABC 工作的热情和积极性，因为只有关注 ABC 的人，才会到 ABC 的网站主页去了解相关空缺岗位的信息。同时，由于所有的空缺岗位的职责说明书和网站信息介绍及简历登录模板都是全英文的，所以应聘的候选人都具有一定的英语阅读能力和书写技巧。

这个网站实质是一个人才储备的信息库，因为所有应聘者的简历和信息都会被永久地保留在这个网站中，即使当时没有选用某个应聘者，但是在稍后的空缺岗位中，可能还会通知该应聘者再次尝试新的岗位。ABC 的人力资源招聘中，大约有 20% 的空缺岗位可以从这个信息库中找到合适的应聘者。

第二类是利用外部网站的人才信息库。现在 ABC 正和 Sljob 网站进行合作，通过 Sljob 可以获得成批的具备银行工作经验背景的候选人简历信息库。这种方式能帮银行扩大寻找业界人才的渠道；但缺点是，这些人才的简历只要付钱给 Sljob，所有的银行竞争对手都能得到，不具备单一性，往往一个候选人会在同一时刻接到两个以上银行的面试邀约，给招聘工作带来一定困难。

第三类是 ABC 自己在线统计整理的 Excel 形式的人才信息库。这些资料存储在专门的地方，每次新岗位空缺出来时，会首先查看是否在该信息库中有合适的候选人。信息库中包含了猎头公司推荐过来的所有候选人简历信息和通过邮递传来的应聘者的简历信息，以及内部员工推荐的所有候选人简历信息。但其缺点是，信息库中候选人的信息可能会过期，不是最新版本。

6. 内部招聘

由于内部招聘渠道选择的人才一般对公司概况、环境、文化、发展等情况比较熟悉和了解，而且候选人对新岗位的磨合期和适应期比较短，能较快进入新角色，不需要大量的培训成本，这在一定程度上节约了招聘成本。

因此，ABC 鼓励集团内部员工对于空缺岗位进行申请，这既能向更多有兴趣转行的员工提供新的就业机会，同时也能适当地减少集团员工的离职流失率。

内部招聘主要分为两类，一是同级别不同岗位轮岗招聘，二是内部升职招聘。

第一类为同级别不同岗位轮岗招聘。在这类内部招聘中，员工发现自己感兴趣的空缺岗位出现，会通过 E-mail 投递自己的简历给人力资源部。人力资源部会首先确认该员工是否在原部门工作时间超过一年，并且确认该员工去年的绩效评定分数是否超过同级别员工的平均分，如果同时满足了以上两个条件，将会把简历送往招人部门进行推荐。招人部门的经理在阅读简历后，发现适合空缺岗位，会与应聘者进行面试，如果面试结果令人满意，则通知人力资源部进行第二轮面试。如果内部应聘者通过了面试，人力资源部会直接发《内部调职审批表》给调出部门总经理签字，在接收部门总经理签字同意后，应聘者就可以在工作交接完成后进入新部门工作。在这类内部调动中，员工的基本工资和公司级别都将与原岗位一样保持不变。

第二类为内部升职招聘。这种采用内部升迁方式来补充空缺岗位的做法，在 ABC 是非常普遍的事情。因为管理层相比招聘"空降兵"来说都崇尚提拔 ABC 内部培养出来的员工，这样不仅能减少新入职员工与公司的磨合期，更能激励员工的士气和精神。在这类内部招聘中，应聘者会在自己熟悉的业务领域寻求更高级别的工作空缺岗位。其招聘程序与第一类的相似，要求在原岗位工作满两年，都要通过招人部门和人力资源部门的考核。一旦通过面试，人力资源部会把应聘者的信息填入《员工升职审批表》，交由 ABC 首席执行官审批，通过后，员工的基本工资和公司级别都将比原岗位要提升一级以上。

国内网络招聘的发展

国内网络招聘的发展可以分成三个时期。

第一个时期，是以智联招聘、前程无忧为代表的收费时期。智联招聘、前程无忧走的是 ToB(这款产品针对的是企业级用户)模式，即用户免费，向企业主收费。企业主需要向平台缴纳一定的年费，才可以在网络招聘平台上发布招聘信息。用户可以免费建立简历和投递简历。当然，用户也有收费的情况，花费其设立的虚拟金币可以享受更优质的服务。但是从本质上来说，并不能改变用户求职的最终目标性。

第二个时期，是以 58 同城、赶集网等分类信息网站为代表的免费时期。无论是企业主还是用户，都可以免费在平台上发布招聘求职信息。

58 同城公布的数据显示，截止到 2014 年 11 月，平均每天 50 万企业在 58 同城上进行招聘，每天超过 650 万人在 58 同城上找工作，其简历存量已达 1.5 亿。赶集网在 2014 年 11 月 10 日表示，其在线招聘业务简历量超过 1 亿份，招聘销售额全年预期达 7 亿～8 亿元。

和前程无忧、智联招聘不同的是，58 同城、赶集网这些网络招聘平台前期走的都是用户免费的路线，请企业发布信息也是免费的，这就吸引了大量 C 端用户上来，而前程无忧这些网络招聘平台前期走的是 B 端路线。当然，后期 58 同城、赶集网也纷纷触向 B 端商户，商户要想刷新信息，要想优先展示，就得进行认证，就得使用增值服务，而用户要想获得 VIP 服务，也需要交钱。

第三个时期是以猎聘网、内推网、周伯通招聘等为首的走精准化招聘的时期。猎聘网、内推网、周伯通招聘均是近两年发展起来的网络招聘平台，它们针对的是互联网方向的优质供需信息平台，无论是供方还是需方，都是相对精准的。它们无须再在一个大海洋里找寻自己需要的信息，彼此在一个很细分的平台上相互匹配。第三个时期，数量已经不是它们唯一的追求，相反，质量才是它们的追求。

国内网络招聘的前景分析

1. 用户精细化需求

"互联网+行业"深度融合了互联网与传统行业，重塑就业格局，行业对于人才的需求也更加精准，而垂直类招聘模式相对综合招聘模式而言更加小而精，专攻某一领域。因此垂直化的招聘模式是未来发展较快的招聘模式，且会更加细分。人群垂直包括学生、蓝领、程序员等；行业垂直包括金融、互联网、医疗等；地域垂直包括特定城市招聘。

社交招聘以建立求职者与雇主社交关系的方式帮助求职者更多更全面地了解企业的相关信息，从而判断企业的需求与自身情况的匹配程度。除此之外，雇主也可以通过社交招聘平台了解求职者的行为、互动了解是否匹配企业的要求。社交招聘典型的如 LinkedIn、脉脉，其中脉脉在 2018 年已获得 2 亿美元的 D 轮融资，可以看出未来资本对社交招聘模式还有更大的投入。同时，基于 LBS 的商务社交也依然有价值可挖掘。

2. 招聘渠道和形式

基于移动智能手机灵巧便捷的优势，近年来，网络招聘平台的使用人数已经逐渐从 PC 端转向移动端。招聘渠道和形式也发生了变化。第一，招聘渠道多样化。一些新型招聘平台的主要阵地也是根据移动互联网建立的 App。移动端技术的发展使社交媒体嵌套功能更加完善，除 App 之外，各大网络招聘平台也积极建立微信公众号，开发微信小程序，求职者可以直接通过公众号进行岗位查找并投递简历，给求职者带来更大便利。第二，招聘形式多样化。目前网络招聘行业的面试过程除了传统面试之外，还使用招聘新工具，通过在线测评的方式，考察求职者的团队协作和好奇心等特征，以全面了解候选人。

如视频面试有助于企业在较短的时间内触达更广泛的人才群体。新的社交媒体的发展催生了网络招聘平台的改变，网络招聘行业未来在移动端的招聘模式和形式会更丰富。

3. 招聘平台

头部网络招聘平台不断扩张版图，市场呈现出聚合化趋势。传统招聘头部企业除了在线招聘业务之外，还在其他业务上不断拓展，形成覆盖平台、用户、企业三方的完整招聘业务闭环，提高了招聘效率，提升了用户黏性。用户端覆盖人才测评、求职培训、求职论坛；平台端覆盖普通人才市场、校园招聘市场、高端人才市场；企业端覆盖招聘流程外包、HR SaaS 服务、雇主品牌建设与传播等。网络招聘平台未来主要以垂直招聘、HR SaaS 服务、职业培训并行发展。

4. AI 助力

随着人工智能技术和大数据的不断发展和完善，在网络招聘中的应用也逐渐深化。第一，大数据辅助 HR 精准匹配。基于大数据和全渠道的求职候选人信息收集，并建立求职者信息数据库。通过机器学习和数据挖掘，更加贴近 HR 的思维模式，精准匹配求职者候选人信息。第二，AI 在招聘中提高招聘效率。未来基于 AI 技术的网络招聘流程自动化将成为影响网络招聘行业的一个重要趋势，并且将极大地提高招聘效率，帮助招聘方节省更多的时间和成本，提高匹配成功率，提升人才多元化。同时，人工智能并不会取代人工招聘工作，而是帮助招聘人员处理流程层面的工作环节，使其更多地专注于招聘中的深度工作。

5. 定制化

随着用户求职渠道和经验日益丰富多元，各类小而美的网络招聘平台不断登场，未来定制化服务将成为覆盖网络招聘全流程的核心业务能力。搜寻环节，通过定制化主题活动，吸引目标用户积极参与，扩大平台招聘的影响力和覆盖人数；筛选环节，通过社群运营的形式，根据用户求职需求进行定向划分，通过包括职业规划、求职培训、招聘信息定投等一站式增值服务，提升用户和企业的求职匹配度和求职体验；面试环节，根据用户情况和职位特点，灵活地安排面试形式，打破传统的面试流程，提供更加高效的定制化面试设计。网络招聘的定制化，将持续影响各个招聘环节的变化和创新，并成为各大网络招聘平台的重点。

6. 网络招聘服务

网络招聘服务是人力资源市场的一部分，目前网络招聘部分入局玩家越来越多，而服务的企业数量有限，不少玩家在开展网络招聘业务的同时，也在布局其他人力资源服务，试图打造全产业链，为企业提供全方位的服务。其他人力资源服务涵盖的范围主要包括培训服务、劳务派遣、就业指导、人才测评、管理咨询和人力资源服务外包等多种业务。这些业务目前都是面向 B 端企业提供的，但是 C 端用户体量大，对于求职前的培训、测评等服务也是存在一定需求的。未来，网络招聘各玩家在布局人力资源全产业链向 B 端企业提供服务的同时，开展面向 C 端用户的人力资源服务也是未来的发展趋势之一。

7. 求职者

以人工智能为代表的科技对行业的发展作出了改变，相应地提高了求职者的技能要求。人工智能可替代重复机械的工作，提升了工作效率，降低了对重复工作人员的需求。这要求求职者具备较高的综合素质，从单一型人才向 π 型(指至少拥有两种专业技能，并能将各门知识融会贯通的高级复合型)人才转变。我国各大高校开始重视综合人才的培养，市场上部分教育机构开设如互联网运营、人工智能等课程，网络招聘平台也开设职业培训等类似课程。求职者根据求职需要进行技能培养，结合自身所学的专业知识，找到自己能做的、适合的工作。

"85 后""90 后"的求职者受互联网的影响，对世界和自我需求有着非常清晰的认知。部分群体在做好本职工作的同时，利用闲暇时间承接其他工作。还有一部分群体选择成为自由职业者，在多份工作之间辗转。斜杠青年(Slash)就是这群拥有多重职业和身份的多元生活的人群，他们在向别人自我介绍的时候，在不同标签之间加上"斜杠"以示分类。斜杠青年的存在主要是因为：①经济方面。经济组织方式发生了变化，固定的雇佣关系转变为雇主与求职者之间的合作关系，目的在于实现利益最大化，斜杠青年可自主选择要服务的对象和形式。②教育方面。求职者在一个领域或多个领域获得了不同的学历，这会促使他们在不同专业领域发挥所长，完成多份工作。③个人方面。年轻的求职者对收入、自由、兴趣等方面的追求促使他们成为斜杠青年，未来这一趋势还将持续。

(资料来源：中国产业信息网. http://www.chyxx.com/industry/201908/776198.html.)

■ 推荐阅读

1. 尹利. 社交招聘[M]. 北京：人民邮电出版社，2019.

2. 滕超臣. 像猎头一样做招聘[M]. 北京：北京理工大学出版社，2016.

3. 庄华. 大猎论道 2 变革下的用人之道[M]. 北京：人民邮电出版社，2020.

项目5 面试与甄选

【项目概述】

　　面试与甄选是指在特定的场景下，面试人员根据事前的精心设计，通过与应聘人员面对面的正式交谈与观察，由表及里地测评应聘人员的知识、能力、经验等有关素质和潜在能力的测评方法。它既包括简历的筛选、笔试试题的设计和笔试试题的实施，也包括面试的设计和实施，还包括候选人的背景调查。通过面试与甄选环节，企业可以为公司的岗位确定合适的候选人，所以本项目的操作至关重要。

 【学习目标】

- 能够掌握简历的概念和构成要素。
- 能够熟悉笔试的特点、优缺点和类型。
- 能够掌握面试的概念和类型。
- 能够熟悉背景调查的概念、目的和作用。

 【技能目标】

- 能够掌握简历筛选的流程和步骤，独立进行简历筛选工作，并能够筛选出适合岗位要求的候选人。
- 能够根据笔试试题设计要求，进行笔试试题设计，并能够独立地进行笔试试题实施。
- 能够根据面试实施的业务流程，独立地进行面试准备工作、面试实施工作和面试总结工作。
- 能够根据背景调查的业务流程和背景调查的注意事项，协助或独立开展候选人的背景调查工作。

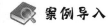案例导入

面试实施技巧

集团公司招聘主管一职，小李到该公司应聘，下面是主考官和小李的一段对话。

主考官：你是看到广告还是朋友推荐来的？

小李：我一直敬仰贵公司，这次是从广告上看到而来的。

这一阶段主要问一些应聘者有所准备、比较熟悉的题目，最好的方式是开放性问题。约占面试的8%。

主考官：请你介绍一下你的经历，好吗？

小李：……

主考官：请问当你与用人部门的主管对某一职位的用人要求有不同意见时，你会怎样处理？(开放性问题)

小李：我想我会尽量与用人部门的主管沟通，把我的想法和理由告诉他，并且询问他的想法和理由，双方求同存异，争取达成一致意见。

主考官：那么你能不能举出一个你所遇到的实例？

小李：好吧。有一次保安部门有一个保安人员的职位空缺，用人部门的经理要求找到的人必须身高在1米8以上，体重在80公斤以上。

主考官：为什么？

小李：因为他认为身材强壮的保安人员对坏人具有威慑力。

主考官：那后来怎么样了呢？(探索性问题)

小李：我向那个部门经理解释这并不是必要的条件。因为对于保安人员来说，忠于职守、负责任、反应敏捷、有良好的自控能力这些才是最重要的，而对身高和体重则不必非得提出那么高的要求。

主考官：那么你是怎么做的呢？(探索性问题)

小李：我对他说，如果你能够拿出一些统计数据表明保安人员的身高和体重确实可以阻止坏人的犯罪企图，那么我就接受这条要求，否则的话，提出这种要求就是没有道理的。

主考官：那接下来情况怎么样了？(探索性问题)

小李：接下来那位部门经理收回了他的意见，到现在为止，那个职位还处于空缺状态。

主考官：那么你和那位部门经理这次意见不一致是否影响了你们之间的关系？(封闭式问题)

小李：没有。

主考官：刚才我们已经讨论了一个具体的实例，那么现在你能不能谈谈招聘的程序是怎样的？

小李：……

主考官：你能再举一些例子证明你在招聘方面的专业技能吗？(探索性问题)

小李：……

面试一般分为关系建立阶段、导入阶段、核心阶段、确认阶段、结束阶段五个阶段。请尝试将以上对话划分为这五个阶段并说明理由。

条件绝佳的候选人

上海精致化工有限公司拥有员工近千人,主要加工的化工产品以出口为主。2004年年底,公司高层会议决定高薪招聘一名市场总监,负责公司整体市场策略的推广及产品运营。出于成本考虑,人力资源部决定自行招聘,没有委托猎头。

一个多月后,人力资源部筛选了7名候选人前来参加面试,而其中一名候选人陈亮吸引了高管人员及人力资源部的关注。

陈亮本科毕业后在山西太原的一个国有企业工作了5年,尤其是后期担任了3年的市场部经理。之后到了上海化工行业的一个民营企业做了2年的市场部经理,刚从那里离职。从学历、履历上分析,陈亮完全符合公司的需求。

无论是做行业分析、市场推广方案,还是经历情景面试、无领导小组面试……陈亮都过五关、斩六将,在综合评价中遥遥领先于排名第二的候选人。

"当时,我们对陈亮的表现非常欣喜,都为公司有机会录用到如此优秀的人才而高兴。"周洁回忆说,"但我们还是非常谨慎地提出,要最后决定录用他,还需做最后一件事情:背景调查。只要他过了这一关,就录用了。"

背景调查的重任,由周洁亲自担当。

1. 调查结果黑白分明

周洁把需要做背景调查的信息告诉了陈亮,取得了本人的签字认可后,上门拜访了陈亮刚离职的上海民营企业的人力资源部经理、陈亮的上司及两位同事,得到的评价是:该员工具有较强的营销策略、品牌规划能力,拥有良好的客户资源,创新能力强;具有出色的人际交往及沟通能力和团队合作精神,品行与职业道德俱优。

收到这样的反馈,周洁非常开心,接着委托一家咨询公司了解陈亮在太原某国有企业供职期间的详细情况。但是咨询公司反馈的信息让周洁大吃一惊。"他们调查了陈亮任职期间的人事部、上司后,这些人表示陈亮在公司供职期间业绩非常一般,尽管公司将其作为重点培养对象,但他缺乏积极的上进心与热情。"周洁说,"更让我们意外的是,他们对陈亮的评价是严重违反职业道德,在离职时带走了公司的客户资源,导致公司的一些客户流失。"

最让周洁沮丧的是"违反职业道德"这六个字。对一个总监级的职位来说,职业道德犹如一道不可逾越的障碍,任何公司都不能承受带走客户资源的做法。这时的周洁,用她的话形容,就是感觉"被人狠狠地扇了一记耳光"。

不甘心的周洁再次与陈亮刚离职的民营企业的人力资源部经理面谈了一个多小时,得到的答复是陈亮供职期间并没有表现出如太原某国有企业任职报告上所说的那样差,至于自己的企业当初录用陈亮时没有做背景调查,因为"公司太缺人才,没考虑那么多"。

2. 徘徊在真假信息之间

面对摆在案头的两份截然相反的背景调查结果,周洁很为难:该相信哪一份呢?如果认定陈亮的良好职业记录而录用他,万一他将来带走客户资源、违反职业道德,对公司造成损失的责任是谁也承担不起的;如果据此不录用他,但陈亮的面试综合评价让公司无法割舍录用他的渴望。

周洁决定与陈亮进行一次深入的面谈,了解情况后再说。陈亮告诉周洁,在离开国有企业时,因档案调动及报酬问题与原雇主闹得非常不开心,在自己强行离开后,直接上司与人事部均对他非常不满，在公司员工大会上对他的离职作出了一些非常不利的评价，造成大部分员工都认为陈亮的确做过不利于公司的事情。

陈亮还解释说，自己离开那里时已经是市场部经理，多年的工作积累了一些媒介关系、客户关系，这些圈子里的人有些已经成为经常联系的朋友。而到上海工作时，仍然从事市场推广这一职业，既然从事同一职业，就必然会继续使用到这些关系，这就是"带走客户资源、违反职业道德"这一评价的缘由。

至于继续使用这些关系，是否属于"带走客户资源、违反职业道德"，陈亮表示，他个人也不知道该如何评价。如果要他做到不违反职业道德，唯一的一条路：不再从事市场推广这个职业。但这显然不可能，因为"我已经喜欢上了这一职业，我的交际圈子也已经决定我只能从事这一职业"。

背景调查报告上言之凿凿的信息，加上陈亮的否定，使周洁感到为难，"我们公司以前发生过聘用员工不到一个月后就带着客户资料离职到竞争对手那边的情况，所以我们对此可以说有切肤之痛。我必须考虑他在离开我们公司时是否会把公司的这些关系全都带到竞争对手那边"。

3. 失之交臂

虽然陈亮一直希望上海精致化工相信原公司对他个人的评价是恶意的，但他却没法提供佐证。最后，周洁只能对他说抱歉，"毕竟人力资源部还是要对公司的安全负责"。

陈亮很快到了另一家化工公司就任市场总监，而精致化工则录用了在综合面试中排名第二的候选人。从他到竞争对手那边的表现判断，周洁发现，自己的分析是错误的。

请问周洁在背景调查实施过程中存在哪些问题？

（资料来源：https://www.zsdocx.com/p-6465393.html.）

5.1 相关知识：简历、笔试、面试和背景调查

5.1.1 简历的概念及构成要素

1. 简历的概念

简历是对个人学历、经历、特长、爱好及其他有关情况所做的简明扼要的书面介绍。简历是有针对性的自我介绍的一种规范化、逻辑化的书面表达。

2. 简历的构成要素

成功的简历就是一件营销武器，它向未来的雇主证明自己能够解决他的问题或者满足他的特定需要，因此确保能够得到会使自己成功的面试机会。

简历的构成要素包括以下几个方面。

1）个人基本情况

个人基本情况是指姓名、性别、年龄、籍贯、政治面貌、毕业学校、系别及专业、婚

姻状况、健康状况、身高、爱好与兴趣、家庭住址、电话号码等。

2) 教育经历

教育经历就是描述什么时间、在什么学校、就读什么专业的过程。这部分内容一般按倒叙的顺序填写，以凸显最高学历。

3) 实践及工作经历

对于应届毕业生而言，这里指的是实践经验，即在校期间参加的各类实习实践活动；而对于有工作经验的求职者来说，这里填写的则是所从事过的各项工作经历，即求职者应该重点描述何时何地从事何种工作，以及取得何种成就等。

实践及工作经历的内容包括每项实践或工作经历的起止时间、具体内容。例如，对于应届毕业生而言，包括参加了哪些社会实践活动、哪些学校社团活动，以及哪些较为有意义的活动等，若是组织者，可具体描述其在实践中扮演的角色和组织管理过程等；对于有过工作经历的求职者，他的工作经历包括在何单位担任何职位、主要的工作内容及成就等。

4) 获奖情况

获奖情况主要是指求职者在学校或工作中获得的奖励，如在校期间获得的奖励主要有三好学生、优秀班干部、奖学金或其他有证书的奖项；工作期间受到的奖励有工作单位的"先进个人"奖励等。求职者填写这部分内容时一般也是将重要奖项前置。

5) 所获得的证书

证书，即求职者获得的能够证明自身实力的文件。这部分内容一般包括求职者获得证书的时间以及证书的编号等。

通常企业需要求职者提供的证书有英语六级证书、计算机二级(或三级)证书、教师资格证书、人力资源管理师证书等。

6) 科研成果

科研成果包括求职者在校期间参加的科研活动，或完成的学术论文等；在工作期间主要参加的科研活动、取得的科研成果等。

如果企业招聘的是研发类岗位，求职者应对该部分进行详细说明，并按照从重点成果到一般成果的顺序进行填写。

7) 项目经历

项目经历是指求职者在工作过程中主要从事过的项目，或是成功操作过的项目。如果是研发人员，这部分简历内容一般会写成"主持研发××产品"；如果是工程设计人员，这部分简历内容一般会写成"参与设计××工程项目的设计图纸"等。

8) 个人鉴定

这部分也叫"自我评价"，即求职者用简短的语言文字向用人企业介绍自己。个人鉴定部分除求职者自我描述外，有的还包括一些求职者对企业提出的合理化建议。

扫描二维码，观看微课20 甄选的内涵，微课21 甄选的方法——简历的撰写。

微课20
甄选的内涵

微课21 甄选的方法——简历的撰写

5.1.2　笔试的特点、优缺点和类型

1. 笔试的概念

笔试又称纸笔测试，是与面试对应的一种测试，是用于考核应聘者特定的知识、专业技术水平和文字运用能力的一种书面考试形式。这种方法可以有效地测评应聘者的基本知识、专业知识、管理知识、综合分析能力和文字表达能力等素质及能力的差异。

2. 笔试的特点

1) 标准化

笔试的测试过程是标准化的过程。一般而言，笔试的题目、评分标准、笔试时间等都是相同的，也就是对所有应试者来说笔试的内容都是一样的(这里所指的所有应试者是指应聘同一家单位同一职位的所有考生)，具有标准化性质。

2) 差异化

差异化是指由于每家企业、每个岗位对人才的要求不同而出现的笔试内容和形式等方面的差异。即使对于同一个岗位，不同企业所采用的笔试类型也会存在较大差异。

3) 公平性

笔试大多采用统一的试题和统一的评分标准，对所有参加考试的考生都是相同的，而且笔试题也有相当大一部分属于客观题，在评分时可以避免评分人的主观性偏差。试题依据一定的内容和客观标准拟制，评卷依据客观尺度，人为干扰因素少，具有较强的区别功能。

4) 广博性

笔试的题目类型可以多种多样，如较常见的选择题、判断题、案例分析题、写作题等；测试范围广泛，可以无所不包，既可以测评考生的专业知识，还可以考核他们的人文素养和综合知识等，且考核结果的可信度较高。

3. 笔试的优缺点

笔试既有优点也有缺点，具体内容见表 5-1。

表 5-1　笔试的优缺点

笔试的优点		笔试的缺点
成本较低	笔试可对大批应试人员在不同空间和不同时间内实施，测评效率高，笔试一次能够出十几道乃至上百道试题，考试的取样较多，可以大规模地进行分析，因此花时间少、效率高、成本较低	设计一份具备较高信度和效度的笔试试卷较难	笔试测试效果如何，是否能真实地反映应聘者的水平，取决于试卷的命题好坏。因而，试卷的拟制水平决定了笔试最后的效果，要设计一份具备较高信度和效度的笔试试卷则是一件相对较难的工作

157

	笔试的优点		笔试的缺点
应考人员心理压力小	在笔试时，企业招录人员往往不在现场，或者在现场也只是监考人员，不会对应聘者的回答有任何干预。求职者的心理压力较小，可以以较为放松的心态进行答题，能够考察出应聘者的真实状况	具有一定的运气成分	正如前面所述，笔试试卷的设计状况会直接影响笔试的结果。即使笔试试卷具备良好的信度和效度，笔试试题也不可能考查所有的知识点，由于试题固定，数目有限，这样应试者的成绩往往有一定的偶然性
客观性	一般来说，笔试具有一定的客观性，特别是直答式笔试，客观性更强，这种测试取材广泛，答案肯定，评分客观精确，能够比较好地反映应试者的知识水平。另外，笔试试卷可以密封，主考人与被测者不必直接接触，这些较好地体现了客观、公平、公正原则	不能有效地测评出应聘者的工作能力	笔试偏重于机械记忆，不易发现个人的创造性和推理能力，不能全面地考察应聘者的工作态度、品德修养以及组织管理能力、口头表达能力和操作技能等。笔试只能反映应聘者的学历，掌握的知识量的多少，往往不能表明应聘者的实际工作能力

4. 笔试的类型

按照不同的分类标准，笔试可以有多种不同的类型。根据笔试的深度和广度可以分为专业知识笔试与综合知识笔试；根据笔试试题的性质可以分为主观题和客观题。

5.1.3 面试的概念和类型

1. 面试的概念

面试是指在特定的场景下，面试人员根据事前的精心设计，通过与应聘人员面对面的正式交谈与观察，由表及里地测评应聘人员的知识、能力、经验等有关素质和潜在能力的测评方法。在面试过程中，面试人员可以根据面试者现场对所提问题的回答，考察应聘人员的外在表现，包括个人仪表、修养、精神气质等，求职动机和意向，运用专业知识分析问题的熟练程度，应聘人员的应变能力以及抗压能力。面试人员通过恰当的面试方法和提问技巧，弄清应聘人员在回答中表达不清楚的问题，从而提高考察的清晰度和深度，降低由于应聘人员在笔试过程中存在欺骗、作弊等行为而造成招聘误差的可能性，提高招聘的准确性和可靠性。

2. 面试的类型

面试的目的不同，采用的面试形式也会有所差别。从不同的角度可以对面试的类型进行不同的划分。

1) 按面试结构划分

① 结构化面试　结构化面试也叫模式化面试或标准化面试，它是指对所有的应聘人员采用的试题、评分方法及标准、测评要素等环节均按照事先制定的标准化程序进行的面

试。面试人员提前详细拟定提问的内容、提问方式、面试时间以及评分标准。在面试时，面试人员按照所列的问题询问应聘人员，并根据应聘人员的回答进行定性分析，最后进行优劣排序，给出录用决策的程序化结果。

②　非结构化面试　非结构化面试也叫随机面试，是指面试没有既定的模式、框架和程序，也没有固定的面试题目，面试人员和应聘人员随意交谈，根据面试情境"随意"地向应聘人员提出问题。这种面试的优点是灵活自然，面试人员可以获取更多的信息，对面试总体的把握性更强，同时反馈迅速、高效。但这种面试受面试人员因素的影响较大，需要面试人员具有丰富的经验和知识，掌握较高的谈话技巧，同时由于缺少一致的判断标准，因此容易导致效度不高。

2）　按照面试对象的多少划分

①　单独面试　单独面试是指面试人员与每一位应聘者单独面谈，这是一种最基本、最普遍的面试方法。其优点是能够给应聘者提供较多的时间和机会，使面试双方进行比较深入的交谈。根据面试主考官的人数多少，单独面试可以分为两种类型：一对一面试和系列式面试。前者是指在面试中只有一个招聘者对一个应聘者提问，这种面试方式大多在较小的单位或录用较低职位的人员时采用；后者是指在面试中多个主考官共同面试同一位应聘者，他们依次对同一个应聘者进行提问。系列式面试可以获得多个面试人员对应聘者的看法，在这些看法的基础上进行综合，可以得出更客观的结论，避免了一对一面试中由一个面试主考官决定应聘者应聘结局的缺点，这种形式在国家公务员录用面试和大型企业的招聘面试中被广泛采用。

②　集体面试　集体面试是指多名应聘者同时面对招聘者，回答同样的问题或完成同样的任务。在集体面试中，通常要求应聘者分小组讨论，相互协作解决某一问题，或者让应聘者轮流担任领导或主席主持会议、发表演说等，从而考察应聘者的人际沟通能力与把握环境的能力、思考能力、表达自己的能力以及与他人竞争的能力。这种面试的优点是效率比较高，便于同时对不同的应聘者进行比较，因此近些年来应用越来越普遍；缺点在于一位应聘者的表现会受到其他应聘者行为的影响。

3）　按面试的目的和方法划分

①　压力式面试　所谓压力式面试，是指招聘者有意对应聘者施加压力，制造紧张的面试气氛，用穷追不舍的方法对某一主题进行提问，问题逐步深入，详细彻底，直至应聘者无法回答。其目的在于考察应聘者的反应能力。在面试中，招聘者的机智和应变能力、应付工作中的压力的或者冒犯的问题，甚至会表现出适度的批评，询问其离开原来的工作单位是不是由于出现问题，如工作不积极、经常缺勤等，来考察应聘者的反应。如果应聘者对面试中的提问表现出愤怒或怀疑，这说明他容忍工作压力的能力有限。这种评估方式有助于识别过于敏感的应聘者，对于一些需要面对顾客的职业，这种个性的人是不适合的。

②　非压力面试　与压力面试相反，在非压力面试中，考官力图创造一种宽松亲切的氛围，使应聘者能够在最小的压力下回答问题，以获得录用所需的信息。一般除了那些需要真正在压力下工作的岗位之外，非压力面试适用于绝大多数的情况。目前有些人力资源专业人士认为，压力面试不仅不替别人着想且作用不大，而且所获得的信息经常被扭曲、被误解，这种面试所获得的资料不应作为录用决策的依据。

4) 按面试的内容划分

① 情景面试 情景面试又叫情景模拟面试或情景性面试等，是常用的面试方法之一。在情景面试中，面试题目主要是一些情景性的问题，即给定一个情景，看应聘者在特定的情景中如何反应。例如，某日，有三位求职者来面试客服主管职位。由于该岗位需要极强的耐心和应变能力，所以人力资源部门特意设计了一个"小事故"作为面试题目：把他们安排在空房间里要求其填写公司的求职登记表格，并让一位年轻的 HR 扮成前台文员，在求职者填写表格时为其倒水，要求在倒水过程中将水洒在求职表格上，前台文员会非常诚恳地道歉，但结果会造成求职者需要再次填写表格。通过这一测试，可以看出求职者对突发事件的反应。

② 经验性面试 在经验性面试中，面试的内容集中于询问与应聘职位相关的信息。招聘者向应聘者询问与以前工作相关的问题，以了解应聘者处理这些问题的方式、态度等。与情景面试不同的是，经验性面试提出的问题一般都与应聘人员过去从事的工作有关，并且通过了解其过去的工作方式和工作能力，来判断应聘人员是否符合当前职位的要求。

扫描二维码，观看微课 22 结构化面试，微课 23 无领导小组讨论，微课 24 公文筐测试，微课 25 心理测验，微课 26 管理游戏，微课 27 角色扮演。

微课 22　　　微课 23　　　微课 24　　　微课 25　　　微课 26　　　微课 27
结构化面试　无领导小组讨论　公文筐测试　心理测验　　管理游戏　　角色扮演

5.1.4　背景调查的概念、目的和作用

1. 背景调查的概念

员工背景调查(Background Check)是指用人单位通过各种合理合法的途径，来核实求职者的个人履历信息的真实性的过程，它是保证招聘质量的重要手段之一。

2. 背景调查的目的

背景调查的最终目的是通过背景调查达到对求职者的了解，获得求职者更全面的信息，摸清求职者的情况，直到能够对求职者真正了解为止。通过背景调查，一方面可以对应聘者的个人信息情况有所了解，可以发现应聘者过去是否有不良记录；另一方面，也可以对应聘者的诚实性进行考查。因此，全面审查应聘者的所有资料，有助于挑选出合适的候选人。

3. 背景调查的作用

背景调查的具体作用体现在以下几方面。

(1) 通过背景调查可以验证应聘者在履历材料及面试过程中所谈及的经历是否属实。

(2) 通过背景调查有助于发现关于应聘者的新信息，如从前任管理者那里得到应聘者

的工作习惯、品格、个性和技能等方面的信息，了解应聘者以往的工作经历中有无违纪等道德风险事件。

（3）通过证明人评估应聘者在工作中的行为表现，可以预测应聘者录用后的工作绩效、文化适应性等。

扫描二维码，观看微课 28　背景调查。

微课 28
背景调查

5.2　工作任务：筛选简历的业务操作

筛选简历是测评与甄选的初步工作，也是对招聘人员要求比较综合的工作，它的具体操作流程如图 5-1 所示。

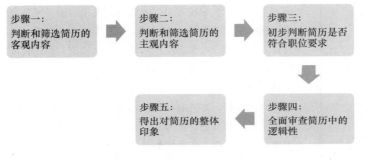

图 5-1　简历筛选的流程

扫描二维码，观看微课 29　简历筛选。

微课 29
简历筛选

5.2.1　步骤一：判断和筛选简历的客观内容

结合招聘职位的要求，客观信息主要包括个人信息、受教育程度、工作经历和个人成绩四个方面。个人信息包括姓名、性别、年龄、学历等；受教育程度包括上学经历和培训经历；工作经历包括工作单位、起止时间、工作内容、参与项目名称等；个人成绩包括学校和工作单位各类奖励等。具体介绍如表 5-2 所示。

表 5-2　简历的客观内容及筛选方法与技巧

客观信息	筛选方法与技巧
1.判断和筛选个人信息	(1)在筛选对硬性指标(性别、年龄、工作经验、学历)要求较严格的职位时，如其中一项不符合职位要求则要快速筛选掉。 (2)在筛选对硬性指标要求不严格的职位时，结合招聘职位的要求，也可以参照"人在不同的年龄阶段有着不同的特定需求"进行筛选，具体如下。 ·　25 岁以前，寻求一份好工作； ·　26～30 岁，个人定位与发展； ·　31～35 岁，高收入工作(工资、福利、隐性收入)； ·　36～40 岁，寻求独立发展的机会、创业； ·　41 岁以上，寻求一份稳定的工作

客观信息	筛选方法与技巧
2. 判断和筛选学历背景和培训经历	(1)在查看求职者的上学经历时,要特别注意求职者是否用了一些含糊的字眼,比如有无注明大学教育的起止时间和类别等; (2)在查看求职者培训经历时,要重点关注专业培训、各种考证培训的情况,主要查看专业(工作专业)与培训的内容是否对口
3. 判断和筛选工作经历	**(1)工作时间** · 主要查看求职者总的工作时间的长短、跳槽或转岗频率、每项工作的具体时间长短、工作时间衔接等。 · 求职者离开一个工作单位有很多原因,包括录用时对职位的描述不够准确,薪水的增加幅度不够大,晋升成长机会有限,没有履行诺言等。有一些是自己表现不好,被淘汰;也有一些是被迫离职,比如说公司经济不好倒闭了,或者大规模裁员,或者组织变革取消了某些职位;某个项目完成了,没有工作可做等。相反地,如果求职者在一家公司待的时间过长,而且还一直做同一个职位,也需要了解其原因,为什么可以做那么长时间?其间自己获得的成长有多少? · 另外,还需确认前后两份工作间是否有较长的时间空白或者时间重叠。如果有时间空白,并且时间间隔超过6个月,则需要确定求职者在这段空白时间主要在做什么样的事情,为什么那么长时间都没有找到工作?相反,如果自工作以来,所供职的单位之间完全没有时间间隔,则有必要怀疑其工作经历的真实性。 · 如果两份工作间有时间重叠,表明可能有一份工作是兼职工作,需要了解其兼职的目的。是原来的工作时间太多空闲,还是出于经济收入的补贴?是否会影响正常工作状态呢?与离职原因有关吗 **(2)工作内容** · 需要关注其工作描述是简略还是翔实。如果工作内容写得很简略,或者含糊不清,则有必要从沟通中继续了解清楚其原因及担任的具体工作内容。这个也从侧面反映其态度不是很积极认真。相反,如果所有的工作经历都写得很翔实,那就需要通过沟通进一步确认其简历中描述的内容是否真实,还是仿照其他人的工作描述写出来的。 · 在考查其内容真实性的同时,可关注求职者不同工作经历之间的相关性。如果过往工作中工种差异较大而且没有深入系统地从事过某一项工作,则有必要怀疑其职业规划方向,重点了解清楚其原因后可作为判断其工作稳定性的依据。 · 职位名称也可以在一定程度上反映工作内容,但如果职位名称所指的功能不清楚,描述不准确,不能显示真正的职责范围,则还需要结合工作内容及该职位在工作中所发挥的作用来考核。 · 如果工作经验中不写职位,只写部门,则该求职者有可能对所担任职位不自信;如果职位名称不具体,如只写出"管理""文职"或列出虚职,则也需要详细了解清楚。

客观信息	筛选方法与技巧	
3.判断和筛选工作经历	(2)工作内容	· "行政助理""副总裁"有时这些名称所指很广泛，但深究下去，就会发现这些职位的职责有限。或应聘者原来担任的只是一个大公司的普通人事主管，那么，公司的人力资源发展规划、薪酬设计等重要决策性工作，是不可能由他独立来完成的。所以，如果对方在这一点上夸大业绩，就会露出破绽。 · 再看求职者第一份工作与其所学专业是否相关，如果不相关，为什么？工作的时间有多长？当时是怎么考虑的？是因为就业困难所以被迫选择，还是自己的兴趣导向？同时，结合上述的工作时间原则，看其工作在专业上的深度和广度。如果短期内工作内容涉及较深，则要考虑水分的存在，在沟通时作为重点来询问，特别是对细节的了解。 · 结合求职者整个工作经历判断其经验与所招聘职位要求是否匹配。如果已经达到了一个相对较高的职位要求，却主动来应聘一个较低的职位，就需要引起注意了：这份简历中的工作经历是否真实？如果判定求职者简历属于伪造，则可直接剔除；如果是真实的，求职者的动机是什么
4.个人成绩	· 主要查看求职者所述个人成绩是否适度，是否与职位要求相符。 · 个人成绩方面在对于应届毕业生的简历筛选过程中应更加重视，因为毕业生的工作经历方面基本空白，对其能力素质的判断只能通过个人在校成绩和实习、兼职经历进行考察	

5.2.2　步骤二：判断和筛选简历的主观内容

简历的主观内容包括求职者对自己的评价性与描述性内容，如自我评价、个人描述等，主要查看求职者自我评价或描述是否适度，是否属实，并找出这些描述与工作经历描述中相矛盾或不符、不相称的地方。

例如，技术性职位的候选人在自我评价中没有强调自己在某方面的精湛技术，则可能对自己的技术水平不是很自信。如果发现求职者自我评价属于网络摘抄或抄袭，则表示其对自我认知不足，或有可能对自己不自信、找工作的态度不够积极等。

这里主要查看求职者的自我评价是否适度，是否属实，能不能举一些实例证明这些评价是真实的？朋友也会有这样的评价吗？是否比较特殊，与别的求职者不一样？为什么会有这样的评价？可在后续沟通中了解清楚。

5.2.3　步骤三：初步判断简历是否符合职位要求

(1) 判断求职者的专业资格和工作经历是否符合职位要求。如不符要求，直接筛选掉。
(2) 分析求职者应聘的职位与发展方向是否明确和具有一致性。
(3) 初步判定求职者与应聘职位的适合度。如果判定求职者与应聘职位不合适时，将该简历直接筛选掉。

5.2.4　步骤四：全面审查简历中的逻辑性

全面审查简历中的逻辑性主要是审查求职者工作经历和个人成绩方面，要特别注意描述是否有条理，是否符合逻辑，工作时间的连贯性，是否反映一个人的水平，是否有矛盾的地方，并找出相关问题。如一份简历在描述自己的工作经历时，列举了一些著名的单位和一些高级职位，而他应聘的却是一个普通职位，这就需要引起注意，如能断定简历中的虚假成分，可以直接将该简历筛选掉。如果判定求职者的简历完全不符合逻辑，可将该简历直接筛选掉。

5.2.5　步骤五：得出对简历的整体印象

通过阅读简历，要对应聘者有一个整体印象。主要看求职者简历书写格式是否规范、整洁、美观，有无错别字。另外，招聘专员可标出简历中感觉不可信的地方以及感兴趣的地方，面试时可询问应聘者。

5.3　工作任务：笔试试题设计和实施的业务操作

5.3.1　设计笔试试题

笔试试题的设计流程如图 5-2 所示。

图 5-2　设计笔试试题的流程

步骤一：明确笔试目的。

笔试在不同机构、领域、行业以及不同部门中的运用都不一样，它可以用来考察员工的知识水平，也可以用来进行培训、晋升以及绩效考核，还可以作为人员招聘的工具。

在笔试试题编制前，首先要明确的就是测验的目的，然后才是分析测验目的的科学性、可操作性和难度适宜性。只有明确了测验的目的，才能根据不同的目的确定笔试的类型、试题的来源、测试的时间和成本、难易程度以及试题的数量和试题的编制顺序等。

步骤二：成立笔试实施小组。

笔试实施小组负责整个笔试工作的实施，包括试题的编制、阅卷、费用的预算等，具体可由人力资源招聘人员、用人部门负责人和专业人员组成。

考评人员的质量和数量对整个考评工作起着举足轻重的作用，合理的人员搭配和人数确定，能使考评的指标体系和参照标准体系发挥预计的效用，最终达到考评目的。总体来说，考评小组应具备以下素质。

- 坚持原则，公正不偏。
- 有主见，善于独立思考。
- 有考评方面的工作经验。
- 具有一定的文化水平。
- 有事业心，不怕得罪人。
- 作风正派，办事公道。
- 了解被测对象的情况。

在考评小组中，人员的知识和素质参差不齐，而且各种能力素质考评的方法都具有相当的技巧和微妙性，这就需要对小组成员加以培训，使之了解、熟悉并掌握各种方法和相关知识，尽量避免个人情感因素对考评工作的干扰。

步骤三： 构建笔试测验指标。

指标体系设计方法有工作分析法、素质结构分析法、榜样分析法、培训目标概况分析法、价值分析法、历史概况法、文献查阅法等。各种方法构建的指标基本类似，主要有基本知识、专业知识、文字表达能力、逻辑思维能力以及工作经验。可根据实际组合、添加和筛选来构建笔试测验指标。主要的笔试测验指标包括以下几方面。

① **基本知识** 基本知识即常识，就是我们生活中熟知的一些知识，它范围广，涉及区域广，信息量大，主要测试被试者知识的广度。文理科知识都要综合涉猎一些才好。但其对知识的深度要求不高。作为纸笔测验的测试指标，基础知识只是用来树立标杆或者划定一定的区域。

② **专业知识** 专业知识是指某一学科或者工作领域所涉及的专业度强的理论知识，例如，国际贸易的专业知识就包括国际贸易实务等具体操作专业知识。它作为纸笔测验的一个指标，主要考察被试者对某一领域涉及的专业知识的掌握程度和运用专业知识的水平。

③ **文字表达能力** 文字表达能力也就是运用语言文字阐明自己的观点、意见或抒发思想、感情的能力，是将自己的实践经验和决策思想，运用文字进行系统化、科学化、条理化的表达的一种能力。它是我们学习和工作生活中必不可少的一种交流表达方式。

④ **逻辑思维能力** 逻辑思维能力是指正确、合理思考的能力，即对事物进行观察、比较、分析、综合、抽象、概括、判断、推理的能力，采用科学的逻辑方法，准确而有条理地表达自己的思维过程的能力。它主要测验被试者的推理能力、空间思维能力以及发现规律的能力水平，是工作学习的基础，能发挥很大的作用。

⑤ **工作经验** 工作经验顾名思义就是与工作相关的经验，主要应用于社会招聘的，替代理论知识的测验。

以上内容的总结及举例如表5-3所示。

表 5-3　各种测验指标的使用题型及分数、比例举例

笔试测验指标	使用题型建议	分数举例/分	比例举例/%
基本知识	选择题、填空题、问答题等，比较广	16	11
专业知识	多用于具体答案固定的题型	23	26
文字表达能力	主要是主观题、开放题	19	13
逻辑思维能力	通常用于数学方面的知识	42	41
工作经验	管理游戏、情景模拟等	0	0
—	—	100	100

步骤四：编制笔试试题。

编制笔试试题是整个笔试过程中最关键、最核心的步骤。笔试试题的质量如何，具有多大的效度和信度，对笔试作用的发挥起着至关重要的作用。

① 编制原则　企业在编制笔试试题时，应从难易程度、质量、实用性等方面考虑，把握如表 5-4 所示的五项原则，以使人员的筛选更加客观、有针对性。

表 5-4　笔试试题编制原则

编制原则	内　　容
区分度明显	要求所编制的试题，能准确地测试出应试者在德、智、体等素质上的差异，合理地拉开档次，体现出好、中、差不同层次等级，以利于择优录取。需要做到以下几点。 · 要求整体难度适中； · 要求尽量提高题目难度的精密度，题目的难度越精密，区分度越高； · 试题中题目难度的分布以正态分布为最佳
信度高	信度是指一次笔试得出结果的可靠程度，即应试者在笔试中所获得成绩能否真实反映应试者的水平，这套试题能否作为测试的依据。一套高质量的试卷必须有较高的信度，由任何合格的评分者来评分都会得出相似的结果，同一应试者多次测试同一试卷得出的评分结果应是相近的。具体可以做到以下几点。 · 增加试题的数量； · 题目的难度要适当； · 尽量避免随机误差
效度大	试题的效度，即试题的正确性，就是企业能否通过试题，测试出岗位的执行者应具有的知识、能力和技能的差异。它是笔试结果实现"因事择人"目标的程度，效度越高，则表示"因事择人"目标程度越高。提高效度应贯穿于笔试录用的各个环节，需要做到以下几点。 · 正确确定笔试录用的目标与笔试的内容； · 提高笔试录用的效度； · 合理使用笔试录用的成绩

续表

编制原则	内　　容
实用性强	通过笔试的方式来筛选应聘者，必须从企业的实际出发，根据企业的实际条件和招聘工作的需要来安排笔试的人力、物力、时间及费用等事宜，以最少的人力和费用支出，达到较为满意的效果。同时，除了保证试题本身的质量外，还需注意其后续工作(如阅卷工作等)的顺利而有序地进行，具体应做到以下几点。 ·　规模适当； ·　操作简便； ·　费用低廉
客观严谨	笔试试题的客观严谨，就是要保证试题题目及答案的准确性、试题结构形式设计的合理性

②　编制基本要求　不仅要求编题人员掌握考核的内容，深谙编制的原则，而且要求编题人员掌握一定的编题技巧。总的来说，笔试试题的编制要符合下列基本要求。

第一，试卷考查的范围要尽可能广，考点要多且分布合理，考查的内容要能很好地覆盖岗位所需的知识和能力，考试的广度、难度、深度要符合考试目的的要求。

第二，各道题目要保持相对独立。试题之间不可相互重复或者牵连，切忌在试题中出现暗含本题或者其他题目的正确答案的线索，这样才能较准确地测出被试者真正的知识水平。

第三，试题中的问题语言应当规范，含义要明确，切忌模棱两可，让考生难以理解或产生误解。文字既要简明扼要，又不能缺少必要的答题条件，同时试题还要考虑到实施和阅卷方便。

第四，试题应当新颖、不落俗套，要综合考查应试者的记忆、表述、应用、想象、构思水平。问题的正确答案要有定论，但不要生搬硬套。试题形式灵活多变，不出生题和怪题。

第五，对于主观试题，应按试题答案文字量多少(应试者解答费时的长短)，由少到多排列。试卷上各道题间的空白要能容纳下正确答案，并适当留有余地。空白的大小不要给应试者猜测答案造成暗示，同一类型并占分量相等的试题后的空白，应尽量安排在同一页卷纸上，以免应试者在答题过程中翻动卷纸扰乱思绪，也便于阅卷和统计分数。

第六，试卷中考查的项目和试题类型的比例要合理分布。为提高笔试内容效度，通常按知识、认知能力的内容和考试目标制作"二维"试题分布蓝图格式表，再对各部分知识和认知能力的试题量、比例、题型和时限进行综合设计，如表 5-5 所示。

表 5-5　试题分布蓝图格式

项　目	题　型						合计 (个)	内容比例 (%)
	1 类题 (个)	2 类题 (个)	3 类题 (个)	4 类题 (个)	5 类题 (个)	6 类题 (个)		
知识	3	1	3	3	3	1	14	28
理解	2	2	3	4	2	2	15	30
应用	0	1	1	1	2	1	6	12

续表

项 目	题 型						合计(个)	内容比例(%)
	1类题(个)	2类题(个)	3类题(个)	4类题(个)	5类题(个)	6类题(个)		
分析	0	1	1	1	2	2	7	14
综合	0	0	0	1	1	1	3	6
评价	0	1	0	2	1	1	5	10
合计	5	6	8	12	11	8	50	100
内容比例(%)	10	12	16	24	22	16	100	—
时限(分)	25	25	20	15	20	15	120	—

资料来源：赵永乐. 人员招聘面试技术[M]. 上海：上海交通大学出版社，1998.

③ 常见题型的编制　笔试的题型有很多，常见的题型有填空题、选择题、判断题、改错题、简答题、论述题、计算题、案例分析题等。这些试题按照其正确答案是否唯一、批卷给分是否客观，可以将它们分为两大类：一类是主观性试题，另一类是客观性试题。具体介绍如表5-6所示。

表5-6　常见题型的编制

常见题型	介 绍	举 例
1.选择题	·选择题是运用最广泛、最灵活的一种客观性试题。 ·选择题由一个题干和若干个子选项组成，题干或是一个问句，或是一个不完整的陈述句；选项是对题干问题的若干个回答或补充，其中正确的选项为正答，其余为诱答。选择题包括单项选择题(即正确答案只有一个)、多项选择题(即在选项中至少有两个正确答案)、不定项选择题(即在选项中有一个或多个正确答案)等	问句式的题干： 保证招聘工作有效性的基本原则中，不包括（ D ）。 A. 双向选择原则　　B. 公开公平竞争原则 C. 能岗匹配原则　　D. SMART 原则 不完全的叙述句的题干： 《劳动法》中对试用期的规定：劳动合同期限在一年以上，两年以下的，试用期不得超过（ C ）。 A. 15天　B. 30天　C. 60天　D. 6个月
2.填空题	·填空题就是一个命题或句子里空出一个或几个关键词或字，要求被试者填写的一种题型。 ·填空题可以考查被试者对知识的理解程度，适用于对术语知识、特定事实、原理中的关键词、方法和工作程序中的特定步骤、简单的数学知识等其他自然科学问题的测评，是一种变相的选择题。 ·它具有较广泛的适用性，答案明确、评分客观、编制容易，容易发现被试者在学习过程中存在的具体问题。但是其考查应试者的能力目标范围较窄，且容易鼓励被试者进行机械记忆，不能检测更复杂的知识和能力	交通肇事后逃逸现场，因而致人死亡的行为属于_____(交通肇事罪)

续表

常见题型	介　绍	举　例
3.简答题	· 简答题是要求被试者对直接提问的问题用简短的语言或文字来回答的一种题型。它主要包括直接回答题、列举题、简要说明题和简要叙述题等。 · 简答题可以考查应试者对知识的识记、理解，也可考查应试者较初步的分析问题、解决问题的能力	(1)什么是销售，广义的销售和狭义的销售区别是什么？ (2)在促销力度不强的情况下，你如何销售品牌知名度不高而价位又与知名度品牌同类竞争品相差无几的中高档新产品
4.计算题	· 计算题是以计算作为答题方式的试题，可以检测出被试者的基础知识、运算能力、逻辑思维能力、分析能力等，是经济、会计、财务等相关专业不可或缺的测试试题题型。 · 计算题可以在很大程度上避免被试者猜测作答，评分的客观性高。但是其编制较为困难，而且考查的范围较为狭窄，还容易导致被试者大量做题，运用"题海战术"，产生不必要的紧张和压力	某企业于 2016 年年初向银行借款 180 000元，规定在 2019 年年底一次还清借款的本息(复利计息)。该企业拟从 2016 年至 2019年，每年年末存入银行一笔等额存款，以便在 2019 年年末还清借款本息。借款年利率为 12%，存款年利率为 10%，计算每年的存款额
5.论述题	· 论述题是一种典型的主观性试题，它要求被试者对一些问句或一些叙述句，用自己的语言写成比较长的答案。在答题过程中，应试者分析处理问题的方法、组织运用材料的方式、语言表述的风格等方面有较大的自主权。 · 根据对题目作答要求的不同，论述题可分为限制型论述题与扩张型论述题。限制型论述题对答案涉及的范围、答题的方式及长度作了具体的要求，而扩张型论述题则没有过多的限制，给了应试者更大的自由发挥的空间。 · 论述题可以较全面深入地考查被试者的知识水平和能力，降低被试者猜测的成功率。论述题题目不要求很多，也不需要准备很多选项，因此无须花费很多时间，较容易准备。论述题也存在一些明显的缺陷。首先，题目不多，知识的覆盖面不广且不均衡。其次，论述题的评分主观且不一致。最后，评分还容易受到卷面整洁与否、书法优劣等一些无关因素的影响。另外，论述题的答卷和阅卷都很耗时耗力	(1)试论述工作分析的基本内容。这是一道限制型论述题。 (2)试论述如何对培训效果进行评估。这是一道扩展型论述题

常见题型	介　绍	举　例
6.案例分析题	·　案例分析题是由一段背景材料与若干问题构成。要求应试者通过阅读分析背景材料，依据一定的理论知识原理，围绕题目所提出的问题，给予评价、作出决策或者提出解决问题的方法。 ·　案例分析题与论述题相似，但前者在编制过程中应注意的是将背景材料与知识点和时代热点问题联系起来，与时俱进。 ·　案例分析题考查的目标层次高，综合性能强，具有很高的区分度，非常适合人员选拔测评。但其不足之处也是非常明显的：一是评分受主观因素影响大，信度难以提高；二是题量小，占用分值高，影响了知识测评的广度；三是对背景材料的要求较高，编制难度大	著名数学家华罗庚上初中时，接受、理解数学知识比较慢，以致数学考试常常不及格。老师认为他无可救药，一次在班上公然宣称，假如你们当中将来会有一个同学没出息，那么这个人必定是华罗庚。结果华罗庚通过自己的勤奋自学，刻苦钻研，奋力拼搏，最终成为享誉世界的数学大师。 诗人臧克家，1930 年参加国立青岛大学入学考试时，数学得了零分，作文也只写了三句杂感："人生永远追逐着幻光，但谁把幻光看成幻光，谁便沉入了无底的苦海。"这独具异彩的"杂感"，短小精悍却极富哲理，立即打动了主考官闻一多，闻一多再三拍案叫绝。结果，虽然臧克家数学考试吃了"零蛋"，还是被青岛大学文学院破格录取了，最终，成为一代杰出诗人、著名作家。 结合上述案例，谈谈教师应树立什么样的学生观

步骤五：组织测试试卷。

编写完测评题目之后，需要根据测评的目的选择试题，然后将试题按照一定的规则编排成一份或几份等值的试卷。接下来还要对试卷进行审查和检验，确定无误后，还应编写标准答案和评分标准。这样，测评试卷编制过程才算完成。

分步骤一：选择题目。

测评题目的选择主要依据题目自身的性质及其实际测评到的与计划测评的目标一致性程度。要根据测评对各部分内容所要求的比例选择适当数量的试题，也要考虑试题的难易程度、重要程度以及试题的类型。

分步骤二：编排题目。

题目选完之后，就应决定试题如何进行最佳安排。一般来说，试题编排不外乎三种思路：一是将题型相同的题目编排在一起；二是按题目由易到难的顺序编排；三是按题目所测的内容编排，即把测评同一内容的各个题目编排在一起。在试题的实际编排过程中，通常是将上述方法组合使用。为防止相邻座位的应试者互通信息、相互抄袭，可通过编制 A、B 卷的方式。组成 A、B 两卷的题目不变，只是使两份试卷的试题顺序交错排列，或对选择题的正答变换位置。目前，越来越多的笔试都采用了 A、B 卷形式，并取得了积极的效果。

分步骤三：编制试卷复本。

有时同一测评需要在不同情况下多次使用，或者在不同时间对同一类型测试者进行测评，或者为了防止泄密以及被试者可能出现的作弊行为，在组织试卷正本的同时，需要编制试卷复本。所谓复本，就是两套或者两套以上等值的测评试卷。复本的关键就是等值。等值必须符合下述几个条件。

- 复本测评的是同一测评目标。
- 复本题目形式相同但不重复。
- 复本题目的数量相等，难度和区分度也基本相同。
- 复本测试的分数分布(平均数和标准差)大致相同。

只要掌握一定的方法，编制试卷复本不是一件很困难的事情。编题时若已考虑测评与复本的需要，每题都有双倍以上的平行试题，可将这些平行试题先给予编号，再按一定的方法排列组合，便可在编制试卷正本的同时编制出备用的试卷复本。

分步骤四：检验试卷。

以上三个环节只是完成了试卷的初步编制工作，在用于实际测评前，还必须对试卷进行检验。小的检验主要是对整个试卷的文字、指导语、正确答案在不同选项中出现的频数、格式进行审查。大的检验是对试卷的题目是不是较好地反映了测评目标、复本是不是等值、试卷的难度是否恰当等进行审查。要解决这些问题，可以对试卷进行逐项审查，也可以作必要的预测试。预测试结束后，根据记录和测试结果，便可对试卷的各项指标进行评价、审查、修改，使之成为一套较好的测评试卷。

分步骤五：编写答案与评分标准。

答案的编制主要是对客观题的标准答案和对主观题的参考答案两大类进行编制。对于参考答案的编制主要是给出试题涉及的相关的关键知识点，然后为每一个知识点分配计分权重。而对标准答案的编制则需要确保答案的标准性、唯一性、无可争议性及对应性。

评分标准的编制主要是指确定测试的总分值以及每道试题的分值和计分标准的一个过程。要做好这方面的工作必须先确定测试的总分值，然后根据指标体系的权重赋分值，接着对每一种题型进行赋分值，最后再制定得分标准。

事先编写标准答案和评分标准不仅可以避免测评结束后临时制定标准答案影响评分的客观性，而且也是对试卷再次进行审查和完善的重要环节。

5.3.2　笔试实施与管理

测验试题编制完成后，就要进行测验的实施环节了。笔试的实施是保证测评准确、公平的重要环节，因为准确性和公平性的前提条件是控制误差，这就要求在测验实施的过程中能排除无关因素的干扰。具体实施与管理流程如图 5-3 所示。

步骤一：确定考试时限。

笔试中速度是需要考虑的重要因素之一，大多数测验既要考察反应速度，也要考察解决有较大难度试题的能力。一般来说，考试时限为能使 90%的被试者完成试题的时间。如果题目从难到易排列，则力求大多数被试者能在规定的时限内完成会答的试题。确定时限的方法一般是尝试法，即通过预测来确定。

步骤二：编排和布置考场。

考场的编排和布置应以方便被试者答卷、方便监考人员检查、方便考试秩序和考试纪律维持为原则。一般来讲，考场应设置在交通便利且安静、设备齐全、光线充足的地方，要做到单人、单桌、单行、应试者前后左右的间距一米以上，并且每个考场门口应贴上考场考号信息，便于考生对号入座。应根据考场大小安排监考人员，一般以2~3人为宜，他们负责维持考场秩序、严肃考场纪律、组织考生按时入场入座、收发试题和草稿纸等。

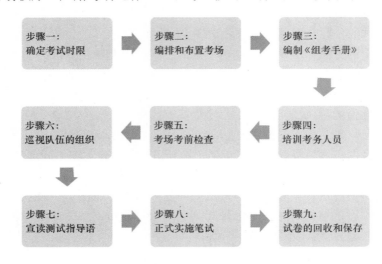

图 5-3　笔试的实施与管理流程

步骤三： 编制《组考手册》。

在施测前编制《组考手册》，明确测验的组织分工、考务安排、监考执行程序方面的要求。组织分工方面，一般是每个考点有主考1人，副主考1~2人，监考人员2~3人。考务安排是确定考试日期、时间、总试场数、考生总人数等。监考执行程序就是明确各类考试工作人员的报到时间、监考执行程序要求等方面的内容。除上述要求外，还应明确规定考点主考、考点人员的分配、考场具体细致安排等。

步骤四： 培训考务人员。

《组考手册》编制完成后，主考应根据《组考手册》对考务人员进行培训，学习《组考手册》上有关的考试要求，让每个考务人员明确自己的职责，学习测验有关的纪律规定，掌握试卷整理、密封的要求和方法，以及对测验期间可能出现的突发事件的处理方法。

步骤五： 考场考前检查。

测验前，必须按照考场的设置要求对各个考场进行检查。检查的主要内容有：考场地点的选择是否符合要求，各考点的设置是否齐全等。一旦检查出有不符合要求的应立即进行更换，以确保考试的顺利进行。

步骤六： 巡视队伍的组织。

为了监督和检查在测验实施的过程中考试工作人员对测验规章制度的执行情况，在测验期间委派巡视员到各个考场巡视，对考生较多或者考纪较差的考场，要加派巡视员指导和监督。

步骤七： 宣读测试指导语。

指导语是在测试实施时说明测试进行方式以及如何回答问题的指导性语言，它通常分为对主试的和对被试的。这里我们重点说的是后者，即对被试的指导语。同一测验内容的实施过程中应该使用统一的指导语，指导语可以放在试卷开头由被试者自行阅读，也可以由考官口头说明，还可以播放指导语录音，以保证被试者明确考试要求。

步骤八： 正式实施笔试。

施测的步骤可以参照以下流程，施测流程可以根据具体情况进行相应变化。

施测前 20 分钟，监考人员领取试卷、答题卡、草稿纸等，然后进入考场。

施测前 15 分钟，被试者进入考场，监考人员向被试者宣读有关考试、考场的规定，以及测验的指导语。

施测前 10 分钟，监考人员拆开试卷袋，逐份核对。

施测前 5 分钟开始分发试卷，要求被试者拿到试卷后，检查试卷有无缺漏、破损或者打印不清晰等问题，如无则要求被试者在规定的地方填写姓名、考号等信息。

测验开始，考场铃声响起，监考人员宣布考试开始，被试者开始答题。

测验开始后，监考人员逐个核对被试者信息，如有不符，立即查明，予以处理。

测验时间到，考场铃声响起，被测者停止答题，监考人员收卷、清点，按要求整理好试卷，交由主考官验收，验收合格后装订、密封，再交考点办公室。

步骤九： 试卷的回收和保存。

考试施测结束后，各考场主考负责密封试卷的检查、清点工作，核对无误后，送往指定的试卷存放地点。纸笔测验的试卷可以作为档案保存，因为其有重要的参考价值。一方面，对企业来讲，测验结果反映了一定阶段人员的知识、能力水平，可以作为员工培训、考评等后续工作的依据，同时还可以为以后测验提供参考和作为试题来源进行选择；另一方面，对被试者来说，已经测试过的试卷可以作为测验复习的"指挥棒"来指导他们的复习和练习，因为通常是测验重点考什么，被试者就复习什么，测验怎么考，被试者就怎么学习。因此，我们测试机构除了提高笔试测验的编制水平外，还应该做好每次试题的存档工作，把试卷当作一种历史资料保存下来。

5.3.3　评阅试卷和发布成绩

试卷的评阅是整个测验的尾声，也是十分重要的环节。只有客观公正地评阅试卷，才能保证测验的有效性和可靠性。随着现代科技的发展，笔试阅卷的方式也发生了较大的改变，机器评阅客观题已被广泛应用。评阅试卷和发布成绩的具体流程如图 5-4 所示。

图 5-4　评阅试卷和发布成绩的流程

步骤一： 评阅客观题。

客观题的答案具有唯一性，阅卷只与答案有关而与评者者无关。客观题的计分简单、明确，除填空题以外，其他评阅均可采用机器阅卷来进行。

步骤二： 评阅主观题。

主观题主要是简答题和论述题等，主观题的评阅不够客观，评阅过程中经常容易受到评阅者的知识水平、情感、态度等难以控制的因素的影响。

步骤三：控制阅卷过程中存在的误差。

阅卷中会存在如表 5-7 所示的误差。

表 5-7　阅卷的误差分析

误差类型	产生原因
1.阅卷人员主观因素造成的误差	阅卷者的责任心、工作态度等对阅卷的质量有很大影响，同时也是造成误差的重要因素；阅卷者的业务素质高低，个人欣赏水平、风格的不同，容易造成阅卷标准不同，对阅卷的客观性造成影响
2.阅卷流程顺序因素造成的误差	人们处理事物的时候，外界环境在头脑中的反映和信息传入大脑，有一个顺序效应问题。主观题的阅卷中这类问题十分明显。匿名阅卷往往有先紧后松的现象，即开始阅卷较严，后来尺度宽松，存在宽容定式
3.理想模式和参照效应的误差	理想评分模式即评卷人设想存在一个理想化的评分对象，这会造成提高或降低阅卷标准。参照效应是指一份水平较高的试卷出现后，阅卷者以其为参照，脱离参考答案，降低评卷的客观性
4.阅卷环境因素造成的误差	阅卷是一项要求较高的工作，而阅卷又往往处于临时工作环境中，集中、重复、单调的活动常常使阅卷者出现疲劳现象。这时阅卷人容易出现注意力分散、反应迟钝、情绪波动等行为，造成人为的阅卷误差
5.晕轮效应产生的误差	晕轮效应是指对被试者的一般印象影响到对具体某个问题的评价。例如：卷面字迹整洁与否会使阅卷者产生第一印象，影响标准的掌握。卷面整洁使阅卷者产生好感，给出高分，从而忽视了内容等其他方面
6.其他因素造成的误差	由于阅卷者水平不一、注意力分散、外界干扰或疲劳引起视觉因素造成的误差，书写潦草造成的误差，小题分值合计时的操作误差和计算机误差的现象也经常出现

控制以上误差的建议如表 5-8 所示。

表 5-8　控制阅卷误差的建议

建　议	具体内容
1.提高阅卷人员的素质	在试卷和答题状况一定的情况下，阅卷误差的控制情况主要取决于阅卷人员的水平和经验、心理素质和工作态度。因此，建立高水平的相对稳定的阅卷人员队伍是控制误差的基础
2.确定参考答案和评分标准	阅卷人员应认真学习答案和标准，对于主观题可能出现的答案情况和评分细则，阅卷人员必须熟练掌握。如有需要，还需制定参考答案的补充规定，评分细则应该做到具体化，使之便于操作，最大限度地消除由于个人风格、评判角度和欣赏水平的不一致而造成的误差
3.阅卷工作实行岗位责任制	阅卷一律使用红色墨水和红色圆珠笔，每题的得分应该写在规定的得分栏中，阅卷人员要在所阅试卷的规定位置签上自己的姓名。试卷保管部门应对试卷进行编号、倒装、混装，对答案未写在答题纸上，姓名考号书写在试卷密封线外等现象进行登记、汇总上报
4.建立规范的考核阅卷质量的指标体系	在阅卷过程中经常进行抽查，可以随时纠正阅卷中出现的偏差，平衡阅卷小组中每个人的宽严尺度。阅后复查主要是检查漏评、错评、合分差错等重大偏差。如果再加以阅卷质量指标控制体系，就更加大了监督力度，达到了降低阅卷误差的目的

步骤四： 发布成绩。

评卷结束后，人力资源部应及时通知通过的应试者进入下一轮考核。对淘汰的应试者，在条件允许的情况下，也应委婉地告知。

扫描二维码，观看微课30 甄选方法——笔试。

微课30 甄选方法——笔试

5.4 工作任务：组织面试实施的业务操作

5.4.1 面试准备

面试准备的流程如图5-5所示。

图5-5 面试准备的流程

步骤一： 制定面试指南。

面试指南是促使面试顺利进行的指导方针，一般以书面形式呈现，主要包括以下内容。

① **组建面试团队** 规定面试团队的人数、成员来源、谁具体负责等内容。如面试由面试评价小组负责，小组由主考官、副考官、考官组成。

② **面试准备** 在面试之前，应规定面试准备的内容，以及要达到的目的。一般可以按照结构完整的面试的步骤进行准备，准备面试题目及答案、面试的评分标准，以及面试的地点等内容。如面试之前，面试评价小组成员应对面试题目、评价标准等进行讨论，取得一致意见。

③ **面试提问的分工和顺序** 规定面试员工的提问内容和顺序。如面试开始后，主考官负责对面试过程进行组织，并针对综合能力的考察进行提问，专业知识和技能方面的问题由熟悉业务的副考官、考官发问。

④ **面试提问技巧** 规定面试提问的方式。如面试提问可考虑两种方式：第一，针对应聘者答辩的内容随机发问，不事先准备；第二，分别由熟悉业务的考官出题，讨论后列入《面试问题提纲》。

⑤ **面试评分办法** 制定面试评分标准，给所有考官以参考答案，避免失去面试打分的公正性。如面试过程中，评价小组成员分别打分，评价结束后进行汇总，求出加权平均分，以加权平均分作为面试成绩，并排出应聘者面试成绩的名次。

步骤二： 准备面试问题。

准备面试问题，可以帮助招聘考官获得求职者是否具备合格的岗位才能方面的信息。

① **确定岗位才能的构成和比重** 首先，分析该空缺岗位所需要的才能有哪些；其次，分析专业技能与综合能力各占多少比重；再次，分析综合能力包括哪些内容，各自占多少比重等；最后，用图表的方式将面试才能项目及其相应的权重列出。

② **提出面试问题** 根据才能分析和评价要素权重，准备问题的形式和数量，可以将所提问题列表给出。

步骤三：评估方式确定。

完整的评估方式，是对在面试中所收集到的信息按工作岗位需要的标准进行评估的体系。

①　确定面试问题的评估方式和标准　在面试问题准备的基础上，还必须确定相应的评价标准，尽可能给出统一的答案或者参考答案，以客观评价应聘者。

举例：如果你发现你的一个同事背着你在上司面前说你的坏话，你该怎么办？

参考答案：不与这个同事计较，利用各种机会多与上司沟通，使上司对自己有一个正确的认识和评价。

回答与参考答案相似，评定为优秀；听之任之或与同事发生冲突，评定为差；其他回答视情况评定为良好或一般。

②　确定面试评分表　面试评分表示考官对应聘者表现的评价记录，以便尽可能客观公平地评估应聘者的每一项才能，作出综合评价。需要强调的是最好给出评价的标准，以免不同考官对同一应聘者的评分出现过大的差异。

步骤四：培训面试考官。

面试是一项复杂的工作，面试考官必须掌握一定的面试技术，才能保证面试过程的有效实施，保证面试结果的科学性和客观性，因此需要对面试考官进行培训。培训内容包括提问的技巧、追问的技巧、评价标准的掌握等。

扫描二维码，观看微课 31　甄选方法——面试方法与技巧，微课 32　甄选方法——面试礼仪。

微课 31　甄选方法——　　　微课 32　甄选方法——
面试方法与技巧　　　　　　面试礼仪

5.4.2　实施面试

面试的实施过程一般包括五个阶段：关系建立阶段、导入阶段、核心阶段、确认阶段和结束阶段。每个阶段都有各自不同的任务，在不同的阶段，采用的面试题目类型也有所不同。面试实施的具体流程如图 5-6 所示。

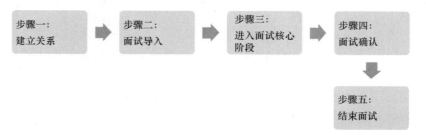

图 5-6　面试实施的流程

步骤一：建立关系。

在这一阶段，面试考官应从应聘者可以预料到的问题开始提问，如工作经历、文化程度等，以消除应聘者的紧张情绪，创造轻松、友好的气氛，为下一步的面试沟通做好准备。

在本阶段常用的是一些封闭性问题，如"路上堵车吗？""今天天气真冷，是吧？"

步骤二：面试导入。

在这一阶段，面试考官应提问一些应聘者一般有所准备的、比较熟悉的题目，如让应聘者介绍一下自己的经历、自己过去的工作等，以缓解应聘者的紧张情绪，为进一步的面试做准备。

在本阶段常用的是一些开放性问题，使应聘者有较大的自由度，具体如"请你介绍一下你的工作经历""请你介绍一下你在市场营销方面的主要工作经验""让我们从你最近的一份工作开始讨论一下你的工作经历吧？在这家公司，你主要负责哪些工作"等。

步骤三：进入面试核心阶段。

在这一阶段，面试考官通常要求应聘者讲述一些关于核心胜任力的事例，面试考官将基于这些事实作出基本判断，对应聘者的各项核心胜任能力作出评价，为最终的录用决策提供重要依据。

在本阶段主要采用的是一些行为性问题，但通常与其他问题配合使用。例如，可以用一个开放性问题引出一个话题，然后用行为性问题将该话题聚焦在一个关键的行为事件上，接下去可以不断地使用探索性问题进行追问，也可以使用一些假设性问题。

步骤四：面试确认。

在这一阶段，面试考官应进一步对核心阶段所获得的信息进行确认。在本阶段常用的是一些开放性问题，尽量避免使用封闭性问题，因为封闭性问题会对应聘者的回答产生导向性，应聘者会倾向于给出面试官希望听到的答案。本阶段常用的开放性问题具体如"刚才我们已经讨论了几个具体的事例，那么现在你能不能清楚地概括一下你在安排新员工培训方面的程序是怎样的？"

步骤五：结束面试。

在面试结束之前，面试考官完成了所有预计的提问之后，应该给应聘者一个机会，询问应聘者是否还有问题要问，是否还有什么事项需要加以补充说明。不管录用还是不录用，均应在友好的气氛中结束面试。如果对某一对象是否录用有分歧意见，不必急于下结论，还可以安排第二次面试。同时，整理好面试记录表。

本阶段常用的问题有行为性问题和开放性问题，如"你能否再举一个例子说明你是怎样对待一个'刁钻'的客户的""请再讲一些你在员工绩效考评中所做的工作""请你再举一些例子证明你在某专业方面的技能水平"等。

扫描二维码，观看微课 33　面试流程。

微课 33
面试流程

5.4.3　面试总结

面试结束后，应根据每位考官的评价结果对应聘者的面试表现进行综合分析与评价，形成对应聘者的总体看法，以便决定是否录用。其具体的流程如图 5-7 所示。

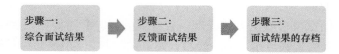

图 5-7　面试总结的流程

步骤一：综合面试结果。

① 综合评价　面试中，每位考官对每位应聘者在面试评价表中都有一个独立的评价结果，现在需要做的是将多位考官的评价结果进行综合，形成对应聘者的统一认识。这个工作可以在综合评价表上完成。综合评价表是将多位主考官的评价结果汇总得出的。

② 面试结论　面试结束后，主考官和面试小组还要给出一个面试结论。首先，根据面试评价汇总表的平均分，对应聘者进行综合评价；其次，对全部应聘者进行比较；最后，将岗位条件和应聘者的实际情况作比较，应特别重视那些和应征岗位最密切的评价项目。

可以用面试评价表综合面试结果，具体如表 5-9 所示。

表 5-9　面试评价表

应聘者		应聘岗位					面试官		日期	
评价得分			优	良	中	差	劣	初始简评或建议		
评估项目			10	8	6	4	2			
1	服装仪容及精神风貌									
2	语言表达及沟通									
3	应聘岗位专业化程度									
4	兴趣与岗位配合度									
5	工作经验有效度									
6	反应能力(可塑性)									
7	合作协调能力									
8	领导能力									
9	工作忠诚(稳定性)									
10	个人发展与企业发展的相容性									
合计得分								评价人：		

复试过程：

		评价人：		日期：	
笔试情况	测试项目				
	测试结果及分析				

用人部门建议: 录用(　　),储备(　　),弃用(　　)。 职级及薪资建议:＿＿＿＿＿＿＿＿＿ 建议人:	铂砾耐分管副总建议: 录用(　　),储备(　　),弃用(　　)。 职级及薪资建议:＿＿＿＿＿＿＿＿＿ 建议人:
铂砾耐人力资源部建议: 录用(　　),储备(　　),弃用(　　)。 职级及薪资建议:＿＿＿＿＿＿＿＿＿ 建议人:	铂砾耐总经理意见: 录用(　　),储备(　　),弃用(　　)。 职级及薪资意见:＿＿＿＿＿＿＿＿＿ 　　　　　　　签　名:
董事长意见: 录用(　　),储备(　　),弃用(　　)。 职级及薪资意见:＿＿＿＿＿＿＿＿＿＿＿＿＿＿＿ 建议人: ＿＿＿＿＿＿＿＿＿＿＿＿＿＿＿＿＿＿＿＿＿＿＿＿＿＿＿＿＿＿＿＿	
人力资源部门核定相关信息: 核定岗位: 中心＿＿＿＿＿部门＿＿＿＿＿岗位＿＿＿＿＿ 报到日期: ＿＿＿＿＿＿＿＿ 薪水: ＿＿＿＿＿＿＿＿＿＿　　核定职级: ＿＿＿＿＿＿＿＿＿＿	

　　步骤二: 反馈面试结果。

　　面试结果的反馈是指将面试的评价建议通知用人部门,经协商后,作出录用决策,并通知应聘者的过程。有时还要进行一次"录用面试",解释录用的各相关事项,解答应聘者的各种疑问。

　　步骤三: 面试结果的存档。

　　以上工作全部结束后,应将有关面试的资料备案。对公司而言,这些资料是企业人力资源档案管理系统的基础资料。这些资料体现了公司对新员工的首次全面性评价,是公司对新进员工系统考评的开始。

5.5　工作任务: 实施背景调查的业务操作

5.5.1　背景调查的准备阶段

　　背景调查工作通常可以由组织的人力资源部门承担或委托外部中介机构进行。当组织考虑将背景调查工作委托给中介机构开展时,由于组织必须对代理人的作为或不作为负法律责任，因此应当对中介机构进行评估；而当组织人力资源部的工作人员自行实施背景调查时，应事先征得应聘者的同意。其具体的流程如图 5-8 所示。

图 5-8　背景调查准备的流程

步骤一： 选择并培训调查核实人员。

开展背景调查应选择精通相关法律和法规、具备丰富经验的调查核实人员。例如，公共部门在选择调查核实人员时可以侧重选择能熟练掌握和运用《中华人民共和国公务员法》等法律法规和有关章程条例的人员。调查核实人员应能够通过情感交流与证明人建立起融洽的关系，打消证明人的戒备和顾虑；应能够阐明调查的要求，努力与证明人建立共同的立场，争取证明人的积极合作。

参加背景调查的人员都应接受相关培训。调查核实人员所提的问题越专业，调查所取得的效果就越好。特别是当采用非结构化形式收集数据时，数据质量取决于调查核实人员的技能和培训状况。因此，应当对调查核实人员进行充分训练，使其能够依据准备好的与工作有关的问题并针对证明人的回答做一些探究，确保他们全面了解并有效地完成调查核实的工作任务。对调查核实人员培训可注重三个方面：掌握有效识别文凭及材料的技能；熟练掌握与组织的主要业务相关的关键性术语和一定的专业知识；能够进行有价值的提问。另外，依据不同的调查方法，开展相应的技巧培训，如电话沟通技巧、面谈沟通技巧。

步骤二： 确定证明人范围。

具备以下四项条件的证明人被认为是有效的：①证明人有时间观察应聘者在相应条件下的表现；②证明人具备评信应聘者的能力；③证明人必须愿意提供真实、坦率的评价；④证明人必须具备表达能力，使其评价能被理解。在调查范围方面，应优先选取前任管理者或同事等直接了解应聘者工作情况的证明人进行调查，并且可以考虑建立并扩充证明人合作网络，下属、客户或人力资源部等都是获取信息的良好来源。证明人合作网络不仅有助于收集更加全面的重要信息，而且也能够减轻证明人的顾虑，提高调查的有效性和可信度。由于在观察应聘者的时机、排除主观偏见和对应聘者的了解等方面存在差异，证明人所提供的证明材料的质量也必然存在差异。因此，与证明人联系时，必须对证明人做可信度方面的调查，注重收集如证明人认识应聘者的时间、证明人的职位等信息，以获得必要的信息或验证证明人的回答。

步骤三： 制作背景调查表。

人力资源部的工作人员应根据岗位分析、工作申请表和个人履历表的有关内容，选择与理想任职者工作绩效有直接因果关系的能力、个性、工作风格等因素制作背景调查表。调查内容应以简明、实用为原则，确保每位应聘者都经历相同的程序，保证背景调查的客观性和公正性。背景调查表如表 5-10 所示。

表 5-10　背景调查表

调查人员资料					
调查人姓名		调查日期		调查人职务	
应聘者姓名		应聘职位		应聘部门	
背景调查人(一)信息					
调查人姓名		调查人现任公司		调查人现任职务	
背景调查人提供渠道		调查人联系方式		公司规模(人数)	

调查内容:

1.询问被调查人在任职机构的入职时间、离职时间及离职原因。

2.询问被调查人初入公司时所担任的职务、离开公司时所担任的职务,如有晋升经历,请提供晋升的日期。

3.询问被调查人的工作专业能力(销售业绩或举具体实例说明),在公司工作期间有无受到奖励或处罚。

4.询问被调查人的团队合作精神,与人沟通、客户服务意识、敬业等相关能力(并举具体实例说明)。

5.询问被调查人的优点及以后应注意改正的缺点。

6.原薪酬(税前)(包括基本工资、绩效奖金、社保和住房公积金)。

7.与原单位是否存在劳资或其他纠纷。

调查人签字:

步骤四:确定背景调查的内容和方法。

员工背景调查的内容主要包括身份识别、犯罪记录调查、教育背景调查、工作经历调查、数据库调查五大类。其中,身份识别是指核实候选人身份证的真假;工作经历调查包括调查工作经历是否真实,即时间、职位、是否正常离职等信息;数据库调查是指通过各种权威的信息库来查找候选人被公开的一些负面信息。

常用的背景调查方法有以下几种。

①　HR 自己进行调查　其优点在于 HR 对于候选人背景还是比较了解的,可以更好地过滤查到的信息以及可以及时作出判断,节约成本。其缺点在于个人主义色彩比较浓,调

查可能不够客观严谨，由于调查技巧不够专业，容易造成招聘成本和精力的浪费。

② 委托给第三方背调公司进行统一处理 比如全景求是，像这类公司有固定的调查信息渠道，比较专业，态度中立、客观。

③ 让猎头公司进行背景调查 这种做法节约了精力和成本，但是某些猎头通常会帮助候选人进行一些"技术处理"，因为他们和候选人的利益是一致的。

5.5.2 背景调查的实施阶段

背景调查的实施阶段的流程如图 5-9 所示。

图 5-9 背景调查实施的流程

步骤一：展开背景调查。

展开背景调查问题的话术如表 5-11 所示。

表 5-11 背景调查问题话术

HR：
· 他(她)正在申请到我公司工作，我想证实一下，他(她)在你公司工作的日期从＿＿年＿月到＿＿年＿月。
· 他(她)的工作岗位名称是什么？＿＿＿＿＿＿＿＿＿＿＿＿＿＿＿
· 他(她)的出勤记录怎样？＿＿＿＿＿＿＿＿＿＿＿＿＿＿＿＿＿
· 他(她)离职的原因是什么？＿＿＿＿＿＿＿＿＿＿＿＿＿＿＿
· 他(她)说离开公司时年(月)薪＿＿＿＿，这是否真实？是＿＿否＿＿(大多数公司不会透露他们的薪酬水平)。
· 您知道他(她)的上司如何评价他(她)吗？＿＿＿＿＿＿＿＿＿＿
· 您清楚他(她)的工作绩效如何吗？＿＿＿＿＿＿＿＿＿＿＿＿
· 据您所观察到的，他(她)与单位的同事、上司相处得怎样？＿＿＿＿＿＿
直接主管：
· 他(她)正在申请到我公司工作，我想和您确认一下，他(她)在你公司工作的日期是从什么时候到什么时候？＿＿＿＿＿＿＿＿＿＿＿＿＿
· 您知道他(她)离职的原因是什么吗？＿＿＿＿＿＿＿＿＿＿＿
· 您对他(她)的工作绩效有何评价呢？＿＿＿＿＿＿＿＿＿＿＿
· 您认为他(她)是一个什么样性格的人？＿＿＿＿＿＿＿＿＿＿
· 他(她)的优点是什么？＿＿＿＿＿＿＿＿＿＿＿＿＿＿＿＿
· 他(她)的缺点是什么？＿＿＿＿＿＿＿＿＿＿＿＿＿＿＿＿
· 他(她)与原单位同事、上司的关系是否融洽？＿＿＿＿＿＿＿＿
· 如果能让您再选择一次，你会重新雇用他(她)吗？(若不)为什么？＿＿＿＿＿

步骤二：撰写背景调查报告。

撰写背景调查报告需要的表格如表 5-12 所示。

表 5-12　背景调查报告模板

候选人姓名			联系方式			
教育经历认证						
学位证编号				真实性	□真实	□ 不真实
毕业证编号				真实性	□真实	□ 不真实
四、六级证书				真实性	□真实	□ 不真实
其他证书				真实性	□真实	□ 不真实
人事信息认证						
身份证号码			籍贯			
档案所在地			户口所在地			
直系亲属	姓名	工作单位	职务	状况		
父亲						
母亲						
丈夫/妻子						
其他重要社会关系						
工作履历认证						
公司		上级姓名			联系方式	
1.雇佣期间						
2.主要工作职责						
3.最后的工资						
4.离职原因						
5.他/她有任何影响工作/公司的个人问题吗？						
请选择适用的选项，并提供相应的意见						
6.他/她与人相处的情形如何？		□极好的	□好的	□一般	□ 较差	
7.他/她的学习能力如何？		□ 强	□不强	□其他		
8.您认为他/她是一个积极进取的人，并且可以在没有监管的情况下独立工作吗？		□是	□不是	□ 其他		
9.您如何评价他/她的出勤状况？		□极好的	□好	□一般	□较差	
10.如果有机会的话，您会考虑给他/她升职吗？		□ 会		□ 不会		
为什么？						
11.您会考虑重新雇佣他/她吗？		□ 会		□ 不会		
12.您认为他/她的长处和短处是什么？		长处				
		短处				

13.您会如何综合评价他/她？			□极好的	□ 好	□一般	□平均水平以下
公司		同级姓名	联系方式			
1.雇佣期间						
2. 主要工作职责						
3.最后的工资						
4. 离职原因						
5.他/她有任何影响同事工作的个人问题吗？						
请选择适用的选项，并提供相应的意见						
6.他/她与人相处的情形如何？			□极好的	□好的	□一般	□较差
7.他/她的学习能力如何？			□强	□不强	□其他	
8.您认为他/她是一个热爱工作的人吗？			□是	□不是	□其他	
9.您如何评价他/她的出勤状况？			□极好的	□好	□一般	□较差
10.如果有机会的话，您会希望再次和他(她)成为同事吗？			□会		□不会	
为什么？						
11.您认为他/她的长处和短处是什么？			长处			
			短处			
12.您会如何综合评价他(她)呢？			□极好的	□好	□一般	□平均水平以下
公司		下级姓名	联系方式			
1.雇佣期间						
2.主要工作职责						
3.最后的工资						
4.离职原因						
5.他/她有任何影响同事工作的个人问题吗？						
请选择适用的选项，并提供相应的意见						
6.他/她与人相处的情形如何？			□极好的	□好的	□一般	□较差
7.他/她的学习能力如何？			□强	□不强	□其他	
8.您认为他/她是一个热爱工作的人吗？			□是	□不是	□其他	
9.您如何评价他/她的出勤状况？			□极好的	□好	□一般	□较差
10.如果有机会的话，您会希望再次成为他(她)的下属吗？			□会		□ 不会	
为什么？						

续表

11.您认为他/她的长处和短处是什么？	长处			
	短处			
12.您会如何综合评价他/她呢？	□极好的	□ 好	□一般	□平均水平以下

证明人调查

证明人 1		身份证号码		工作单位	
真实性	□真实			□不真实	
证明人 2		身份证号码		工作单位	
真实性	□真实			□不真实	
证明人 3		身份证号码		工作单位	
真实性	□真实			□不真实	

犯罪记录调查

公司处分记录	□有	□无
具体行为		
贪污、受贿等违法行为	□有	□无
具体行为		
打架、盗窃等违法行为	□有	□无
具体行为		
其他	□有	□无
具体行为		

金融信息调查

住房贷款	□有	□无
大致额度		
助学贷款	□有	□无
大致额度		
高额贷款	□有	□无
大致额度		
其他	□有	□无
大致额度		

步骤三：解释并使用调查结果。

解释并使用调查结果阶段的主要任务是对调查所取得的各类信息资料进行汇总、筛选和进一步运用，包括正面信息和负面信息、客观信息和主观信息、与业绩有关的信息和与业绩无关的信息等。一般情况下，证明人不愿意非常客观地评价他人，也就是说，调查所获得的信息大多高估了应聘者的实际情况。而通过筛选信息资料，把有效的和客观的调查结果公正地运用到每位应聘者的背景调查报告中，则能够为组织的录用决策提供一定的参考。

步骤四：储存调查结果。

背景调查的最后一个环节是对每位应聘者的背景调查报告进行储存，便于组织作出录用决策，或用于解释录用决策。

5.5.3 背景调查注意事项

背景调查纠纷主要是由于候选人对背景调查的过程和结果不满造成的各种劳动关系的纠纷，由于中国目前的法律没有明确地对企业背景调查的权利和义务进行界定，不满的候选人就很有可能诉诸法律。这种情况违背了背景调查的初衷，无论是对于公司的声誉，还是对公司正常的运营，都是极有害的。

1. 要获得候选人/员工的理解和支持

背景调查者应把调查的目的、调查的内容、调查人员的范围都向被调查人作解释说明，最好是在面试中就告知候选人，让他们有思想准备，这样后续的调查也能获得他们的配合和支持。此外，要求候选人填写背景调查信息表。在该表中，除了要求候选人提供各种需要调查的信息外，还应包括候选人亲笔签署的授权书和声明书。授权书的大体内容是授权用人单位以及其第三方代表来调查表格中的各项信息，并免除因此产生的一切责任。声明书的样本如下：本人声明，该调查信息表里面填写的信息真实无误，本人清楚如有虚假或者遗漏，可以按照公司的聘用、惩戒和解聘规定处理，可能导致的违纪处分，包括拒绝聘用和解除劳动关系。

2. 在背景调查过程中要保持严谨和客观的态度，妥善处理背景调查的负面结果

对于疑似负面的信息，要排除各种特殊情况，并多渠道求证，不能轻易下结论，要相信大部分员工都是诚实的，何况是过五关斩六将的候选人。但是一旦确定这些负面信息属实则需采取相应措施，情节较轻者从轻处理，如培训、调整工作岗位等，情况严重的要果断地拒绝聘用，或与之解除劳动关系。

值得一提的是，由于很多候选人是骑驴找马，所以可能尚未与目前的公司解除劳动关系。所以在背景调查表的每段工作经历后面，需要候选人注明是否可以与该雇主联系，如果现在不行，何时可以。否则人力资源部冒失地打电话过去，会产生一些不必要的麻烦。

3. 完善背景调查的各种制度和流程，保留各种书面资料

这些资料包括以下几方面。

(1) 背景调查信息表的存档，尤其是里面的授权书和声明书。

(2) 书面形式记录的调查内容，包括证明人拒绝核实等情况都应一并记录，并将其归档。

(3) 为雇员建立并完善背景调查档案，并保证这些档案的安全，确保只有相应的工作人员才能查看或者处理这些信息资料。

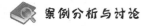

应聘简历

女 37 岁　16 年工作经验　本科　未婚

自我评价

认真负责，公正严谨，思维缜密，有良好的计划控制能力、组织协调能力、执行力及分析判断能力，擅长将公司战略、公司运营与员工的绩效进行有效的整合，在提高每位员工绩效和能力的同时，也提高了公司整体绩效，从而实现公司战略目标，保持公司持续发展。

工作经历

2012.10 至今　某传媒广告公司（5 年 2 个月）

人资行政总监 | 15 000～25 000 元/月

　　　媒体/出版/影视/文化传播 | 企业性质：民营 | 规模：100～499 人

工作描述：

1. 全面统筹制定公司的人力资源战略规划，并监督执行，落实到位。

2. 建立并完善人力资源管理体系，研究设计人力资源管理模式，包含招聘、绩效、培训、薪酬、员工发展等体系，制定和完善人力资源管理制度；制定并完善各类规章制度，并监督检查，贯彻执行。

　　a. 结合公司发展战略，制定人才需求规划，通过校园招聘和网络招聘，吸引适合公司发展需要的人才，严格实习和试用期的学习考核机制，优胜劣汰，能者上，庸者下，沉淀优秀的适合的人才，并保持稳定性。

　　b. 根据行业状况，独立制定符合公司发展的绩效考核体系，加大正激励力度，主要依靠引导而非惩罚，确保员工明确工作目标，并力争完成。在此机制下，真正实现了能者多劳，多劳多得，劳有所得，从而确保公司整体效率的提升。同时与员工发展相结合，提高人岗匹配度。

　　c. 独立制定符合公司特色的培训管理体系（需进一步核实被动变主动培训的具体方法、培训转化率的确认方法），从入职培训到岗位培训等多种形式，使每个员工都是参与者，变被动培训为主动培训，以培训结果为导向，切实确保培训转化率。

3. 向公司决策者（用词不明确，说明日常沟通中信息传递的有效性）提供有关人力资源、组织建设等方面的建议，优化公司发展，提高公司综合管理水平。

4. 维护、发展、传播企业文化，定期安排人员组织员工活动，提高员工凝聚力、向心力，营造和谐融洽的企业办公氛围。

5. 制定各职系员工职业发展体系，重点关注关键岗位人员的职业成长，做好员工发展的日常管理工作……

2006.09—2012.08 山东某房地产开发有限公司(5 年 11 个月)

人力资源部经理

　　　房地产/建筑/建材/工程 | 企业性质：股份制企业 | 规模：500～999 人

工作描述

工作职责

负责全面统筹并落实人力资源发展规划,指导监督部门工作的开展,负责人力资源体系的建设、完善、推行与应用。

工作业绩

1. 建立公司人力资源管理体系(组织架构、管理制度、业务流程、管控模式)。

2. 完成公司人力资源调研工作(组织架构、岗位编制、业务流程、薪酬)并形成人力资源报告。

3. 建立基于管理岗位的胜任力通用素质模型。

4. 完成公司组织架构流程梳理和定岗定编工作。

5. 组织编写各部门各岗位职位说明书,并适时地修改完善。

6. 完成公司绩效考核体系的制定,并组织落实,适时修正。

7. 完成公司年终绩效考核工作,根据绩效考核结果进行绩效分析,为培训方案和员工职业生涯规划提供依据。

8. 完成培训体系的制定,并组织落实,适时修正;制订公司年度培训计划,并严格实施,适时调整;组织进行培训效果评估,并及时完善和调整。

9. 完成公司重要岗位的招聘工作;指导监督其他岗位员工的招聘,择优录用。

10. 完成公司基于岗位价值的科学化的薪酬政策,指导监督员工的日常薪酬福利管理。

11. 建立健全企业文化,通过多种途径宣传企业愿景、经营理念,规范员工行为,形成良好的氛围。

12. 组织受理员工投诉和公司劳资纠纷,完善内部沟通渠道,协调处理劳动争议。

13. 协调、组织各部门之间的工作关系,保证公司工作顺利开展。

14. 协调处理公司管理过程中的各类人力资源问题。

2001.09—2006.08 北京某机械设备有限公司(4 年 11 个月)

人事助理

贸易/进出口 | 企业性质: 股份制企业 | 规模: 100~499 人

工作描述

工作职责

协助部门经理开展人力资源相关工作,主要负责以下工作。

1. 协助经理日常工作。

2. 负责公司固定资产管理。

3. 负责人事档案管理。

4. 完成人员招聘、培训、入职、离职手续办理。

5. 社保手续办理。

6. 薪资福利管理……

教育经历

2013.09—2016.07 某师范大学人力资源管理 本科

1999.09—2001.07 某农业大学 现代文秘 大专

培训经历

2012.05—2012.06　二级人力资源管理师

2011.05—2011.06 C1 驾驶证

专业技能

能熟练运用各种办公软件：精通 |96 个月。

其他特长

1. 人力资源专业知识和技能掌握全面，面试过千人以上，选拔人才经验丰富，对人力资源各模块都有实际操作经验和技巧，对人力资源体系从战略到执行有深刻的理解。

2. 十余年的工作经验，从前期基础工作的学习与应用，提高个人专业能力和工作技巧，到后来从更高的平台应用工作经验并继续历练，为企业和自身都带来了更大的价值。

请根据应聘人资总监的简历来分析该应聘者的优势、劣势、性格特点、适合岗位和薪酬身价等。

(资料来源：互联网综合收集、整理及加工)

中国交通银行 2018 年校园招聘笔试内容

一、中国交通银行 2018 年校园招聘考试题型分布(见表 5-13)

表 5-13　中国交通银行 2018 年校园招聘考试题型分布

中国交通银行 2018 年校园招聘考试题型分布				
年份	考试内容	题　型	具体考点	题　量
2018	通用素质能力测评	单选	言语理解	5 题
			逻辑理解	8 题
			数学思维	23 题
			资料分析	10 题
	综合能力测试	单选 / 多选	英语	5 题
			综合常识	9 题
			时政	10 题
			交行常识	5 题
			计算机常识	10 题
			经济金融	20 题

二、笔试试卷内容及答案

(一)通用素质能力测评

(1) 言语理解——考察个体对书面文字的理解、表达和运用能力，对管理、法律、研究、销售和行政类岗位非常重要。言语理解题型包括：逻辑填空、片段阅读、语句表达、定义判断、语病修改等。

※将以下六个句子重新排列组合。

① 广告公司和传媒是拜物教的布道者。

② 它们负责阐述和传播"意义"，消费者负责接收"意义"，直至最后为这些虚无缥缈的"意义"买单。

③ 快速消费品行业和时尚行业最热衷于塑造 Logo，前者需要横向的地毯式轰炸营造品牌幻觉，后者需要纵向的高端价值塑造以榨取高附加值。

④ 物质丰裕的年代里，拜物教大行其道。

⑤ 各式 Logo 因而成为最显眼的图腾——你不一定能发出它们的标准读音，但在广告的教育下，你一定明白它来自哪个国家，代表哪一类商品，象征的是古典还是现代。

⑥ 你未必每周去念经或者做礼拜，但你必定每天在家里、电梯和公交车上接受广告的洗礼。

排列组合最连贯的是(   )。

A. ③⑤④①②⑥　　　　　　　　　　B. ④①②⑥③⑤

C. ④⑥①②⑤③　　　　　　　　　　D. ③⑥⑤④①②

【答案】C

(2) 逻辑推理——考察个体根据事实或规律等进行推理及对复杂图形、空间的处理转换能力，对计算机编程、电子、技术、工程类岗位非常重要。逻辑推理主要题型包括：图形推理、类比推理、演绎推理、智力推理、数字推理等。常考题型为：图形推理、数字推理、演绎推理。

※根据以下图形的规律，问号处应填入的是(   )。

【答案】D

(3) 数字运算——考察个体对基本数字运算能力和对数据的理解、处理能力，对管理、财务、工程、研究、销售和行政类岗位非常重要。数字运算分为：行程问题、工程问题、浓度问题、植树问题、利润问题、比例问题、几何问题、计算爬绳次数问题、概率问题、鸡笼问题、牛吃草问题、和/差/倍问题、时差问题等。

※有一个三位数，百位上的数字比十位上的数字大而且都可以被 3 整除，十位上的数字和个位上的数字都可以被 2 整除而且相加的值比百位上的数大 1，则这个三位数是(   )。

A. 632　　　　　　　B. 962　　　　　　　C. 630　　　　　　　D. 964

【答案】D

(4) 思维策略——考察个体在解决问题时思维的发散程度及提出多重方案的能力，对销售、研究、管理类岗位非常重要。思维策略题目和数字运算题型差不多，主要是考查学生通过发散性思维来解答问题。

　　※10÷(20÷30)÷(30÷40)÷(40÷50)÷(50÷60)=(　　　)。

A. 6　　　　　　　　B. 3　　　　　　　　C. 30　　　　　　　　D. 1/6

【答案】C

　　(5) 资料分析——考察个体对复杂书面材料或图表数据进行分析、判断和综合处理的能力，对管理、研究、技术和行政类岗位非常重要。资料分析分为文字型资料分析、图形型资料分析、图表型资料分析、混合型资料分析等。

　　※根据以下材料，回答下列问题。

　　2013 年全年某地区消费品零售总额为 156 998 亿元，比上年增长 18.3%,扣除价格因素，实际增长 14.8%。按经营地统计，城镇消费品零售额为 136 123 亿元，增长 18.7%；乡村消费品零售额为 20 875 亿元，增长 16.2%。按消费形态统计，商品零售额为 139 350 亿元，增长 18.4%；餐饮收入额为 17 648 亿元，增长 18.1%。

　　在限额以上企业商品零售额中，汽车类零售额比上年增长 34.8%,粮油类增长 27.9%,肉禽蛋类增长 21.7%,服装类增长 25.8%,日用品类增长 25.1%,文化办公用品类增长 23.5%,通信器材类增长 21.8%,化妆品类增长 16.6%,金银珠宝类增长 46.0%,中西药品类增长 23.5%,家用电器和音像器材类增长 27.7%,家具类增长 37.2%,建筑及装潢材料类增长 32.3%。

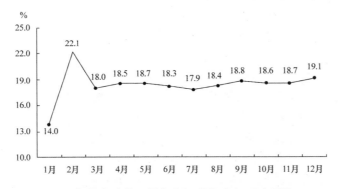

2013 年社会消费品零售总额增长速度(月度同比)

　　① 2013 年该地区全年乡村消费品零售额是(　　　)。

　　　A. 156 998 亿元　　　B. 20 875 亿元　　　C. 139 350 亿元　　D. 136 123 亿元

　　② 下列消费品零售额中，2013 年增长最快的是(　　　)。

　　　A. 城镇消费品零售额　　　　　　　　B. 商品零售额

　　　C. 餐饮收入额　　　　　　　　　　　D. 乡村消费品零售额

　　③ 2013 年该地区社会消费品零售总额增长速度(月度同比)高于 18.5%(含 18.5%)的有(　　)个月份。

　　　A. 5　　　　　　　　B. 6　　　　　　　　C. 7　　　　　　　　D. 8

　　④ 相对于 2010 年来说，2013 年的社会消费品零售额增幅是(　　　)。

　　　A. 67.8%　　　　　　B. 41.8%　　　　　　C. 39 106 亿元　　　D. 63 426 亿元

　　⑤ 根据以上材料，下列说法不正确的是(　　　)。

　　　A. 2013 年的餐饮收入额约为 14 943.3 亿元

B. 2009—2013 年社会消费品零售总额增长速度最快的是 2011 年

C. 在限额以上企业商品零售额中，汽车类零售额比上年增长 27.9%

D. 在限额以上企业商品零售额中，肉禽蛋类比服装类增长慢

(二)综合能力测试

考试内容：时政、交通银行常识、金融(金融学和商业银行)、经济学、计算机网络常识、综合常识等。

(1) 时事政治。

※2017 年金砖五国峰会的参与国家是(   )。

A. 中国、俄罗斯、加拿大、南非、泰国

B. 中国、印度、俄罗斯、巴西、南非

C. 中国、印度、俄罗斯、意大利、希腊

D. 中国、美国、俄罗斯、巴西、南非

【答案】B

(2) 交通银行常识。

※交行的精神是(   )。

A. 崇尚信誉   追求卓越   稳健致远

B. 拼搏进取   责任立业   创新超越

C. 诚信永恒   稳健致远   创新超越

D. 价值卓越   国际一流   创新超越

【答案】B

(3) 金融基础知识。

※中央银行是发行的银行，是指中央银行垄断货币发行权。以下关于中央银行集中与垄断货币发行权的必要性表述不正确的是(   )。

A. 统一货币发行是中央银行保持币值稳定的需要

B. 统一货币发行是货币正常有序流通的保证

C. 统一货币发行是中央银行实施货币政策的基础

D. 统一货币发行是保持证券市场稳定的需要

【答案】D

(4) 经济学分为微观经济学和宏观经济学。

※在研究需求弹性中，一个人对某种商品的需求的唯一普遍规律就是：如果其他情况不变，他对此商品的需求(   )。

A. 会随着对其拥有量的增加而增加   B. 与对其拥有量的变化模糊相关

C. 会随着对其拥有量的增加而递减   D. 与对其拥有量的变化无关

【答案】C

(5) 计算机网络常识。考试内容一般不会涉及太深的计算机专业知识，会考到计算机软硬件常识、电子商务知识及计算机辅助电子设备知识。

※无线局域网(WIFI)是基于(   )标准发展起来的无线网技术。

A. 802.5   B. 802.11   C. 802.12   D. 802.3

【答案】B

(6) 常识判断。

※中国白酒的品种很多，其中浓香型白酒的代表是( )。

　　A. 二锅头　　　　　B. 董酒　　　　　C. 五粮液　　　　D. 茅台

【答案】C

(三)英语测试

This exhibition brings together outstanding works from the earliest times to the present in a thematic arrangement that is fresh and unique.

With works spanning 5000 years, no such cross-cultural exhibition on this scale has ever been attempted. The exhibition features over 150 of the finest bronzes from Asia, Africa and Europe and includes important discoveries as well as archaeological excavations. Many of the pieces have never been seen in the UK.

Arranged thematically, bronze brings together outstanding works from antiquity to the present, different sections focus on the human figure, animals, through to rare survivals from the Medieval Period. The Renaissance is represented by the works of artists such as Ghiberti, Donatello, Cellini, and later Giambologna, De Vries and others Bronzes by Rodin, Boccioni, Picasso, Jasper Johns, Moore, Beuys and Bourgeois are representative of the best from the 19th century to today.

Bronze has been employed as an artistic medium for over five millennia. It is an alloy consisting mainly of copper, with lesser amounts of tin, zinc and lead. Due to its inherent toughness and resistance, the material's uses over the centuries have been remarkably varied a section of the exhibition has been devoted to the complex processes involved in making bronze, enabling visitors to explore how models are made, cast and finished by a variety of different techniques. The exhibition offers a unique exploration of artistic practice, an understanding of the physical properties and distinctive qualities of bronze, and the rare opportunity to see the very best examples in one place.

Bronze has been organized by the Royal Academy of Arts. The exhibition is curated by Professor David Ekserdjian, of the University of Leicester's Department of the History of Art and Film, and Cecilia Treves, Exhibitions Curator at the Royal Academy of Arts, with an advisory committee of experts in the relevant fields.

1. According to the first and second paragraph, the central features of the exhibition is( ).

　　A. its themes　　　　　　　　B. works spanning over 5000 years

　　C. important discoveries　　　　D. the most outstanding works

【答案】D

2. The thematic arrangement includes all of the following except( ).

　　A. different sections　　　　　　B. arrangement focusing on some periods in history

　　C. famous artists joint together　　D. the theme that brings together works

【答案】C

(四)心理测试

测试说明：下面的题目描述了人们对某些生活事物的看法，以及一般的行为特征，每道题都有四个可供选择的描述。请您根据个人情况，对每道题的四种描述在您心目中的重要性(或符合您的情况)作出判断，并把相应的数字填写在每句描述后面的括号里。

请在您认为最重要(或最符合您情况)的描述后面的括号里填1，在您认为第二重要(或第二符合您情况)的描述后面的括号里填2，并依次类推。

试题举例：您认为一个政府最主要的目标应该是(　　)。

A. 提高国家在国际上的声望

B. 发展经济，促进生产与贸易水平的提高

C. 促进社会公平，使弱者尽可能得到帮助

D. 创造宽松的环境，使每个人都能按照自己的方式生活

思考与练习

1. 简历的概念是什么？构成要素有哪些？

2. 笔试的特点是什么？优缺点和类型又分别有哪些？

3. 面试的概念是什么？类型有哪些？

4. 背景调查的概念是什么？目的和作用又分别是什么？

5. 简历筛选的流程是什么？

6. 笔试试题设计有哪些内容和要求？笔试试题设计包括哪些流程？

7. 面试实施的业务流程是什么？

8. 背景调查的业务流程是什么？背景调查的注意事项有哪些？

■ 拓展阅读

疫情当下，HR该如何在线甄选千里马？

面对疫情，如何"零接触"完成人才招聘已经成为一个热点问题。随着"远程办公"上了热搜，"远程招聘"中的"远程甄选"也已成为供需双方很多企业的关注点，甚至有趋势成为未来企业选人用人的常态实践。

(一)远程甄选的优势

1. 节省成本

远程甄选不仅节约了求职者的旅途费用和时间，而且扩大了企业的招聘范围，节省了企业参加现场招聘的费用及时间，提高了面试甄选的效率，真正实现了"双赢"。在大量使用在线测评进行多级筛选的情况下，更是直接提高了招聘流程的规模效益，在疫情传播的情况下，有利于更有效地保护组织成员和应聘者。

2. 设备简单

远程甄选设备简单，可适用于各种网络环境，如可以在学校、家庭、公司、网吧等地方上网使用。企业只需要能上网的计算机、摄像头、耳机和话筒就能直接使用，候选人更是只需要一部智能手机。

3. 互动快捷

远程甄选互动快捷，不受时间、地域的限制，可以迅速、快捷地传递信息，而且还可以瞬间更新信息。

4. 软检测性

在信息技术高速发展的今天，能否熟练地使用计算机、使用互联网已经是绝大部分工

作所需的基本技能之一。而在网上与应聘人员进行交流、沟通的过程，实际上也是对应聘者计算机使用能力的检验，因此，可以说也是对应聘者技能、动机愿望等侧面的考察。

(二)远程甄选存在的问题分析

就实际而言，国内的远程甄选实践还不成熟，仍存在着诸多问题。比如:

1. 过分依赖于远程视频面试

视频面试固然可以看到应聘者的长相、谈吐，但这常常并不是用人者最关心的内容，从本质上讲，人才甄选的根本目的，在于洞察候选人与未来工作绩效相关的胜任能力；异步视频面试(是相对于同步视频而言的，即应聘者把个人简历制作成视频资料，发送到应聘单位，如果应聘单位对应聘者感兴趣，则可以进一步安排面试)难以对求职者进行追问，设定问题的效度难以保证同步视频面试"首因效应"过重，有些应聘者比较"上镜"，不够公平。

2. 简历结构化不足，前期筛选效率不高

目前，仅通过简历仍很难了解到应聘者的能力和潜力，对于那些外表普通、文字表达能力不好的求职者来说，很难有机会展示自己的优势，甚至恰恰突出了个人弱点。

3. 测评深度和全面性有限

在现场面试，有时招聘人员会挖一些"陷阱"或者制造一些压力，看对方的举止及应对能力，而远程招聘就不易做到；过分依赖于面试考官的水平，远程面试中，经验有限的面试考官连起码的"相面"都无法充分做好，常常感到心力交瘁而不得要领。

(三)如何完成一次靠谱的线上人才甄选

要进行线上人才招聘，就要涉及招聘人才标准、信息发布、人才评估、入职准备等，我们不妨把整个招聘活动划分为三个阶段: 招聘前准备、招聘中实施、招聘后跟踪，如图 5-10 所示。

招聘前准备	招聘中实施	招聘后跟踪
企业人才标准 人才招聘方案 人才面试计划	发布招聘广告 简历初筛 线上人才测评 远程面试	录用通知 入职培训

图 5-10　线上招聘的流程

这个过程很好理解，不过在远程办公情境下具体操作起来，我们建议考虑通过两个大方面的努力，来确保远程甄选的效果。

首先，在线实现人才甄选标准的建立。提到人才标准的建立，以往大家首先想到的就是通过 BEI 行为事件访谈建模法(Behavioral Event Interview，BEI，是人才测评中的常用工具，常用在胜任力模型构建中，也是人才选拔面试和发展测评的常用工具之一)来进行能力模型搭建，或者是简单一点的卡片建模法(建模工作坊)。很明显，这两种方式都不是很适合远程办公的情境。这个时候更合适的做法是在线统计法建模。安永 EYS 的敏捷建模法BCM(Bright Competency Modeling)，如图 5-11 所示，利用了胜任能力模型积累的大数据，结合有效的统计分析和算法，通过一套标准化的调查问卷，准确地评估企业的文化价值观、组织架构、管理风格、完成对建模岗位的标准化工作分析，可以帮助企业快速构建各种类型的胜任能力模型，甚至可以导入企业自身过去经验无法触达的"指向未来的能力素质"，实现数字化时代的快速精准建模，同时保持所有的过程在线化、数字化。

BCM 的建模实施流程大大缩短了实施周期，为组织节约了宝贵的时间。通过 BCM，可以将过去至少需要 3 个月完成的建模项目，提速到最快不超过 1 个月即可完成。此外，BCM 借助数据分析技术，提供一个简洁易用的操作平台，可以将建模过程中的数据保留在一个统一的系统平台上，不仅易于和企业已有的数据系统通过接口实现对接，尤其方便大型组织实现人才管理各个模块对人才标准和人才数据的采集和使用。例如，基于能力体系，可以实现从具体岗位建模对人才招聘、选拔、评估、培养、晋升的各种人力资源管理实务操作的支持，如图 5-12 所示。

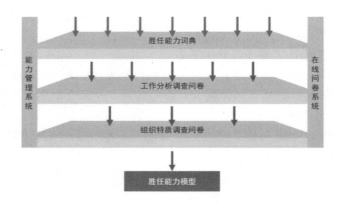

图 5-11　BCM 建模方法论模型

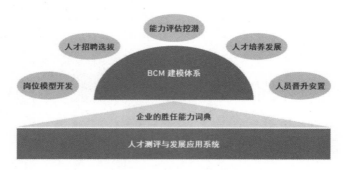

图 5-12　BCM 的应用方法

其次，以线上人才测评为主，配合以远程视频面试。人才甄选说到底就是对人才进行深入的有效洞察，以便更好地作出人事决策。面对疫情，各家人才测评和招聘供应商纷纷推出了测评/面试产品，包括社交媒体数据分析、AI 简历筛选、心理测验、视频面试、AI 机器人面试等。纵观这些方法和工具，各有利弊，有的是保证了远程，但是没能保证对人才更深入的洞察；有的保证了便捷，但是对人才的洞察缺乏立体性、系统性……图 5-13 针对招聘的不同环节可以应用不同的技术工具，可以在某种程度上解决上述问题。

从图 5-13 中我们不难看出，从简历筛选到远程面试环节，都可使用与之相匹配的技术工具。比如：在简历初筛阶段，使用 AI 简历筛选，虚拟现实的工作预览 VRJP，BioData 计分的背景信息问卷粗筛，保证效率；在优选阶段，使用线上人才测评，如认知能力测验、人格测验、动机测验、行为风险检测等；在确认阶段，采用远程面试手段，如视频面试、线上情景化模拟面试等。在此处，值得特别重视的是线上人才测评，即心理测验在远程甄选中的应用。因为其他如视频面试和线上情景化模拟面试更偏重于有限的即时行为表现取样，在有限的时间内和远程场景下，总如隔靴搔痒，并不容易系统地探查到候选人冰山下的人格、动机、行为风险等，所以难以达成对候选人的深刻洞察，甚至是放大了线下面试的主观随意性强、表面化、时间短的不足之处。

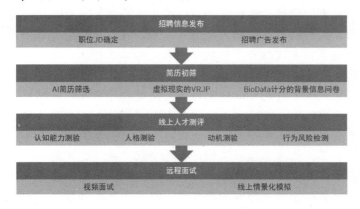

图5-13　招聘环节的技术工具

管理心理学家和资深人力资源工作者的长期研究和实践证明，要系统而立体地洞察一个人，至少需要覆盖到图5-14所示的抱负、能力、人格、业绩、经验、敬业度六大方面。无论是面对面的还是远程的面试和情景模拟方法，受其固有的时间和条件的限制，都很难达到这种系统效果。危机情境之下，安永EYS建议使用全面覆盖抱负、认知、人格、业绩、经验、敬业度六大方面的系统人才测评线上工具，补充甚至取代面试和情景模拟方法。这些由心理学家基于百年研究形成的成熟职业心理测验技术，不同于网络和娱乐媒体中流行的趣味"心理测验"，往往包含几十、数百道精心编制和选定的、系统化、结构化的测验/问卷题目，每个题目都是一个行为取样，最终才能通过统计推论，对考生应答结果形成信度和效度俱佳的洞察，才有可能达到有效的甄选目标。

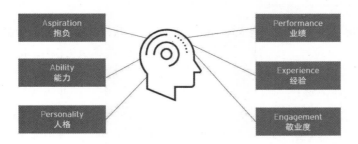

图5-14　安永人才测评与发展中心高潜人才盘点评估 AAPPEE 模型

以线上人才测评中的"行为风险检测"问卷为例，其设计旨在科学地识别出在高危、高压等情境下容易出现行为脱轨的个体，比如容易出现反社会、违规违纪、情绪不稳定、心理过分脆弱、人际协调差、合作性差等问题个体。这样的个体，在正常工作场景下可能对工作适应并无太大问题,但在特别的场景下,特别是管理和服务性的工作岗位上,则有更大的可能性出现有问题的工作行为,给社会、组织甚至其本人,特别是其服务的弱势群体人员带来伤害。在大规模远程甄选中,通过测试,组织可以用一张汇总报告轻松地识别出潜在有问题的人员,大大节省了招聘人员的时间精力,提升了其工作效率和效果。

情景模拟和面试测量都旨在测量胜任力,而心理测验则是测量人的稳定的心理特征,也是任何复杂胜任能力的基础,正好可以弥补情景模拟和面试时间和条件局限造成的不足。通过测量底层认知能力、动机、价值观和人格特质探寻胜任力背后的行为原因,以心理品质与胜任力匹配的方式打通其与胜任力之间的关系,可以根据企业胜任力模型制定胜任力测评,将心理测验与远程面试结合,替代普通面试和情景模拟,再配合以简历筛选、社交媒体信息和互联网信用数据调查等方式,综合达成较完美的人才洞察。

最后,远程人才甄选方法也可以转化为一次快捷人才盘点。纵然疫情突袭,企业也要砥砺前行。在没有疫情的情况下,企业往往在年底/年初进行组织人才盘点,为一年的业务发展做好人才配置准备,但正常情况下,企业的各级管理者往往以年底/年初工作任务繁忙等各种理由,推迟甚至推托人才盘点工作,在这个抗"疫"特别时期,人才"选用育留"都面临很多困难,反而是管理者的时间一下子空余起来,企业 CEO 和 OD 部门不妨考虑利用这个空当做一次线上测评为主的人才轻盘点,有意识地加强危机中的人才发展和储备工作,转危为机,避免疫情过后企业人财两"荒"。

挑战也孕育着机会。这次的疫情冲击,正使许多有实力、有雄心的企业逆势奋发,强化充实其人才储备。毕竟,一部分医疗、医护设备、医药研发、物流、互联网和基础电信运营、在线教育和学习等行业和企业在疫情中正大显身手,而且冬天总会过去,对更多企业而言,谁能够在这一阶段克服困难、留住人才,甚至抓住机遇、充实其自身的人才库,谁就能够在春天到来之时处于领先地位。愿良好的设计方案、新技术和新方法可以帮助广大企业组织做好远程人才甄选,助力这些当前和未来的战斗队,奋战疫情防控,并在春天之后的未来走得更远、更好。

(资料来源:https://www.sohu.com/a/372377933_676545.)

推荐阅读

1. 许锋. 筛出黄金人才:人才测评 X 档案[M]. 北京:北京联合出版公司,2012.

2. 赵曙明,赵宜萱. 人才测评——理论、方法、工具、实务[M]. 北京:人民邮电出版社,2019.

3. 刘远我. 人才测评:方法与应用[M]. 3 版. 北京:电子工业出版社,2015.

4. 徐世勇,李英武. 人员素质测评[M]. 北京:中国人民大学出版社,2019.

5. 何海涛. 剑指 Offer:名企面试官精讲典型编程题[M]. 北京:电子工业出版社,2017.

项目6 人员录用

┌─ 【项目概述】 ─────────────────────────────────
│
│   人员录用是依据选拔的结果作出录用决策并进行安置的活动，其中最关键的
│ 内容是做好录用决策。录用决策是依照人员录用的原则，避免主观武断和不正之
│ 风的干扰，把选拔阶段多种考核和测验结果结合起来，进行综合评价，从中择优
│ 确定录用名单，也包含为员工办理入职、签订劳动合同的过程。
│
└───

【学习目标】

- 能够掌握人员录用的概念及原则。
- 能够掌握录用决策要素的内容和录用决策者的人员范围。
- 能够了解入职管理的概念，并能够理解录用面谈的重要性。

【技能目标】

- 能够根据录用决策的程序，进行录用决策，并纠正录用过程中产生的误区。
- 能够进行录用通知的编写，并进行录用通知的发送。
- 能够掌握新员工入职的流程，并独立地为新员工办理入职手续。
- 能够对员工进行录用面谈。
- 能够根据劳动合同签订的流程，独立地与新入职的员工进行劳动合同签订，并避免签订过程中的风险。

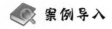
案例导入

案例1：重庆 XXX 科技有限公司招聘录用管理办法

重庆 XXX 科技有限公司招聘录用管理办法

1　总则

1.1　目的

- 规范公司的招聘工作。
- 保障公司人力资源配置满足公司战略规划和业务发展的需求。

1.2　原则

- 计划：依据公司人力资源规划制订招聘计划。
- 有效：用适合的方式选择合适人才。
- 责任：人力资源部门与用人部门共同承担。
- 宣传：利用一切机会积极宣传公司。
- 同化：对新进员工进行同化教育，使其尽快进入工作角色。
- 考核：试用期过程中严格考核，保证入职员工的素质。

1.3　范围

公司全体员工。

2　组织

- 人力资源部门。
- 用人部门。
- 招聘小组。

3　流程

- 招聘计划。
- 招聘流程。
- 招聘后续工作。

4　描述

4.1　准备

熟悉《公司人力资源年度规划》。

4.2　编制招聘计划

4.3　报批录用

- 人力资源部门对拟录用名单进行报批。
- 人力资源部门统一通知录用人员，发放《录用通知书》或电话通知。

参见《录用通知书》。(略)

- (应包含：试用时间、试用岗位、员工入职须知、公司路线、交通介绍等)。

4.4　入职安排

- 审核证书原件，组织体检。
- 对证件复印件、体检表等进行存档。
- 签订《试用期劳动合同》《保密协议》。
- 人力资源部门签发《上岗通知书》。

- 办公设备安排(计算机、办公用品、考勤卡等)。
- 行政后勤安排(宿舍安排等)。

参见《员工入职安排跟踪表》。

4.5 试用期使用

(1) 试用期期限。

- 试用期一般为3个月。
- 特殊情况(试用期少于3个月或免试用),由用人部门提出申请,人力资源部门审核,总经理批准。

(2) 试用期目标。

- 所有新员工须以书面形式与直接主管签署经审批后的工作目标,并列为试用期合同的附件。
- 试用期工作目标由直接主管与人力资源部门审核、审批,人力资源部门备案。

参见《员工试用期目标跟踪表》。

(3) 试用期间待遇。

见有关工资的规定和制度。

(4) 试用期间培训。

由人力资源部门组织,用人部门制订《员工入职培训计划》,对新员工进行同化培训工作。

参见《员工入职培训计划》。

(5) 转正安排。

- 新员工应于试用期结束前一周填写《员工试用期总结报告》《转正申请表》,提出转正申请。
- 所有新员工必须经过转正考核才能成为公司正式员工。
- 考核内容:工作态度、工作能力、工作成果、试用期目标完成情况、受培训效果情况。
- 考核方式:由人力资源部门组织考评小组进行考核。
- 转正条件:考核总评分数85分(含)以上予以转正,特殊情况由总经理审批。
- 对表现确实优秀并有突出业绩的人员,可由所在部门提出提前转正,并交由人力资源部门报批。

4.6 年度总结

- 对于招聘策略、方向及过程,每年应进行年度总结,以提高招聘的效率和达到良好的效果。
- 年度总结通过年度招聘总结会的形式进行。
- 年度总结会分两步进行:由各人力资源部门与相关用人部门分别召开本系统招聘总结会议;各人力资源部门共同召开"系统年度招聘总结会议"。

4.7 资料入库

整理资料并归档。

请仔细阅读以上招聘录用管理办法,尝试分析它的可借鉴之处或者劣势,并说明理由。

案例2：新员工入职标准流程

表 6-1 所示是重庆某公司的新员工入职标准流程。

表 6-1　新员工入职流程

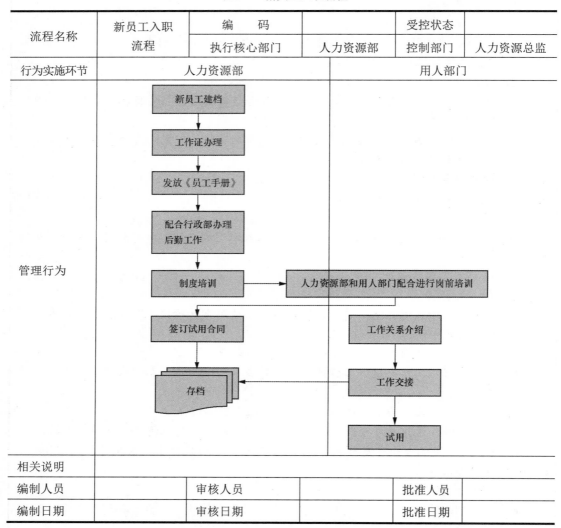

流程名称	新员工入职流程	编　码		受控状态	
		执行核心部门	人力资源部	控制部门	人力资源总监
行为实施环节	人力资源部			用人部门	
管理行为					
相关说明					
编制人员		审核人员		批准人员	
编制日期		审核日期		批准日期	

请评价以上流程有哪些值得借鉴或改进的地方，分别说明理由。

6.1　相关知识：录用决策与入职管理

6.1.1　员工录用的概念及原则

1. 员工录用的概念

员工录用是依据选拔的结果作出录用决策并进行安置的活动，其中，最关键的内容是作出录用决策。录用决策是依照人员录用的原则，避免主观武断和不正之风的干扰，把选拔阶段多种考核和测验结果结合起来，进行综合评价，从中择优确定录用名单。

2. 员工录用的原则

1)　公平竞争原则

公平竞争原则是指对待所有应聘者应当机会均等，一视同仁，不得人为地制造各种不平等的限制(如性别歧视)。组织的所有空缺职位向一切最合适的人开放，不管是组织内部还是外部的应聘者，努力为社会上有志之士提供平等竞争的机会，不拘一格地选拔录用各方面的优秀人才，以保证组织选拔到最满意的人才。

2)　因事择人与因人任职相结合原则

因事择人强调人员录用必须按照组织的人力资源招聘计划和岗位的特性招收员工，要根据职位的要求，知人善任，扬长避短，为组织招聘到最合适的人才并把他安置到合适的位置上。同时，还必须考虑每个人的能力特点、个性差异来安排相应的职位，做到"人尽其才""用其所长""职适其人"，以利于人的能力的发挥与今后个人职业生涯的发展。把因事择人与因人任职相结合，可以大大提高人力资源的利用率。

3)　择优录用原则

这是人员录用的核心。择优就是要广揽人才，选贤任能，在甄选结果的基础上为各个岗位选择一流的工作人员。因此，录用过程应是深入了解、全面考核、认真比较、谨慎筛选的过程。做到"择优"必须对照招聘标准，严格按照科学的选拔录用流程来操作。

4)　求职动机优先原则

在合格人选的工作能力基本相同时，候选人希望获得这一职位的动机强度则是作出录用决策时所注重的一个基本点。研究表明，个体的工作绩效一般取决于个体的能力和积极性两个因素。如果两个人的能力基本相同，积极性却很不相同，那么两个人的工作绩效则差异很大。求职动机是影响新员工积极性的一个很重要的因素。一般而言，已经辞职的应聘者的求职动机要强于应聘时有工作的求职者。再者，如果被录用，原来已经辞职的应聘者会比较珍惜新的工作机会。

6.1.2　员工录用决策要素和录用决策者

1. 员工录用决策要素

录用决策，主要是对甄选评价过程中产生的信息进行综合评价与分析，确定每一个候选人的素质和能力特点，根据预先设计的人员录用标准挑选出最合适人员的过程。因而，在制定录用决策时，应当考虑以下五个要素。

1) 信息的准确可靠

这里的信息包括应聘者的全部原始信息和全部招聘过程中的现实信息。

(1) 应聘者的年龄、性别、毕业学校、专业、在学校时的学习成绩。

(2) 应聘者的工作经历、原工作岗位的业绩、背景资料、工作经历中领导和同事的评价、信誉度、美誉度等。

(3) 应聘过程中的各种测试成绩和评语，包括笔试、情景模拟、心理测试、人—机对话测试、面试成绩和面试评语等，所有这些都必须是准确、可靠、真实的信息。

2) 资料分析方法的正确性

① 注意对应聘者能力的分析　信息和资料有可能相当繁杂，在众多资料中，要注意对应聘者能力的分析，包括沟通能力、应变能力、组织能力、协调能力等。

② 注意对应聘者职业道德和品格的分析　在市场竞争日益激烈的今天，有能力而缺少操守的人不在少数。这些人虽然能适应市场的变化，却缺少对个人品行的修炼，缺少对事业执着的追求，缺少对职业道德的训练。因此，在作出录用决策时，要注意品学兼优，注意应聘者在以往工作过程中所表现出的忠诚度、可靠度、事业心，也就是职业道德和品格。

③ 注意对应聘者特长和潜力的分析　特长带有一定的先天气质和有倾向性的后天培养，某些特长可能对企业发展有至关重要的作用，因此，对具备某些特长的人要加以特别关注。潜力是一种尚未被开发的能力和素质，或者说，是一种不能一眼就看出的能力和水平。潜力标志着个人未来可能达到的高度，也标志着个人未来的行为可能对企业产生的巨大贡献。面试考官必须独具慧眼能够发现应聘者的潜力。

④ 注意对应聘者社会资源的分析　应聘者社会资源包括家庭、朋友、老师以及个人长期积累起来的良好的社会关系、良好的资信度和良好的社会基础，这些社会资源对某些特殊的企业来说无疑是一笔财富，分析录用与否时应加以重视。

⑤ 注意对应聘者学历背景和成长背景的分析　一方面，一流的大学具备一流的教师资源和设备、图书等资源，从这些大学毕业的学生有很好的知识底蕴，因此对应聘者的学历背景应予以重视。另一方面，应聘者的成长背景、家庭背景对一个人的心理健康、性格养成是至关重要的，因此应根据岗位工作的要求选择合适的应聘者。

⑥ 注意对应聘者面试现场表现的分析　面试是一个人综合能力和综合素质的体现。笔试成绩或其他测试成绩一旦获得面试资格，原有的"过关"成绩已不重要，重要的是面试的现场表现，包括应聘者的语言表达能力、形体表达能力、控制自身情绪的能力、分析问题的能力和判断能力等，还包括其素质、风度、礼貌、教养和心理健康等。

3) 招聘程序的科学性

招聘一定要经过层层筛选，程序的科学性要求步骤不能颠倒，企业可以根据自己的规模、效益、文化、价值观和其他多种因素，适当地调整招聘的程序。例如，摩托罗拉公司在招聘时，通常进行四轮面试：第一轮是人力资源部的初步筛选；第二轮由业务部门进行相关业务的考查和测试，此时提问均集中在相关的业务知识上；第三轮是由招聘职位的最高层经理和人事招聘专员对应聘者进行的面试，最后一轮是进行匹配度分析，每轮均有被淘汰者。

如果招聘一开始就由总裁谈话,后面的许多工作就十分难做。某企业集团,其董事长在北京未经任何程序,直接面谈选择了三位准备担任该集团子公司总经理的人,结果在使用中发现了许多问题,其中一个应聘者连毕业文凭都是假的,成绩也是伪造的。如果有背景资料的收集,有由主考官组成的考官小组进行面试,那么,这样的错误或许就可以避免。

4) 主考官和其他面试考官的素质

主考官的公正公平是必备的第一要素,但主考官的能力和素质也至关重要。如果在进行录用决策时有一位优秀的主考官,那么就可以充分地利用主考官的知识、智慧、经验、信息、判断力和分析力作出相对正确的录用决策。主考官的素质越高,招聘录用的成功率就越高。其他面试考官也应具有这方面的素质。

影响面试考官录用决策的因素主要包括以下几个。

① 个人偏好 不同个性、不同性别、不同年龄的人,都有其特有的个人偏好,这种个人偏好是同个人背景密切相关的。例如,从小家庭困难、靠个人努力成功的考官特别欣赏不怕挫折、自强自立的年轻人。了解其背景,表现出符合其个人偏好的行为和语言就能影响面试考官的决策。

② 价值观 每个面试考官都是从其价值观、人生观出发,以他的价值观作为是否录用应聘者的标准和依据。对同一个人的评价,有不同价值观的人得出的结论是不同的。

③ 其他因素 除了面试考官的个人偏好和价值观外,面试考官的受教育程度、态度、审美观、人际关系网等因素,都会在一定程度上影响面试考官的录用决策。甚至面试考官在招聘现场的精神状态也会对录用决策带来很大影响。

5) 能力与岗位的匹配

对能力和岗位的匹配已有专门的研究,匹配度是招聘中一个十分重要的因素,如果把一个人放在一个不适合他的岗位,将会给企业造成巨大的损失。

2. 录用决策者

人力资源管理的一项重要功能就是要为企业获取合格的人才,尤其是在人才竞争十分激烈的今天,能否选拔录用到优秀的人才已经成为企业生存和发展的关键。企业的选拔录用程序作为企业的重要人力资源管理职能活动,特别是作为录用决策的决策者,对人才选拔质量起着关键作用。

在企业录用决策过程中,通常由人力资源部门的专业人员通过简历决定面试人选,也可由人力资源部门和用人部门以顺序面试或共同面试(有的企业是面试小组),用人部门对录用起主导作用。此外部门经理以上的职位,还需经公司高层或专家来面试作出决策。

1) 人力资源专业人员

在录用选拔中,人力资源专业人员是最基本的决策者,他们应该参与人员选拔的全过程。基于人力资源的工作内容和相关的经验、阅历,人力资源专业人员可以为直线经理提供一些其没有觉察到的对于应聘者的领悟和判断。如人力资源专业人员能提供应聘者的人际技能等状况,他们通过专业训练,对这些问题更敏感,此外,他们还具有解释纸笔测验知识的能力。

2) 用人部门主管

录用一般由人力资源管理部门具体负责决定。他们常常为部门经理提供经过筛选的候选人名单，由用人部门主管作出最终决策。用人部门主管是直接领导和管理员工的人，是业务方面的专家，因而录用决策通常也吸纳用人部门的主管参与。

3) 工作团队

在工作团队越来越普及的今天，有的企业已经在尝试由工作团队来共同筛选并作出录用决策。为了工作的协调，有的企业在录用决策中也让员工有一定的发言权。例如，在公开竞聘中，民主评议在总体评价中占有重要的决定权重。让员工与应聘者进行面谈，员工可以表达他们愿意选择谁的愿望。这些尝试无疑给招聘工作带来了新的挑战。

4) 员工

传统上，员工不是录用决策者。但这一传统受到当前管理学中流行的自我管理团队的影响，自我管理团队中的员工越来越多地被授权自己决定录用哪些应聘者。也就是说，员工在录用决策中不仅具有越来越多的发言权，而且也越来越受到鼓励，同时也有助于员工更好地认同组织目标，培养员工的主人翁意识。当然，员工作为录用决策的参与者，需要掌握一定的关于人员聘用方面的知识与技能。

6.1.3　入职管理的概念和录用面谈的重要性

1. 入职管理的概念

入职管理(Induction Management)主要指员工拿到聘用书(Offer)到试用期截止日(结束的期间，也可称为试用期)前的新员工管理，相对于员工的全雇佣期间，试用期是个非常重要的时期，也是人力资本投资回报率最高的时期。因为相对于正式期间的员工，试用期的员工流失率最高、绩效最低(原因是新员工尚未融入团队，未完全掌握岗位技能，同时有强烈的孤独、恐惧、焦虑、挫折、疑惑、迷失情绪)；但企业若能略微加强和改进入职管理，且只需极少的投入，就可以大幅降低流失率，提高绩效，降低损耗与成本，提高新员工的敬业度，这意味着极高的回报率。

2. 录用面谈的重要性

1) 加强企业对新员工的进一步了解

新录用的员工虽然经过企业的层层筛选，但由于筛选过程中的人数较多，考察的内容也较多，对员工更深层次的信息获取较少。通过谈话，可以了解到新员工的家庭、婚姻、兴趣、爱好等，以及思想上有无负担、生活上有无困难等信息。另外，招聘面试必须规避一些涉及隐私的内容，因此有些可以更深入交谈的话题在面试交谈中被略去。录用面谈由于通常在两个人之间进行，话题可以较深入，某些即使涉及隐私的问题，只要对方没有意见，双方也可以一起探讨，如对爱情的看法、对纪律和自由的看法、对父母约束和干预自己的看法等。

2) 加强新员工对企业的了解

新员工虽然在应聘时已对企业作了一些了解，但这些了解仍然是十分表面的。录用面谈时，气氛通常比较融洽，两个人之间可以互相问一些自己关心的问题，如薪酬、福利、发薪日，各级领导的姓名、性格、为人，录用自己部门的概况等。这些与自己切身利益相关的问题，由于应聘时心情紧张，并且当时以能被录用为主要目的，通常都不好直接询问，通过录用面谈，新员工将对自己即将工作的环境有更深入的了解，并形成一个更清晰的认识。

3) 为新升迁的老员工排除由于岗位变动带来的新矛盾

通过竞聘获取升迁机会的老员工，虽然自己的才华和智慧得到了认可，但工作变迁依然会带来一系列思想问题。如经理虽然赏识新升迁的老员工的才干，但容易耳根软，如果有人说新升迁老员工的坏话时，老板会突然拒绝与其沟通。另外，要帮助新升迁的老员工处理与落选的竞争对手的关系等。

3. 签订劳动合同的基本原则

1) 合法原则

合法是指订立劳动合同的行为不得与法律、行政法规相抵触。合法是劳动合同有效并受法律保护的前提条件。

(1) 要求订立劳动合同的主体必须合法，即用人单位必须具备法人资格或经国家有关机关批准依法成立，能依法承担履行劳动合同的责任；劳动者必须是达到法定最低就业年龄，具有劳动能力，能从事繁重体力劳动的，还必须年满 18 周岁。

(2) 要求劳动合同的内容合法，即劳动合同规定的各项条款，都必须符合国家法律、行政法规的规定。

(3) 要求订立劳动合同的程序与形式合法，即劳动合同应以法律规定的形式签订。

2) 公平原则

公平是指在劳动合同订立过程及劳动合同内容的确定上应当体现公平。对劳动合同内容的约定，以及双方应承担的权利义务中不能要求一方承担不公平的义务，而免除自身的法定责任。

3) 平等自愿原则

平等是指用人单位和劳动者在签订劳动合同时在法律地位上的平等。

自愿是指订立劳动合同完全是出于双方当事人自己的真实意愿，是双方在意思表示一致的情况下，充分体现自己订立劳动合同的意图，经过平等协商而达成协议。

4) 协商一致原则

协商一致是指劳动合同的内容或各项条款，在法律、法规允许的范围内，由双方当事人共同讨论、协商，在双方意思表示一致的情况下签订。

5) 诚实信用原则

诚实信用是指用人单位与劳动者在订立劳动合同中，应当真实地提供相关信息，如实陈述有关情况，不得以欺骗或诱导的方式，使对方违背自己的真实意思而签订劳动合同。有欺诈行为签订的劳动合同，受损害的一方有权解除劳动合同。

扫描二维码，观看微课 34 入职管理。

微课 34
入职管理

6.2 工作任务：录用决策的业务操作

6.2.1 录用决策程序

在招聘过程中，甄选的目的就是有效地对应聘者作出判断，正确作出对申请者接受或拒绝的决定。为了保证评价应聘者过程中信息的完整性，还需要一系列信息整理和分析的过程，具体流程如图 6-1 所示。

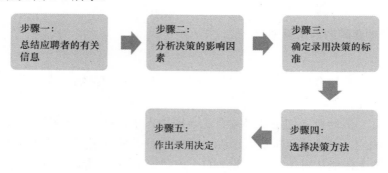

图 6-1 录用决策的流程

步骤一： 总结应聘者的有关信息。

评价小组或专家委员主要关注应聘者"现在能做什么""愿意做什么""将来可能做什么""志向是什么"等方面的信息。根据企业发展和职位需要，专家最终把注意力集中在"能做"与"愿做"两个方面。其中，"能做"指的是知识和技能以及获得新的知识和技能的能力(或潜力)。"愿做"则指工作动机、兴趣和其他个人特性。这两个因素是良好的工作表现所不可缺少的，用简单的式子表示如下：

工作表现="能做什么"×"愿做什么"

这里，"能做"因素可以从测试得分和经核实的信息中获得；对"愿做"因素的判断则较为困难，可以从应聘者面试中的回答和申请表的相关信息中推测应聘者"愿做"的信息。

步骤二： 分析决策的影响因素。

根据能级对应原理，不同的权级职位配置不同能级的人员，相应的录用决策也一定会出现差异。例如，对高级管理人员的决策方法就不同于一般的文职人员和技术人员。在作出录用决策时，一般要考虑以下因素。

(1) 是注重应聘者的潜能发挥，还是根据组织的现有需要。

(2) 企业现有的薪酬水平与应聘者要求的差距。

(3) 以目前对工作的适应度为准，还是以将来的发展潜力为准。

(4) 合格与不合格是否存在特殊要求。

(5) 超出合格标准的人员是否在考虑范围之列。

步骤三： 确定录用决策的标准。

在全面了解所有应聘者的情况后，就要确定录用决策的标准。人员录用的标准是衡量应聘者能否被组织选中的一个标尺。从理论上讲，它是以工作描述与工作说明书为依据而制定的录用标准，又称为因事择人。但在现实中，它将随着招聘情况的不同而有所改变。

在人员录用中，有三种录用决策的标准，具体如下。

1) 以人为标准

以人为标准，即从人的角度，按每人得分最高的一项给其安排职位。这样做会带来一个问题，即可能出现同时多人在该项职位上得分都最高，结果因为只能选择一人而把其他优秀人才拒之门外。

2) 以职位为标准

以职位为标准，即从职位的角度出发，每项职位都挑选最合适的人来做，但这样做可能会导致一个人同时被好几个职位选中。尽管这样做的组织效率最高，但只有在允许职位空缺的前提下才能实现，因此常常是不可能的。

3) 以双向选择为标准

由于单纯以人为标准和单纯以职位为标准均有欠缺，因此结合使用这两种方法，即从职位和人双向选择的角度出发，合理配置人员。这样的结果有可能并不是最合适的人去做每一项职位，也不是每个人都安排到其得分最高的职位上去，但因为其平衡了两方面的因素，又比较现实，从总体的效率来看是比较好的。

步骤四：选择决策方法。

1) 诊断法

诊断法，主要根据决策者对某项工作和承担者资格的理解，在分析候选人所有资料的基础上，凭主观印象作出决策。这样，每个评价人员会对候选人作出不同的评价，不同的人可能对同一应聘者作出不同的决策。这样，"谁是最终的决定者"就显得非常重要。这种方法较为简单，成本较低，并得到了广泛的使用。但是，由于主观性强，评价人员的素质和经验在科学合理的判断中起着重要的作用。

2) 统计法

为了尽量避免因主观评价造成的偏差，在实际录用决策中，要求尽量做到量化，引入统计分析的方法。统计法比诊断法显得更客观。这种方法首先要区分评价指标的重要性，赋予权重，然后根据评分的结果，用统计法进行加权运算，分数高者即获得录用。

使用统计法选择候选人时，可以采用以下三种不同的模式。

① 补偿模式　某些指标的高分可以替代另一些指标的低分，即使用了并联指标。

② 多切点模式　要求候选人达到所有指标的最低限度。

③ 跨栏模式　采用串联指标，只有在每次测试中获得通过，方可进入下一阶段的挑选和评判。这种评价方法，对指标体系设计的要求比较高。

步骤五：作出录用决定。

让最有潜力的应聘者与用人部门主管进行诊断性面谈，最后由用人主管(或专家小组)作出决定，并反馈给人力资源管理部门。最后，由人力资源管理部门通知应聘者有关录用决定，办理各种录用手续。

录用决定过程如图6-2所示。

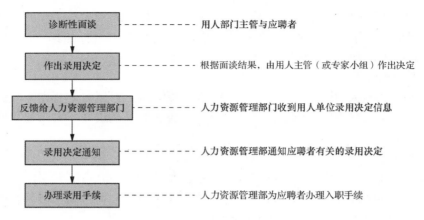

图 6-2　录用决定过程

扫描二维码，观看微课 35　录用决策。

微课 35
录用决策

6.2.2　纠正录用决策中的误区

1. 录用决策的误区

在人才争夺日趋激烈的当下，各个企业一方面在不遗余力地"抢夺"人才高地，另一方面都不约而同地高呼"招聘难，招聘人才更难"。造成人才招聘难的原因固然是多方面的，然而作为人才招聘的主角——企业，其本身在录用决策方面存在的误区才更值得深思。

1)　岗位任职资格不明确

招聘前，公司没有确立明确的任职资格，也没有确定候选人胜任的关键素质模型。总经理只是简单地要求"名牌大学中文专业的研究生或者本科生"，此要求非常抽象，不具体。

2)　缺乏科学的录用决策流程

(1)　对简历的筛不标准，简单、随意，没有科学的简历评估体系。

(2)　录用前的面试不规范、不科学。对于候选人的面试非常随意，没有建立科学的甄选体系。没有进行全面的测评，仅仅是以总经理的感觉为主，人力资源管理人员在候选人基本情况审核方面完全失职，考虑到是猎头公司推荐过来的人选，就没有对候选人的学历、经历等基本情况进行考察，也没有填写登记表和审查证件等。

(3)　录用决策随意性。没有科学的录用决策体系，候选人的合适与否是以总经理是否满意为判定标准的，而不是按照任职资格所需要的素质能力模型进行判别。

(4)　评价标准不清晰，因此为了防止决策时依据的标准不统一，造成用人失误，在人力资源管理部门和用人部门之间应该建立相同的评价指标。

(5)　没有进行录用前的学历、资质验证背景调查，草率作出决定。决策之前未对甄选过程中模糊的细节进行澄清，因而导致录用决策失误。所以对甄选中存在的疑惑之处，必须先澄清，然后才能作出决策。

3)　录用决策团队缺乏一致性

决策团队小组成员之间不协调。录用决策的关键点在于录用决策小组成员之间有一致的判定标准，使评价的结果尽量客观、真实。

4）　中介机构选择的随意性

对猎头公司等中介机构的选择存在随意性，没有对这些机构进行筛选和考评。这些机构对候选人的学历、资历进行了包装，而人力资源部门又没有进行认真的考察和核实。

2．录用决策误区的纠偏措施

1）　进行招聘需求分析

明确招聘的目标，了解企业为什么要招聘人，什么样的人可以满足目标岗位的需要，目标岗位的职责是什么，岗位创造的价值是什么，在此基础上制定符合目标的人才甄选录用模型。

2）　制定企业的招聘录用标准

企业应该事先形成统一的评价标准。制定企业的招聘录用标准，包括企业的用人观；目标岗位的任职要求；通过职位分析确定岗位职责及能力素质要求；制定岗位的胜任能力模型；根据岗位职责及胜任能力模型确定招聘测试的内容与方法；招聘之前，在岗位分析基础上，由人力资源部门协调各部门统一评价指标，并对相关人员进行培训。录用决策的最重要的依据是人与岗位的匹配，决定录用决策的人，应该清楚地解释自己所作出的录用决策。

3）　强化录用决策团队的一致性

企业应该明确招聘录用决策中人力资源管理部门与用人部门的责任。人力资源管理部门承担决策中的专业性工作，帮助各部门管理者挑选合适的人选；用人部门则对岗位角色更加熟悉，了解岗位对人员的资格要求。双方必须密切配合，共同完成招聘任务。在决定录用人选时，必须坚持少而精的原则，选择那些直接负责考察应聘者工作表现的人，以及那些会与应聘者共事的人进行决策。如果参与的人太多，会增加录用决策的困难，造成争论不休或浪费时间和精力的结局。

4）　完善录用决策流程

制定有效的简历识别和筛选流程以及目标岗位简历筛选的标准。设计和制定面试流程，包括不同岗位类别面试考官的确定、面试考官的分工、面试执行标准以及面试实施流程等。

3．处理录用决策中的几种关系

1）　职得其人与过分胜任的关系

建议职得其人，因为过分胜任后，工作岗位本身对任职者难以形成吸引力，不利于员工队伍的稳定。

2）　当前需要与长远需要的关系

首先解决的问题是满足当前需要，长远需要应当视具体情况而定。

3）　工作热情(忠诚)与能力适用性的关系

招聘方法难以预测人的忠诚度，所以，招聘应当更加关注应聘者与应聘职位的适合度问题。

4）　组织发展阶段与用人策略的关系

组织处于不同的发展阶段，对于人的胜任特征要求的倾向性会有所变化，根据不同的组织发展目标，会选择不同的人去承担任务。

5) 班子搭配与个体心理特征互补性的关系

应当强调人员之间的互补性，这样才有利于员工队伍的稳定。互补性的关键在于，招聘中既要关注应聘者是否具备所需要的胜任特征，也要明确有哪些不足是应当容忍的。

6.3 工作任务：录用实施的业务操作

公司作出录用决策后，开始进行录用实施工作，本流程开始于发出录用通知，结束于员工入职文件归档，具体内容如表 6-2 所示。

表 6-2 新员工入职流程

新员工入职流程	相关人员	表单及资料	备 注
通知报到时间	招聘部	新员工提供资料：体检报告，身份证/学位证/学历证书原件、复印件，离职证明，社保转移单，就业证，一寸照片 4 张等；特殊岗位需提交上岗职业资格证书等	入职时间为每周周一或周三，每月 25 日前
报到	新员工		
入职材料审查（NG→辞退；OK）	人事专员		
向新员工发放《新员工入职手续清单》并跟进完成	人事专员	《新员工入职手续清单》	
新员工入职引导		《新员工入职引导》	
签订合同、协议等	人事专员/部门助理		研发人员的入职引导交由部门助理完成
入职材料、清单、合同等文件归档	人事专员	《劳动合同》《保密协议》	
入职流程结束	人事专员		

编制人员		审核人员		批准人员	
编制日期		审核日期		批准日期	

6.3.1 发出录用通知

通知应聘者是录用工作的一个重要部分。通知有两种：一种是录用通知，一种是辞谢通知。这两种通知是完全不一样的，一个是给人带去好消息，另一个是给人带去坏消息。写录用通知相对容易，因为无论如何措辞，这封信都是应聘者乐意读到的；而写辞谢通知则相对比较难，因为无论如何措辞，读信人都很难高兴起来。

1. 录用通知

为了不失去合格的录用者，录用通知要及时送出。现实中，有企业因通知不及时而损失了企业重要的人力资源，并影响到企业的外部形象。

在录用通知书中，应该说清楚报到的起止时间、报到的地点、报到的程序等内容，在附录中详细讲述如何抵达报到的地点和其他应该说明的信息。在录用通知书中，要让被录用的人员了解他们的到来对于企业发展的重要意义。应该说这是企业吸引人才的一种手段，同时也表明企业对人才的尊重。另外，还要注意，对被录用的人才要一视同仁，以相同的方式通知被录用者。一般以信函的方式为佳。公开和一致地对待所有的被录用者，能够给人留下好的印象。如图 6-3 所示为录用通知书的范例。

录用通知书

尊敬的×××女士：

我们非常高兴地邀请你加入××公司，成为继续开创我们激动人心事业的一员，我们相信××公司能够给你提供一个长期发展和成长的机会。

我们邀请你担任的初始职位为内刊主编，你在公司的进一步发展将取决于公司的发展、你的个人绩效、能力及意愿。

公司将与你签订 2 年的劳动合同，试用期 2 个月，试用期工资×××元，转正后工资由基本工资+岗位工资+级别工资+月绩效奖+季度奖金，其中每月固定××××元，月绩效考核××××元。季度奖金×××元(需考核)，每 3 个月发放一次。转正后享受每月××%的通信报销补贴。

公司实行严格的薪酬保密制，请你对上述数据信息严格保密，违者将解除劳动关系。

我们期望你在 年 月 日上午 时到公司报到，在入职时提供身份证、学历证书和其他资格证书的复印件和原单位离职证明.

××有限公司

人力资源部

年 月 日

报到须知：

报到时请持录用通知书；

报到时须携带本人＿＿＿寸照片＿＿＿＿张；须携带身份证、学历学位证书原件和复印件；须携带指定医院体检表。

图 6-3 人员录用通知书

2. 辞谢通知

很多企业往往只回应那些将要被录用的候选人，也有一些企业以忙不开为由，对于未被录用的应聘者不予回应。其实，这对公司品牌而言是一个不小的伤害。未被录用的人数一般远大于被录用的人数，因为我们往往是从很多名应聘者中选拔出一名或少数几名人选录用。真正以人为本的企业，不会粗暴地对待任何一位哪怕是与公司要求相差很多的应聘者。向未被录用者发出辞谢通知，感谢其对公司的关注，是企业招聘流程中一个不可缺少的环节，如何做好对未被录用者的处理是企业筛选工作的一个重要组成部分。

1) 对未被录用者处理工作的基本宗旨

(1) 对前来应聘的人给予本单位的关注和支持表示诚挚的感谢。企业的生存离不开来自社会各个方面的支持，即便应聘者没有被录用，至少也给企业带来了宝贵的人气，企业理应表达谢意。

(2) 对应聘者的尊重。未被录用者不等于不具有才能。或许只是在此时此刻双方的所供所需未能达成一致，不录用不是对应聘者才能的否定，而是为应聘者在更合适的工作上更有效地发挥其才能提供便利。

(3) 未被录用者可以是企业未来的合作者。通过筛选，企业获得了大量应聘者的信息，亲密接触也会给双方留下深厚的感情。毫无疑问，当企业进一步发展壮大或转行改业急需新的人才时，那些失之交臂的未被录用者将最有可能成为被录用者。

(4) 展示企业风采。对待未被录用者都能够彬彬有礼，充满人文关怀，那么对待合作者更能以人为本，这充分展示了一个企业的形象。

2) 辞谢通知的方式

辞谢通知的方式可分为口头方式和书面方式，采用书面方式会更好。

(1) 电话通知：通过电话方式用委婉的语气通知对方。

(2) 邮件通知：如果应聘者提供了自己的 E-mail，可以通过 E-mail 的方式通知对方。

(3) 信函通知：通过寄送信函的方法告知对方，但切忌用明信片的形式，那会令人很尴尬。

3) 辞谢通知的模板

公司答复未被录用者最好用书面的方式通知，并且有统一的表达格式。这样做一方面可以保持公司形象的统一，另一方面对待每一位应聘者都做到了公平。此外，做好统一的辞谢通知书的模板在操作上也比较简便。一般来说，由单位人力资源部经理签名的辞谢信，比单纯加盖一个公章的辞谢信要让人好受一些。辞谢通知书的模板如图 6-4 所示。

在发给未被录用者的辞谢信中，首先要表达对应聘者关注本公司的感谢，其次要告诉应聘者未被录用只是一种暂时的情况，并且要把不能录用的原因归结为公司目前没有合适的岗位，而不要归结为应聘者的能力和经验等因素。在辞谢信中通常不必说明具体的原因，也不必将公司的选拔标准写在信中。辞谢信使用的语言应该简洁、坦率、礼貌，同时应该具有鼓励性，并表示愿意与应聘者建立长期的联系。

辞谢通知书

尊敬的_____先生/女士：

　　十分感谢您对我们公司的_____职位的兴趣。您对我们公司的支持，我们不胜感激。您在应聘该岗位时的良好表现，给我们留下深刻的印象。

　　但是由于我们名额有限，这次只能割爱，我们已经将您的有关资料备案，并会保留半年，如果有了新的空缺，我们会优先考虑您。

　　感谢您能够理解我们的决定，祝您早日找到理想的职位。

　　对您热诚应聘我们的公司，再次表示感谢。

此致

　　敬礼

××有限公司
人力资源部
年 月 日

图6-4 辞谢通知书

3. 处理拒聘

　　企业经常会遇到接到录用通知的人员不来就职的情况。如果拒聘的人员正是企业所需要的优秀人员，则企业的人力资源管理部门甚至最高层主管应该主动与之取得联系，采取积极的争取态度。如果候选人提出需要更多的报酬，企业应该而且必须与其进一步谈判。因此，在打电话之前，对于企业在这方面还能够作出怎样的妥协，最好有所准备。如果在招聘活动中，企业被许多应聘者拒聘，就应该反思招聘过程中可能存在的问题。另外，企业从拒聘的调查中，也可以获得一些对今后招聘有用的信息。

　　一般地，应聘者在收到用人单位发出录用通知后，应根据录用通知中的要求，完善体检及相关证明材料的准备工作，并于规定日期前往用人单位报到。用人单位在办理人员入职报到时，应注意以下几点。

　　(1) 候选人体检结果合格后，方可带齐资料与证件按照录用通知书的时间办理入职报到手续。如有特殊情况，可提前或延迟入职时间，但延迟时间不得超过2周。

　　(2) 新员工入职报到时，需向人力资源部提交所需资料，人力资源部审核确认无误后，为新员工办理入职手续。

　　(3) 查验被录用人员相关信息时，如有以下情况出现，可考虑取消录用资格。

● 经查实在应聘期间所提供的资料与信息为虚假者。

● 经查实与其他用人单位劳动关系尚未解除者。

● 经查实身体不适应岗位要求者，或患有精神疾病者。

● 有其他应取消录用资格情形者。

6.3.2 办理新员工入职

新员工入职流程如图 6-5 所示。

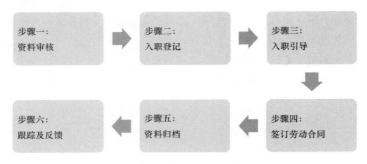

图 6-5 办理新员工入职的流程

步骤一：资料审核。

按照入职流程办理入职登记手续，在办理入职登记手续时，要做好员工的疑难问题解答，帮助员工加强对公司及相关制度的了解与认识。具体的审核内容如表 6-3 所示。

步骤二：入职登记。

让新员工阅读《入职须知》，发放《员工手册》，并做好登记工作。同时，就《入职须知》相关事项向新员工进行确认，看其是否真正理解其中的相关内容，如有疑问，由招聘专员作解答。

步骤三：入职引导。

为新员工安排入职指引人和部门引导人。一般来说，入职指引人由招聘专员担任，部门引导人由部门直接领导或岗位辅导员担任。入职指引人和部门引导人主要对新员工提供指导与帮助，协助新员工办理入职手续，领取必备的办公用品，熟悉公司的制度。让新员工熟悉部门同事、领导及工作环境，并让新员工逐步了解工作流程、工作职责、部门工作环境、人员情况、在职专业培训、软件应用、客户、供应商，甚至周边环境信息。

步骤四：签订劳动合同。

签订劳动合同，劳动合同中应该包括必备条款和约定条款。

步骤五：资料归档。

人力资源部门(人事专员或部门助理)对新员工的入职材料、证件资料、合同等进行归档处理，装入新建的档案袋内，并在档案袋封面上方书写档案袋编号(即员工的编号)、员工姓名。档案袋内还应放入新签署的《劳动合同》《保密协议》(培训生、实习生签署相对应合同及协议)等。

步骤六：跟踪及反馈。

(1) 身份甄别及信息留存，应避免录用负有竞业限制的员工。应留存书面化员工信息，如个人简历、背景调查、入职体检结果、录取通知书或聘用函、离职证明、身份证复印件、社保缴纳证明、入职申请表、劳动合同、员工手册签收回执、岗位说明书签收单、公司规章制度签收单、公司基本信息告知函……

表 6-3　入职资料审核

一、审核原则		1.完整性：所有的资料务必全部准备齐全，否则不予办理正式入职手续。 2.真实性：所有的资料务必全部真实，如若查出伪造证件，不予办理入职手续	
二、详细内容	1.照片	规格：一寸彩色照片； 数量：2 张或根据情况决定； 要求：务必在每张照片背后写上姓名，以方便查询； 范围：往届生、应届毕业生、实习生、兼职等均需提供	
	2.身份证	规格：原件核查，只收取复印件； 数量：2 份或根据情况决定； 要求：身份证正反面复印在一张 A4 纸上； 范围：往届生、应届毕业生、实习生、兼职等均需提供	
	3.毕业证、学位证	规格：原件核查，只收取复印件； 数量：各 1 份； 要求：分开复印，均复印在 A4 纸上； 范围：往届生、应届毕业生、兼职等均需提供，实习生暂不提供	
	4.体检报告	规格：原件核查，只收取复印件； 数量：1 份； 要求：必查项目健康，无其他严重疾病。注意传染性疾病的核实； 范围：往届生、应届毕业生、兼职等均需提供，实习生暂不提供	
	5.个人信息	规格：将个人信息录入到公司的人才库中； 数量：1 次； 要求：所填的信息必须真实、完整，打印后签字确认； 范围：往届生、应届毕业生、实习生、兼职等均需提供	
	6.原单位离职证明	规格：原件核查，只收取复印件； 数量：1 份； 要求：必须有离现在最近的工作单位人事或公司的盖章； 范围：往届毕业生需提供，其他不提供	
	7.户口本复印件	1 份，用于办理社会保险(要求：户口本首页和个人信息页复印到一张 A4 纸上，其中户口本首页说明了您的户籍性质；亦可提交户籍证明或户籍卡复印件)。 规格：户口本复印件或户籍证明、户籍卡复印件； 数量：1 份； 要求：如果是户口本复印件，户口本首页和个人信息页复印到一张 A4 纸上(其中户口本首页说明了您的户籍性质)； 如果是户籍证明，需要有户档保管单位的签章； 如果是户籍卡，只需要复印件即可。 范围：往届生、应届毕业生等均需提供，实习生、兼职暂不提供	

(2)　试用期管理，确保所招聘录用的员工可以满足组织的需要，并在发现招聘的员工不符合岗位要求时，能依法与其解除劳动合同。对符合要求的员工，经审批通过，办理相

关转正手续，成为正式员工。

（3）试用期至转正期间，要做到持续跟进，及时沟通反馈。

一般来说，新员工报到后，由人事专员对其入职材料进行审查，确定无疑后，向新员工发放《新员工入职手续清单》，引导员工完成入职手续，进行入职引导，并签订劳动合同或协议，这样，员工就正式入职了。

6.3.3　进行录用面谈

录用面谈的流程如图 6-6 所示。

图 6-6　录用面谈的流程

步骤一： 选择录用面谈的执行者。

谁来执行录用面谈工作，这要根据录用岗位权级的高低来决定。通常录用经营管理层的高级管理人员，由董事长、总经理或人力资源专家顾问来执行；如果是中层管理人员，由分管的公司领导(副职)来执行；如果是基层管理人员，由部门主管或分管的公司领导(副职)来执行；普通员工的录用则由人力资源部主管来执行。

录用面谈的执行者一定要心胸宽阔，关心爱护录用的人员，具有换位思考的能力和良好的沟通能力，能理解他人的困难并努力去帮助他们克服困难。

步骤二： 确定录用面谈的地点。

通常可在执行面谈的主动方的办公室进行，根据被录用者的层次，也可以选择其他更加休闲的地点进行，如到咖啡馆一起喝咖啡，也可到公园一起散步交谈，还可以有许多更丰富的选择，如一起划船、登山等。

步骤三： 掌握录用面谈的内容和方法。

录用面谈一定要在相当轻松的氛围中进行，通常负责面谈的主动者要表现出大度和风范来，要同时作为师长、领导、同事等多元角色坦率地说出自己的想法，耐心地解答录用者提出的问题。如果没有特别的问题要互相提问，可以就今后的工作职责、工作思维和工作方法、企业目标、企业文化、价值观等展开讨论，也可以谈一些轻松的家庭琐事。总之，尽量让彼此互相了解，为今后协同工作打下良好的基础。

6.3.4　签订劳动合同

在与新录用员工签订劳动合同时一定要遵守严格的流程，这样才可以最大限度地降低用人单位的用工风险，具体如图 6-7 所示。

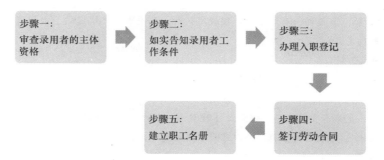

图6-7　签订劳动合同的流程

步骤一：审查录用者的主体资格。

用人单位在与新进录用者签订劳动合同前必须审查录用者的主体资格，如录用者的年龄，录用者的学历、资格以及工作经历，录用者是否同时与其他用人单位建立了劳动关系以及该录用者的身体健康证明。

步骤二：如实告知录用者工作条件。

用人单位应当如实告知录用者工作内容、工作条件、工作地点、职业危害、安全生产状况、劳动报酬，以及录用者要求了解的其他情况。同时，作为录用者，有如实说明的义务，用人单位有权了解录用者与劳动合同直接相关的基本情况，这样才可以防范员工录用环节中的法律风险，将不利后果消灭在劳动关系建立之前。

步骤三：办理入职登记。

录用者进行入职登记、提交入职材料、办理报到等。

步骤四：签订劳动合同。

用人单位应要求录用者先签署劳动合同，然后由用人单位统一对劳动合同进行签字盖章，这样可以防止空白劳动合同的流失，避免录用者单方面修改劳动合同。劳动合同范本如图6-8所示。

劳动合同

订立合同双方：

招聘方：＿＿＿＿＿＿＿＿(企业、事业、机关、团体等单位的行政)简称甲方。

受聘方：＿＿＿＿＿＿＿＿(合同制职工)简称乙方。

甲方招聘合同制职工，按有关规定，已报请有关部门的批准(或同意)。甲方已向乙方如实介绍涉及合同的有关情况并提供劳动手册；乙方已向甲方提交签字认可的劳动手册。甲乙双方本着自愿、平等的原则，经协商一致，特签订本合同，以便共同遵守。

第一条　合同期限

合同期限为＿＿＿＿＿＿年(或＿＿＿＿＿＿个月)，从二〇＿＿＿＿＿年＿＿＿＿月＿＿＿＿日起至二〇＿＿＿＿年＿＿＿＿月＿＿＿＿日止。

(没有一定期限的合同或以完成一项工作的时间为期限的合同，应注明"本合同无一定期限"或"本合同以某一工作完成为届满期限"。)

第二条　试用期限

试用期限为＿＿＿＿＿＿个月(或＿＿＿＿＿＿年)，即从二〇＿＿＿＿＿年＿＿＿＿月＿＿＿＿日起至二〇＿＿＿＿年＿＿＿＿月＿＿＿＿日止。

图6-8　劳动合同范本

(试用期限的长短，有关部门有规定的，按规定执行；有关部门无规定的，由招聘方根据受聘方的工作能力和实际水平确定。)

第三条 职务(或工种)

甲方聘请乙方担任_____职务(或从事某工种的工作)。

第四条 工作时间

每周工作五天，星期六、日休息。每天工作时间为八小时。上下班时间按甲方的规定执行。

(以完成一定工作量为期限的合同，工作时间由双方商定。)

第五条 劳动报酬

(一)乙方在试用期间，月薪为_____元。试用期满后，按乙方的技术水平、劳动态度和工作效率评定，根据所评定的级别或职务确定月薪。

(以完成一定工作量的时间为合同期限的，亦可按工作量确定报酬。实行计件工资的，按件付酬。)

(二)乙方享受的岗位津贴和奖金待遇，与同工种固定职工相同。

第六条 生活福利待遇

(一)补贴待遇：乙方享受交通费补贴、粮食补贴、取暖费补贴等与固定职工相同。

(二)假日待遇：乙方享受节日假、婚假、产假、丧假与固定职工相同。

工作满一年以上需要探亲的，可享受_____天(不包括路途中的时间)的探亲待遇，工资照发，路费报销。

(三)特保儿费：乙方享受特保儿费与固定职工相同。

第七条 劳动保护

_____

(乙方的劳动保护按国家的有关规定执行。)

第八条 乙方患病、伤残、生育等待遇以及养老保险办法

_____

(本条国家有规定的，按规定执行；无规定的，由双方商定。)

第九条 政治待遇和劳动纪律要求

(一)乙方在政治上享有同固定职工一样的权利，如参加民主管理企业的权利，参加党、团组织和工会的权利等。

(二)订立有一定期限的劳动合同的乙方，在担任领导职务以后，如职务是有任期的，在劳动合同期限短于领导任期的情况下，可以将合同期限视为领导职务的任期；如果职务是没有任期的，可以视为改订没有一定期限的劳动合同。

(三)乙方应当严格遵守甲方单位各项规章制度，遵守劳动纪律，服从分配，坚持出勤，积极劳动，保证完成规定的各项任务。

第十条 教育与培训

甲方应加强对乙方进行思想政治教育、遵纪守法教育、安全生产教育，根据工作和生产的需要进行业务、职业技术培训。

第十一条 劳动合同变更

(一)发生下列情况之一者，允许变更劳动合同。

1.经甲乙双方协商同意，并不因此而损害国家和社会的利益。

图6-8 劳动合同范本(续)

2.订立劳动合同所依据的法律规定已经修改。

3.由于甲方单位严重亏损或关闭、停产、转产,确实无法履行劳动合同的规定,或由于上级主管机关决定改变了工作任务、性质。

4.由于不可抗力或由于一方当事人虽无过失但无法防止的外因,致使原合同无法履行。

5.法律规定的其他情形。

(二)在合同没有变更的情况下,甲方不得安排乙方从事合同规定以外的工作,但下列情况除外。

1.发生事故或自然灾害,需要及时抢修或救灾。

2.因工作需要而进行的临时调动(单位内工种之间、机构之间)。

3.发生不超过一个月时间的短期停工。

4.甲方依法重新任命、调动、调换订立没有一定期限劳动合同职工的工作。

5.法律规定的其他情形。

第十二条 劳动合同的解除

_____。

(解除劳动合同的条件,国家主管部门有规定的,按规定执行;没有规定的,由双方当事人商定。双方议定条款不得违反法律和政策的规定,不得损害国家利益和社会公共利益。)

解除劳动合同,除因乙方违法犯罪或乙方不履行合同给甲方造成损失,或者严重违反劳动纪律和本单位管理章程的规定被开除的,以及乙方擅自解除劳动合同的以外,甲方应按规定发给辞退补助费和支付路费。

解除劳动合同时,双方应按规定办理解除手续。甲方应按规定将解除合同的情况报告有关机关核准。

第十三条 违约责任

(一)甲方无故辞退乙方,除应发给辞退补助费和路费外,应偿付给乙方违约金_____元。

(二)甲方违反劳动安全和劳保规定,以致发生事故,损害乙方利益的,应补偿乙方的损失。

(三)乙方擅自解除合同,应赔偿甲方为其支付的职业技术培训费,并偿付给甲方违约金_____元。

(四)乙方违反劳动纪律或操作规程,给甲方造成经济损失的,甲方有权按处理固定职工的规定予以处理。

第十四条 其他事项

_____。

(双方约定的一些具体的事项)

本合同自_____年_____月_____日起生效。甲乙双方不得擅自修改或解除合同。合同执行中如有未尽事宜,须经双方协商,作出补充规定。补充规定与本合同具有同等效力。合同执行中如发生纠纷,当事人应协商解决,协商不成时,任何一方均可向单位主管机关或劳动合同的管理机关请求处理,也可依法向人民法院起诉。

本合同正本一式两份,甲乙双方各执一份;合同副本一式_____份,报主管机关、劳动合同管理机关(本合同如经公证,则应交公证处留存一份)等单位各留存一份。

甲方:_____(行政公章)

代表人:_____(盖章)

乙方:_____(盖章)

_____年_____月_____日订

图6-8 劳动合同范本(续)

步骤五： 建立职工名册。

用人单位应当向录用者交付劳动合同文本并建立职工名册。在实践中经常会发生录用者与用人单位签订劳动合同后，用人单位以种种理由拒绝将属于录用者本人的劳动合同交给录用者，一旦与用人单位发生劳动争议，录用者将处于举证不利的境地。因此，《中华人民共和国劳动合同法》第八十一条规定："用人单位提供的劳动合同文本未载明本法规定的劳动合同必备条款或者用人单位未将劳动合同文本交付劳动者的，由劳动行政部门责令改正；给劳动者造成损害的，应当承担赔偿责任。"为证明用人单位已经将签订后的劳动合同交付录用者，可以在用人单位自己持有的劳动合同上让录用者填写"本劳动合同一式两份，其中一份本人已签字并已取走"等字样并签名和记载签名日期，或是让录用者签署《劳动合同签收单》以证明劳动合同已交付的事实。用人单位还必须依法建立职工名册以备查。

微课 36
入职培训

扫描二维码，观看微课 36　入职培训。

 案例分析与讨论

位于北京东单东方广场的某外资 SP 公司因发展需要，在 2017 年 10 月底从外部招聘新员工。其间先后招聘了两位行政助理(女性)，结果都失败了。其具体情况如下。

第一位 A 入职的第二天就没来上班，也没有来电话，上午公司打电话联系不到本人。经她弟弟解释，她不打算来公司上班了，具体原因没有说明。下午，她本人终于接电话了，却不肯来公司说明辞职原因。A 3 天后来到公司上班，中间反复两次，最终还是决定辞职。她的工作职责是负责前台接待。她自述的辞职原因：工作内容和自己预期不一样，琐碎繁杂，觉得自己无法胜任前台工作。人力资源部经理对她的印象：内向，有想法，不甘于做琐碎、接待人的工作，对批评(即使是善意的)非常敏感。

第二位 B 工作 10 天后辞职。B 的工作职责是负责前台接待、出纳、办公用品采购、公司证照办理与变更手续等。B 自述辞职原因：奶奶病故了，需要辞职在家照顾爷爷(但是当天身穿大红毛衣、化彩妆，透露家里很有钱)。人力资源部经理对她的印象：形象极好，思路清晰，沟通能力强，行政工作经验丰富。总经理对她的印象：商务礼仪方面做得不好，经常是小孩撒娇的姿态，需要进行商务礼仪的培训。

招聘流程：①公司在网上发布招聘信息。②总经理亲自筛选简历。筛选标准：应届本科毕业生或者是年轻的，最好有照片，长得漂亮，毕业学校最好是名校。③面试方面，如果总经理有时间就总经理直接面试，如果总经理没有时间则人力资源部经理进行初步面试，总经理进行最终面试。新员工的工作岗位、职责、薪资、入职时间都由总经理确定。④面试合格后录用，没有入职前培训，直接进入工作。

招聘行政助理连续两次失败，公司的总经理和人力资源部经理觉得这不是偶然现象，在招聘行政助理方面肯定有重大问题。问题出在什么地方？

1. 在甄选录用过程中，总经理与人力资源部经理各自的职责是什么？
2. 该公司在录用决策中存在哪些问题？
3. 如果你是人力资源部经理，你该如何正确处理这件事情？

_____思考与练习_____

1. 人员录用的概念及原则分别是什么？
2. 录用决策要素的内容是什么？录用决策者的人员范围又是什么？
3. 入职管理的概念是什么？录用面谈的重要性有哪些？
4. 录用决策的程序是什么？录用过程中有哪些误区需要纠正？
5. 录用通知的编写要求是什么？如何应对拒聘？
6. 新员工入职的流程是什么？
7. 如何与新入职员工进行录用面谈？
8. 劳动合同签订的流程是什么？有哪些风险需要规避？

拓展阅读

新员工入职培训

一、新员工入职培训的内涵

新员工入职培训是指给企业的新雇员提供有关企业的基本背景情况，使员工了解所从事工作的基本内容与方法，使他们明确自己工作的职责、程序、标准，并向他们初步灌输企业及其部门所期望的态度、规范、价值观和行为模式等，从而帮助他们顺利地适应企业环境和新的工作岗位，使他们尽快进入角色。

二、新员工入职培训的内容

1. 企业概况

介绍企业的经营历史、宗旨、规模和发展前景，激励员工积极工作，为企业的发展做贡献；企业内部的组织结构、权力系统，各部门之间的服务协调网络及流程，有关部门的处理反馈机制等，使新员工明确在企业中进行信息沟通、提交建议的渠道，使新员工了解和熟悉各个部门的职能，以便在今后工作中能准确地与各个有关部门进行联系，并随时能够就工作中的问题提出建议或申诉。

2. 制度层面

介绍公司的规章制度和岗位职责，使员工在工作中自觉地遵守公司的规章制度，一切工作按公司制定出来的规则、标准、程序、制度办理。包括：工资、奖金、津贴、保险、休假、医疗、晋升与调动、交通、事故、申诉等人事规定；福利方案、工作描述、职务说明、劳动条件、作业规范、绩效标准、工作考评机制、劳动秩序等工作要求。

三、新员工入职培训的意义

1. 新员工培训对企业的意义

如果说招聘是对新员工管理的开始，那么新员工培训是企业对新员工管理的继续。这种管理的重要性在于通过将企业的发展历史、发展战略、经营特点及企业文化和管理制度介绍给新员工时，对员工进入工作岗位有很大的激励作用，新员工明确了企业的各项规章制度后，员工可以实现自我管理，节约管理成本。

2. 新员工培训对个人的意义

新员工培训对于个人来说是对企业进一步熟悉和了解的过程，通过对企业的进一步熟悉和了解，一方面可以缓解新员工对新环境的陌生感和由此产生的心理压力，另一方面可以降低新员工对企业不切合实际的想法，正确看待企业的工作标准、工作要求和待遇，顺利地通过磨合期，在企业长期工作下去。

新员工培训是新员工职业生涯的新起点，适应新组织的行为目标和工作方式。

(资料来源：互联网综合收集、整理及加工。)

■ 推荐阅读

1. 王桦宇. 企业法律与管理实务操作系列：劳动合同法实务操作与案例精解(增订 7 版)[M]. 北京：中国法制出版社，2017.

2. 刘杰. 企业用工实务操作与风险防范[M]. 北京：法律出版社，2017.

3. 王胜会. 费布克人力资源管理精细化实操手册系列：员工面试与录用精细化实操手册[M]. 北京：中国劳动社会保障出版社，2013.

项目7 招聘评估

【项目概述】

  招聘评估是招聘过程中必不可少的一个环节，一方面是对前期招聘工作的总结，另一方面是为日后招聘工作的改进提供依据。招聘评估通过成本与效益核算能够使招聘人员清楚地知道费用的支出情况，区分哪些是应支出项目，哪些是不应支出项目，这有利于降低今后的招聘费用，有利于为组织节省开支；招聘评估通过对录用员工的绩效、实际能力、工作潜力的评估，即通过对录用员工质量评估，检验招聘工作成果与方法的有效性，有利于招聘方法的改进。

【学习目标】

- 能够熟悉招聘评估的概念和作用。
- 能够了解招聘评估体系的类型及各类型的内容和共性。
- 能够掌握招聘成本评估的概念和作用，也能够掌握招聘人员评估的概念和作用。
- 能够掌握招聘总结的概念，熟悉招聘总结的主要内容。

【技能目标】

- 能够根据招聘总成本核算的业务操作流程，独立地进行招聘总成本的核算。
- 能够根据单位招聘成本核算的内容，独立地进行单位招聘成本核算。
- 能够进行成本效用评估。
- 能够根据录用人员和招聘人员的评估流程，分别独立地进行评估操作。
- 能够根据招聘总结的撰写原则，独立地进行招聘总结报告的撰写。

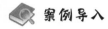

案例导入

案例 1：招聘质量检验的滞后性

深圳 R 公司前往重庆工商大学进行了一次校园招聘。拟招聘 12 人，收到 200 多份求职简历。招聘人员通过笔试环节，挑选了 50 余人进行面试，然后通过面试筛选出 12 人，从重庆工商大学招聘到硕士毕业生 3 名，本科毕业生 9 名，一举完成了招聘任务。

可是好景不长，在 3 个月的实习兼培训的试用期过程中，有 3 名员工无法完成试用期答辩，有 3 名员工通过了试用期答辩却透露出离职意向。研发岗位面临青黄不接的状况。

企业的校园招聘取得了较大的成功，在所处高校进行了良好的企业文化宣传，得到了在校学生的心理认同，如愿地录取了希望招聘的人员数量。但在随后的人员培训和试用期考核过程中，有 25%的人员出现了各种问题，另有 25%的人员出现了离职趋向，使得有效招聘率一下子下降到 50%。

请问：招聘的有效性除了体现在满足招聘的数量上，还体现在哪些方面？

案例 2：无奈的招聘

武汉 C 公司是一家制造型企业，主打产品小家电。由于 C 公司有一整套的生产过程检测体系，产品质量颇为稳定，一直深受客户好评。2018 年年初，品质经理离职，公司的品质管理一下子陷入忙乱之中。该企业的品质是企业生存发展的取胜之道，是企业的命脉，品质经理肩负着重大的企业使命。可以想象，在品质经理缺失的情况之下，企业的品质管理将会变得纷乱复杂，毫无章法，各类品质问题无法有效预防、检测、解决，品质事故时常发生，从而造成对市场的极大损害，使企业形象和客户关系产生一定程度的下滑，导致客户的不满和市场份额丢失。

总裁要求人力资源部尽快启动多渠道招聘。人力资源部马上行动，但网上招聘和现场招聘包括精英招聘专场等多渠道招聘均未能招聘到合适的人员。无奈之下，人力资源部经总裁同意，通过猎头公司进行招聘，最终在 4 个月后招聘到新的品质经理。

请问：招聘成本包含哪些类型的成本？本案例中出现了什么类型的成本？它对企业的影响如何？

7.1　相关知识：招聘评估的指标体系及招聘总结

7.1.1　招聘评估的概念和作用

1. 招聘评估的概念

招聘评估是指在招聘工作结束后对整个招聘过程中招聘的结果、成本与收益，录用人员和招聘方法等方面进行审视、统计和分析的过程，其目的是进一步提高下次招聘工作的有效性和效率。

新员工的上岗，并不意味着企业招聘工作的结束。一个完整的招聘程序应该包括招聘效果的评估这一环节。在招聘活动结束以后，应该对此次招聘的效果做一次全面、深入、科学、合理的评估。招聘目的是否达到，招聘渠道是否有效，招聘流程是否流畅，招聘预算的执行是否得当，招聘时间(周期)的安排是否合理，人才测评的方法是否可靠有效，所录用人员的实际业绩究竟如何……这些都是我们要认真探究的问题。

2. 招聘评估的作用

招聘评估的作用具体体现在以下几方面。

1) 有利于组织节省开支

招聘评估包括招聘结果的成效评估(具体包括招聘成本与效益评估、录用员工数量与质量评估)和招聘方法的成效评估(具体包括招聘的信度与效度评估)，因而通过招聘评估中的成本与效益核算，就能够使招聘人员清楚费用支出情况，对于其中非应支项目，在今后招聘中加以去除，因而有利于节约将来的招聘成本。

2) 检验招聘工作的有效性

通过招聘评估中的录用员工数量评估，可以分析招聘数量是否满足原定的招聘要求，及时总结经验(当能满足时)和找出原因(当不能满足时)，从而有利于改进今后的招聘工作和为人力资源规划修订提供依据。

3) 检验招聘工作成果与方法的有效性程度

通过对录用员工质量评估，可以了解员工的工作绩效、行为、实际能力、工作潜力与招聘岗位要求之符合的程度，从而为改进招聘方法、实施员工培训和为绩效评估提供必要的、有用的信息。

4) 有利于提高招聘工作质量

通过招聘评估中对招聘信度和效度的评估，可以了解招聘过程中所使用的方法的正确性与有效性，从而不断积累招聘工作的经验与修正不足，提高招聘工作的质量。

7.1.2 招聘评估指标体系

衡量人力资源招聘工作的有效性，实质上就是要考察招聘目标的实现程度。社会人力资源流动频率加大，人才竞争日趋激烈，无论是组织还是劳动者都面临着更多的机遇，而组织的人力资源招聘工作则面临着更大的挑战，突出表现为对招聘工作成效的关切，亦即对人力资源招聘工作业绩的量化和价值化评价的需要。

以下将介绍三种主要的招聘评估指标体系，不管是哪种观点，都是围绕着成本效益、所录用的人员的数量与质量进行的评估。在实践中，这些都是可以采用的行之有效的评价指标体系。

1. 招聘评价指标体系

我们应该按照表 7-1 所示的招聘评价指标体系进行招聘工作的评估。

表 7-1　招聘评价指标体系[①]

指标类别	具体指标
一般评价指标	补充空缺的数量或百分比； 及时补充空缺的数量或百分比； 平均每位新员工的招聘成本； 业绩优良的新员工的数量或百分比； 留职至少一年以上的新员工的数量或百分比； 对新工作满意的新员工的数量或百分比
基于招聘者的评价指标	前来面试的人员数量的评价； 被面试者对面试质量的评价； 推介的候选人中被录用的比例； 推介的候选人中被录用而且业绩突出的员工的比例； 平均每次面试的成本
基于招聘方法的评价指标	引发合格申请的数量； 平均每个申请的成本； 从方法实施到接到申请的时间； 平均每个被录用的员工的招聘成本； 招聘的员工的质量(业绩、人员变动率、出勤等)

2. 招聘工作有效性评估指标体系

衡量人力资源招聘工作的有效性的具体内容包括以下四个方面。

1)　基于招聘结果来评价招聘工作的有效性

组织的运行需要一定的人力资源作为保证，而组织开展招聘工作正是因为职位有空缺或需要实现一定的资源更替。因此，衡量组织招聘工作成效的最直接体现就是空缺职位填补数量和及时性，新招聘员工与组织、职位的匹配度等。一般认为，通过招聘行为使得组织的空缺职位越少，空缺职位得到填补越及时，新招聘的员工与组织的职位、文化、制度越匹配，招聘工作就越有效。

2)　基于招聘成本来评价招聘的有效性

人力资源的招聘工作是组织的一种经济行为，必然要纳入组织的经济核算，这就要求组织应用价值工程的原理，即以最低的成本来满足组织的需求。招聘的成本包括在招聘过程中的招募、选拔、录用、安置以及员工的单位招聘成本等。因此，作为一种经济行为，招聘成本应该被列为评价行为有效性的主要内容。

3)　基于新员工的质量来评价招聘的有效性

在招聘过程中，组织对于应聘者只能是简单地接触和了解，加上信息不对称，组织只能简单地选取理论上最合适和最优秀的人员，然后通过员工进入组织后的专业技术能力、

[①] 张一驰. 人力资源管理教程[M]. 北京：北京大学出版社，1999.

组织协调能力、用人部门对员工的满意度等的分析来验证招聘工作是否有效。这也是当前组织衡量招聘有效性的主要手段。

4)　基于招聘渠道、方法来评价招聘的有效性

组织的招聘渠道和方法有很多，不同的渠道和方法在招聘工作中表现出来的效率是不同的。例如，不同的信息发布渠道、信息的覆盖面吸引的应聘者的人数和结构等都不相同。面试过程中的甄选方法不同，所产生的效度即对最佳申请人预测的准确程度也不同，具体见表 7-2。

表 7-2　招聘工作有效性评估指标体系[①]

指标类别	具体指标
基于招聘结果的评价指标	• 招聘的员工数量和空缺职位比； • 空缺职位填补的及时性； • 员工与组织制度的匹配度； • 员工与职位的匹配度； • 员工与组织文化的匹配度
基于招聘成本的评价指标	• 单个员工的招聘成本； • 招募成本； • 选拔成本； • 录用成本； • 安置成本
基于新员工质量的评价指标	• 员工的道德素质水平； • 员工的组织协调能力； • 员工的专业技术能力； • 员工解决问题和进行决策的能力； • 用人部门对员工表现的满意度； • 员工的流失率
基于招聘渠道、方法的评价指标	• 招聘渠道的效度； • 招聘方法的信度； • 面试方法与招聘结果的关联度； • 招聘周期和速度

扫描二维码，观看微课 37　效度与信度评估。

3. 企业招聘管理评价指标体系

基于"平衡计分卡"思想，将企业招聘管理的评价从四个维度进行分析，包括财务维度、用人部门维度、内部流程维度及学习与改进维度，如表 7-3 所示。

微课 37
效度与信度评估

---

① 朱军，童夏雨，旷开源. 招聘有效性研究[J]. 企业经济，2006：(7).

表 7-3　企业招聘管理评价指标体系及权重[①]

核　心	维　度	指　标
招聘管理	财务维度	• 单位招聘成本； • 招聘的投资效益
	用人部门维度	• 用人部门的满意度； • 新进员工的留职率； • 新员工质量
	内部流程维度	• 计划的完备性； • 方法的科学性； • 时间的投入； • 环境影响
	学习与改进维度	• 员工的满意度； • 员工的培训； • 内部沟通程度

7.1.3　招聘成本评估和招聘人员评估

1. 招聘成本评估的概念

在许多评估体系中，成本经常作为评估的重点。招聘成本的管理也在企业招聘管理中逐渐得到重视。招聘成本就是员工招聘工作中所花费的各项成本的总称，包括在招募和录取职工的过程中招募、选拔、录用、安置以及适应性培训的成本，也包括因招聘不慎使得员工离职给企业带来的损失，即离职成本，以及重新再组织招聘所花费的费用，即重置成本。

2. 招聘成本评估的作用

招聘成本评估是鉴定招聘效率的一个重要指标，如果成本低，录用人员质量高，就意味着招聘效率高；反之，则意味着招聘效率低。招聘作为一种经济行为，招聘成本应该被列为评价行为有效性的主要内容。

3. 招聘人员评估的概念和作用

录用人员评估是指根据招聘计划对录用人员的质量和数量进行评价的过程。

在大型招聘活动中，录用人员评估显得十分重要。如果录用人员不合格，那么招聘过程中所花的时间、精力和金钱就会付诸东流。从企业的角度分析，企业录用的新员工应当都是合格的员工，而招聘到适合要求的新员工，才能说是圆满地完成了招聘任务。

---

① 罗锡勇. 企业招聘管理评价体系研究[M]. 天津：天津大学出版社，2007. http://202.202.12.39/kns50/detail.aspx?QueryID= 13&CurRec=1.

通过衡量职位空缺是否得到满足、雇用率是否真正符合招聘计划的设计来判定招聘数量的评估情况，但对招聘质量的评估则是按照企业的长短期经营指标来分别确定的。在短期计划中，企业可根据求职人员的数量和实际雇用人数的比例来确定招聘的质量。在长期计划中，企业可根据所接收雇员的离职率来确定招聘质量。质量评估既有利于招聘方法的改进，又对员工培训、绩效评估提供了必要的信息。

7.1.4　招聘总结的概念和主要内容

1. 招聘总结的概念

　　招聘总结是招聘评估的最后一个步骤，是对招聘的实施、招聘工作的优缺点等仔细地进行回顾分析，撰写招聘总结报告的过程。招聘总结报告要作为一项重要的人力资源管理资料存档，为以后的招聘工作提供信息。

　　该阶段主要是通过撰写总结报告，来对招聘工作的全过程进行记录和经验总结，并对招聘活动的结果、经费支出等进行评定。虽然看似简单，但是评估总结报告是整个招聘及评估工作的书面体现，不能有丝毫马虎，要为下一次的成功招聘打好基础。

2. 招聘总结的主要内容

　　1)　招聘计划简述

　　招聘计划是在人力资源规划之后，实施招聘活动之前产生的，在这里只需说明招聘岗位名称、数量，招聘计划何时完成，人员何时能够到达，招聘工作由哪个部门负责实施，参加人员等。

　　2)　招聘进程和人员参与情况

　　招聘进程以时间表的形式描述招聘与录用的时间安排与落实情况。注意应写明时间节点与具体负责实施的人员。

　　3)　招聘结果

　　招聘结果记录每次通过测试的人员的数量和最终的录用决定。例如，应聘者 200 人，笔试者 100 人，面试者 50 人，录用 10 人，招聘完成率 100%。录用人员如期上岗。

　　4)　招聘经费

　　该部分内容介绍招聘费用的使用和支付的情况。例如：招聘预算总额是××××元人民币；实际费用总额××××元人民币，其中，具体费用××××元人民币、招聘广告费××××元人民币、参加招聘会费用××××元人民币、测试费用××××元人民币、体检费××××元人民币、入职培训费××元人民币、杂费××××元人民币。

　　5)　招聘评定

　　该部分实质上就是招聘综合评估的结果，既要指出其成功的经验，也要客观地指出招聘工作中存在的不足之处。招聘小结完成后，招聘负责人应该将其交给参与招聘活动的人员阅读和学习，使之全面了解已经完成的招聘活动，同时妥善保存，以供随时查阅。

　　例如，某公司的招聘评定。

　　其主要成绩：由于此次采用了科学的招聘测评技术，录用的员工与岗位需求匹配度高。同时，由于公平竞争，应聘者对公司评价较高，对树立良好的企业形象有一定的作用。

其主要不足：招聘广告的设计不够完善，吸引到的应聘者没有达到预期数量。招聘的总体费用超支 10%。招聘工作节奏很紧，人员工作量很大。

7.2　工作任务：招聘成本评估的业务操作

7.2.1　招聘总成本核算

招聘总成本的核算流程如图 7-1 所示。

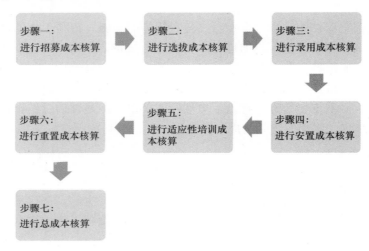

图 7-1　招聘总成本的核算流程

步骤一：进行招募成本核算。

招募成本是为了确定组织所需的人力资源的内外来源、发布组织对人力资源需求的信息、吸引所需的内外人力资源所发生的费用。其计算公式为

招募成本=直接劳务费+直接业务费+间接管理费+预付费用

(1)　直接业务费用：如招聘洽谈会议费、差旅费、代理费、广告费、宣传材料费、办公费、水电费等。

(2)　间接管理费用：如行政管理费、临时场地及设备使用费等。

招募成本既包括在企业内部或外部招募人员的费用，又包括吸引未来可能成为企业成员的人选的费用，如为吸引高校研究生与本科生所预先支付的委托代培费或向其发放的奖学金等。

招聘专员工资、福利、差旅费及其他管理费用等这部分发生在招聘者身上的费用也被称为内部成本。内部成本是企业进行招聘核算时最容易忽略的部分，而实际上它占有相当大的比重。在实际工作中有时只通过一次招聘流程并不能招聘到合适的人选，需要重复两三次，所以内部成本不容忽视。

步骤二：进行选拔成本核算。

选拔成本是指对应聘者进行鉴别选择，以便作出决定录用或不录用这些人员时所支付的费用。它包括组织对应聘者进行选拔、评价、考核等活动所发生的成本。

一般情况下，需要按照以下步骤和方式进行选拔成本核算：

分步骤一：初步口头面谈，进行人员甄选。

公式：

面试时间费用=$\sum$(每个人面试前准备时间+每人面试时间)×面试考官工资率×候选人员

分步骤二：填写申请表，并汇总候选人资料。

公式：

汇总申请资料费用=[印发每份申请表费用+(平均每人资料汇总时间×选拔者工资率)]×候选人数

分步骤三：进行各种书面和口头测试，评定成绩。

公式：

笔试费用=(平均每人的材料费+平均每人的评分成本)×参加笔试人数×笔试次数

分步骤四：进行各种调查和比较分析，提出评论意见。

公式：

心理测试评审费用=测试所需时间×管理者工资率×测试次数

分步骤五：根据候选人资料、考核成绩、调查分析评论意见，召开负责人会议讨论决策录用方案。

分步骤六：最后的口头面谈，与候选人讨论录用后职位、待遇等条件。

公式：

测试评审费用=测试所需时间×(人事部门人员工资率+各部门代表工资率)×次数

分步骤七：获取有关证明材料，通知候选人体检。

分步骤八：体检，在体检后通知候选人录取与否。

公式：

体检费=[(检查所需时间×检查者工资率)+检查所需器材费+药剂费]×检查人数

步骤三：进行录用成本核算。

录用成本是组织从应聘人员中甄选出合格者后，将其正式录用为组织的成员的过程中所发生的费用。录用成本的计算公式如下

录用成本=录取手续费+调动补偿费+搬迁费+旅途补助费等

这些费用一般都是直接费用。被录用者职位越高，录用成本也越高。从企业内部录用职工仅仅是工作调动，一般不会再发生录用成本。

步骤四：进行安置成本核算。

安置成本是为安置已录取职工到具体的工作岗位上时所发生的费用。安置成本的计算公式如下

安置成本=各种安置行政管理费用+必要的装备费+安置人员时间损失成本

被录用者职位的高低对安置成本的高低有一定的影响。

步骤五：进行适应性培训成本核算。

适应性培训成本是企业对上岗前的新员工在企业文化、规章制度、基本知识、基本技能等方面进行培训所发生的费用。适应性培训成本的计算公式如下

适应性培训成本=(负责指导工作者的平均工资率×培训引起的生产率降低率+
新职工的工资率×职工人数)×受训天数 +教育管理费+资料费用+
培训设备折旧费用

步骤六：进行重置成本核算。

① **分析员工的重置成本**　人力资源的重置成本是指目前重置人力资源应该付出的代价，包括为取得和开发一个替代者而发生的成本，也包括由于目前受雇的某一职工的流动而发生的成本，表现为离职补偿成本、离职前业绩差别成本和空职成本。具体来说，员工的离职成本可以分为直接成本和间接成本两部分，具体内容如表 7-4 所示。

表 7-4　员工的离职成本

离职成本	内　容	离职率高的原因
直接成本	由于处理离职带来的管理时间的额外支出； • 解聘费用； • 离职面谈的成本支出； • 临时性的加班补贴； • 策略性外包成本； • 应付的工资和福利	• 公司的管理制度上存在问题； • 公司录用了不合适的员工； • 公司在对员工的培训和管理方式上存在缺陷； • 公司的激励机制与员工的绩效脱节
间接成本	• 员工离职后留下来的员工生产力降低； • 替补人员学习过程中的低效成本； • 资产的潜在损失； • 顾客或公司交易的损失； • 员工士气降低； • 销售战斗力下降	

② **进行员工重置成本的计算**　员工的离职会产生员工的重置，所以首先要计算员工的离职率，离职率的计算公式为

离职率=一定时期内离职事件的数量÷平均劳动力数量×100%

而离职率会带来重置成本的费用变化，主要按照表 7-5 的内容进行核算。

表 7-5　重置成本核算内容及其公式

核算项目		核算内容及其公式
1.直接离职	(1) 离 职 前的面谈费用	①面谈者的时间费用=(面谈前的准备时间+面谈所需的时间)×面谈者的工资率×计划期间的离职人数 ②离职员工的时间费用=面谈所需的时间×离职员工的加权平均工资率×计划期间的离职人数
1.直接离职		(2)与离职有关的管理活动费用=人力资源部对每一离职事件的管理活动所需的时间×人力资源部员工的平均工资率×计划期间的离职人数 (3)离职金=每位离职者的离职金×离职人数 (4)增加的失业税=(实际失业税率-基本税率)×(起征工资×工资不低于起征工资的员工人数+工资低于起征工资的员工的加权平均工资×工资低于起征工资的员工人数)+实际失业税率×起征工资或工资低于起征工资的员工的加权平均工资×计划期间的离职人数

续表

核算项目	核算内容及其公式
2.新员工补充费用	(1)职位空缺通告费用=［每个员工离职后的广告费和就业代理费+(通告职位空缺所需要的时间+人力资源部门员工的工资率)］+计划期间的离职人数
	(2)雇用前的管理活动费用=人力资源部门从事就业前的管理活动所需的时间×人力资源部员工的平均工资率×计划期间的工作申请人人数
	(3)录用面试费用=一次面试所需要的时间×面试者的工资率×计划期间的面试次数
	(4)考试费用=(平均每人的材料费+平均每人的评分成本)×参加考试人数×考试次数
	(5)集体评审费用=每次评审会议所需时间×(人事部门人员的工资率+各部门代表的工资率)×计划期间的开会次数
	(6)车旅费和迁移费=每位申请人的平均车旅费×申请人人数+每位新员工的平均迁移费×新员工人数
	(7)雇用后的情况收集和报告费用=每位新员工情况的收集和报告所需要的时间×人力资源部门员工的平均工资率×计划期间进行补充的离职人数
	(8)新员工医疗检查费用=(公司内部医疗机构检查一位员工所需要的时间×检查者的工资率+检查一位员工所使用的器材药剂费)×计划期间的离职人数+在公共医疗机构的人均检查费用×计划期间的离职人数
3.新员工培训费用	(1)工作情况介绍文献费用=文献单位成本×计划期间替补员工的人数
	(2)正式培训中的指导和培训费用=每次培训的时间×培训者的平均工资率×培训次数×替补员工的培训成本与总培训成本之比+每位受训者平均工资率+计划期间培训的总替补人数×培训时间
	(3)指派员工进行指导或训练费用=指导所需要的工时数×(有经验员工的平均工资率×培训引起的生产率降低率+新员工工资率×计划期间的指导人数)

步骤七：进行总成本核算。

总成本的计算公式如下

总成本=招募成本+选拔成本+录用成本+安置成本+适应性培训成本+重置成本

7.2.2　单位招聘成本核算

前面介绍了招聘总成本的核算方法，单位成本的计算可以由总成本除以招聘的总人数进行简单计算。

但有时我们会遇到一些问题，例如，用一则广告招聘一个职位时，很明显这项广告费用就直接用到了这位新员工的身上。然而，这种情况非常少见，通常是很多个职位合在一起做广告。有时候对不定数目的应聘者计算的是总的广告费，如一则广告欲招聘出纳、会计师和高级会计师，另一则广告只招聘计算机程序设计员，两者都没有注明具体要招聘多少人，而都是希望能吸引较多的求职者。程序设计员的广告费可以简单地按照最后实际雇佣的人数来平均分配,而招聘出纳、会计师和高级会计师的广告费分配则难以确定。

具体核算流程如图 7-2 所示。

图 7-2　单位招聘成本的核算流程

步骤一: 确定影响招聘成本核算模式的人力资源指标。

应用比较广泛的指标主要有以下几种,需要根据企业实际情况进行确定。

(1) 该职位的平均流动率:招聘重复率估算。

(2) 该职位的招聘工作人员:数量、难度考察。

(3) 该职位的未来年薪:招聘难度和渠道考察。

(4) 该职位的平均接受率:招聘有效性考察。

(5) 该职位的平均填补期间:招聘效率和及时性考察。

(6) 该职位的安置成本:复杂性考察。(由异地招聘或员工派遣异地工作而发生的补偿费用,如搬家费、置家费、探亲费、交通补贴等。)

步骤二: 进行标准人工成本的计算。

分步骤一:确定某项工作的成本。

模仿会计当中核算制造成本的方法,我们可以先确定一个员工从事某项工作时平均一小时的成本,并把它作为这项工作的标准费用。

例如,一位从事招聘工作的人员的小时标准费用可以用下面方法计算:工资(小时工资率)为 20 元,津贴 8 元,场地、设备、资料费用 15 元。那么,招聘人员每小时的标准费用就是 43 元。

分步骤二:确定平均小时数。

有了各种人员的标准费用之后,下面的工作就是计算一个职员花在某一特定工作上的平均小时数。

例如,一位从事招聘工作的招聘人员在每一项招聘上平均花费 3 小时,那么一个招聘部门的工作人员直接花费在每一次招聘工作中的时间标准费用就是 129 元。同样的方法可用于技术人员、生产人员和其他任何人员。

分步骤三:进行单位招聘成本核算。

其计算公式为

$$单位招聘成本=某项工作的成本÷平均小时数$$

7.2.3　成本效用评估

成本效用评估是对招聘成本所产生的效果进行分析。成本效用越大,表示招聘的效果越好,而最能体现招聘效果的就是总成本效用。

计算方法如下。

总成本效用=录用人数招聘÷总成本=招募成本效用+选拔成本效用+人员录用效用

招募成本效用=应聘人数÷招募期间的费用(招募成本)

选拔成本效用=被选中人数÷选拔期间的费用(选拔成本)

人员录用效用=正式录用的人数÷录用期间的费用(录用成本)

扫描二维码，观看微课 38　招聘成本评估。

微课 38
招聘成本评估

7.3　工作任务：录用人员和招聘人员评估的业务操作

7.3.1　录用人员数量评估

录用人员数量评估是对招聘工作有效性检验的一个重要方面。判断招聘数量最简易的方法就是看职位空缺是否得到满足，雇用率是否真正符合招聘计划的设计。通过数量评估，分析在数量上满足或不满足需求的原因，有利于找出各招聘环节中的薄弱之处，改进招聘工作；同时，通过录用人员数量与招聘计划数量的比较，为人力资源规划的修订提供依据。

具体评估流程如图 7-3 所示。

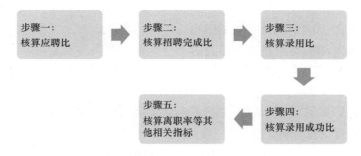

图 7-3　录用人员数量评估流程

步骤一：核算应聘比。

应聘比说明员工招聘的挑选余地和信息发布状况。

应聘比=应聘人数÷计划招聘人数×100%

若应聘比等于或者大于 100%，则说明在数量上全面或超额完成了招聘计划。若应聘比较大，说明招聘信息的发布效果好，组织挑选的余地也就大，同时说明录用人员可能素质较高；反之，则该比值越小，说明组织招聘信息发布不当或无效，组织的挑选余地也就越小。一般来说，应聘比应在 200%以上，招聘越重要的岗位，该比值就应当越大，这样才能保证录用者的质量。

步骤二：核算招聘完成比。

招聘完成比说明员工招聘计划的完成情况。

招聘完成比=录用人数÷计划招聘人数×100%

如果该值等于或大于 100%，就说明在数量上全面或超额完成了招聘计划。比值越小，说明招聘员工数量越少。

步骤三： 核算录用比。

录用比反映录用人员的挑选余地。

$$录用比=录用人数÷应聘人数×100\%$$

步骤四： 核算录用成功比。

$$录用成功比=录用成功人数÷录用人数×100\%$$

该值越大，则说明录用人员的质量越高，组织用于招聘的时间、精力与金钱获得了理想的回报；反之，则说明录用人员的质量越低，组织在招聘过程中所消耗的人力、物力、财力很多都被浪费了。

步骤五： 核算离职率等其他相关指标。

这类指标从另一个角度反映了招聘的有效性，而且还为组织对未来的人力资源需求预测提供了分析依据。员工离职率越大，则企业吸引保留人才的能力越低。

除了运用录用比和应聘比这两个数据来反映录用人员的质量外，还可以根据招聘的要求或工作分析中的要求对录用人员进行等级排列来确定其质量。

7.3.2 录用人员质量评估

录用人员质量的评估是对员工的工作绩效行为、实际能力、工作潜力的评估，它是对招聘的工作成果与方法的有效性进行检验的另一个重要方面，也是对录用人员在人员选拔过程中对其能力、潜力、素质等进行的各种测试与考核的延续，其方法与绩效考核方法相似。

可以根据招聘的要求或工作分析中的要求对录用人员进行等级排列来确定其质量，也可以用下面公式进行定量分析。

$$QH=(PR+HP+HR)÷N$$

式中，QH 为被聘用的新员工的质量，它的数值只是一个参考值，并不能完全反映新员工的质量；PR 为工作绩效百分比，如以 100 为满分，该员工的绩效分值为 85，则 PR 为 85%；HP 为新聘员工在一年内晋升的人数占所有当期新员工的比例，如 20%；HR 为一年后还留在企业工作的员工占原招聘的新员工的数量的百分比，如 75%；N 为指标的个数。

若按以上指标假设数字计算，新聘用员工的质量就是 60%。

7.3.3 招聘人员工作评估

对招聘人员的评价，既是对当前招聘管理能力的评价，也是促进企业招聘管理优化的一个重要途径。对招聘人员的评估实际上也就是在评估招聘工作。具体的分析流程如图 7-4 所示。

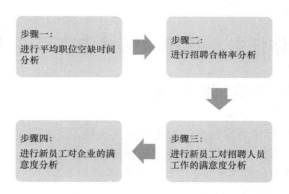

图 7-4　招聘人员工作评估流程

步骤一： 进行平均职位空缺时间分析。

该指标反映的是平均每个职位空缺多长时间才有新员工补缺到位，能够反映招聘人员的工作效率，计算公式如下

平均职位空缺时间=职位空缺总时间÷补充职位数

平均职位空缺时间越短(如低于行业平均水平)，说明招聘效率越高，否则，说明招聘效率越低。当然，不能孤立地分析该指标，还应该结合招聘合格率、录用人员的质量等指标综合分析。

步骤二： 进行招聘合格率分析。

招聘合格率=合格招聘人数÷总招聘人数

如果平均职位空缺时间是从量的角度来评价招聘人员的工作，招聘合格率就是从质的角度进行评价。这里的合格招聘人数是指顺利通过岗位适应性培训、试用期考核合格最终转正的员工。招聘合格率高，说明录用人员对企业的适合度高。

步骤三： 进行新员工对招聘人员工作的满意度分析。

$$新员工对招聘人员工作满意的百分比 = \frac{满意度高的新员工数量}{新员工总数} \times 100\%$$

新员工对招聘人员工作进行满意度评价，"满意"与"比较满意"的比例高，说明新员工对招聘人员工作的认可度高，这在一定程度上反映了招聘人员的工作情况。

步骤四： 进行新员工对企业的满意度分析。

新员工对企业满意的百分比=满意度高的新员工数量÷新员工总数×100%

满意度高的新员工数量是指企业在进行新员工满意度调查时，对企业总体"满意"与"比较满意"的新员工数量。该比例在一定程度上反映了新员工对企业的认可程度，它在很大程度上影响新员工的工作士气与工作绩效。该比例高(如高于老员工)，说明新员工的需求、动机、价值观等与企业文化和企业价值观的吻合度高。

微课 39　录用人员评估

扫描二维码，观看微课 39　录用人员评估。

7.4 工作任务：招聘总结报告撰写的业务操作

7.4.1 招聘总结报告撰写的原则

招聘总结报告的撰写应由招聘工作的主要负责人执笔，报告应该真实、客观地反映招聘计划、招聘进程、招聘结果、招聘经费、招聘评估等重要内容，不掩盖其缺点和不足，不夸大其成绩。撰写原则如图7-5所示。对取得的成绩和不足之处作出客观的评价，有利于以后招聘工作的开展和招聘效率的进一步提高。

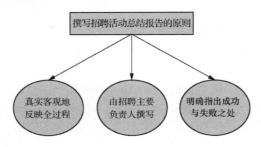

图7-5 招聘总结报告撰写的原则

7.4.2 针对竞争对手的招聘总结的内容

搜集竞争对手的情报是指搜集公司的直接竞争对手的有价值情报计划、工作方法及人员资料。竞争对手的情报能使我们在下一次招聘活动开展之前，进行人才招聘时更好地抗衡竞争对手。针对竞争对手的情况总结通常包含以下几方面。

(1) 最优秀的求职者为什么向竞争对手申请工作，而不愿意向我们申请？

(2) 求职者为什么查询竞争对手的公司网站？

(3) 若求职者不来我们公司求职，他们会转向哪家公司？我们公司与该公司之间的薪水差额是多少？

(4) 我们公司在招聘中最终取胜的因素是什么？

(5) 哪些因素促使求职者最终选择竞争对手提供的职位？

(6) 影响我们公司招聘工作的不良因素是什么？

(7) 在竞争对手的广告、网站及其他招聘方式中，哪一项对求职者的影响最大？

7.4.3 撰写招聘总结报告

通过对招聘成本、招聘人员的评估，依据招聘总结撰写原则，即可以完成招聘总结报告的撰写。如图7-6所示是一份招聘总结报告的示例。

招聘总结报告

一、公司概况

公司是以经营家具、建材为主的大型连锁超市，员工的流动率较高，加上公司业务的不断拓展，使公司对人员的需求量较大。

二、招聘计划

根据公司目前的发展状况，并经门店店长批准，公司决定在 8 月 20 日前招聘如下人员：管理人员 60 人(其中储备干部 40 人)、专业技术人员 30 人、骨干人员 5 人、基层员工 20 人。

对于管理人员，主要考察应聘人员的综合素质和学历，其中有两个硬性的条件：一是学历要求在本科以上，二是年龄在 35 岁以下，目的是保证公司的管理层在知识结构、思维方式、学习能力等方面具备良好的潜能和发展空间，成为公司高层队伍的蓄水池。

对于专业人员，主要考察应聘者的经验和操作技能。零售行业企业在经营过程中，会有一些专业化的问题，如商品的陈列、库存的管理等。零售行业企业应招聘一定数量的专业人员，以促进营运部门专业化。

对于骨干人员要大力进行培养和储备。骨干人员招聘主要采用内部招聘的方法，如采取在职培训、分布职位公告等方式进行。

对于基层员工的学历要求不高，招聘者应主要考察应聘人员个人道德品质、工作态度、工作责任等方面。

三、招聘渠道的选择(见表 1)

表 1　招聘渠道的选择

招聘人员的类型	招聘渠道
管理人员(储备干部)	网络招聘、报纸杂志(校园招聘)
专业人员	招聘会、网络招聘
骨干人员	内部招聘
基层员工	招聘会

四、招聘进程安排

人力资源部对此次招聘工作的计划安排如表 2 所示。

表 2　招聘工作的计划安排

时间	工作项目	具体工作内容
6 月 15 日—6 月 18 日	拟订人员需求计划	1.明确招聘人员的总数量。 2.对招聘人员的要求：学历、身高、性别、经验等
6 月 19 日—6 月 26 日	招聘准备	1.招聘广告、公司宣传资料的制作。 2.招聘小组人员的确定及各自的分工。 3.招聘工作流程的制定。 4.面试、笔试题目的编制及考评标准的制定。 5.招聘时间和地点的确定。 6.应变措施方案的制定

图 7-6　招聘总结报告

6月27日—7月3日	发布招聘信息	1.在相应的人才招聘网站上发布公司的招聘信息。 2.参加人才招聘会。 3.在公司内部发布职位公告。 (注：由于校园招聘时间的特殊性，公司已于5月中旬提前完成了校园招聘工作。)
7月10日—7月13日	筛选简历	1.从应聘者的简历(600份)中，初步挑选出190份简历，其中，应聘管理人员的80份、专业人员的60份、骨干人员的20份、基层员工的30份。 2.通知面试
7月14日—7月21日	面试	1.采用集体面试的方式，对应聘管理人员的80名应聘者进行初试，其中3人因工作原因没来参加面试。 2.采用集体面试的方式，对应聘专业人员的60名应聘者进行初试。 3.由公司中高层领导面试骨干人员
7月22日—7月29日	复试	1.经过第一轮面试，对经初步考察合格的应聘管理人员和应聘专业人员的应聘者进行复试。 2.对骨干人员的复试，由所需用人部门的经理实施
7月30日—8月6日	作出录用决策	1.招聘小组对应聘者两轮的考核给予最后的评定并确定人选。 2.骨干人员的人选根据应聘者的表现，最终由部门经理拟订并报门店店长批准确定
8月8日—8月10日	电话通知被录用者	告知被录用者到公司报到的时间、应聘的职位等具体事项
8月12日—8月15日	新员工入职事宜的安排	在被录用的管理人员中，有两名因与公司未达成一致的协议而没来报到

五、招聘成本

1.招聘费用的最初预算如表3所示。

表3　招聘费用预算一览表

工作项目	费用支出/元
材料制作费	200
网络广告招聘	400
参展费	600
办公费用	100
人工成本	3 000
合计	4 300

2.实际费用：4700元，主要是由于在人工成本开销上增加了400元。

图7-6　招聘总结报告(续)

六、招聘评估

在需招聘人员的总体数量方面，需招聘 115 名员工，实际招聘 113 人。

招聘计划完成比率=113÷115×100%≈98.26%。

录用比率=113÷187×100%≈60.43%。

员工应聘比率=600÷115×100%≈59.74%。

七、招聘的总结

(一)招聘的成功之处

1.招聘工作准备充分

如在校园招聘过程中，安排了公司高层领导精彩的宣讲辅助以 PPT 的形式，工作人员耐心、细致地回答了同学们的提问，准备了充足的公司宣传资料等。

2.招聘面试流程的科学制定

招聘工作的每个步骤都分工明确，招聘工作小组成员也尽职工作，配合良好，整个招聘工作基本顺利地得以完成。

3.招聘计划的有力执行

基本上按照招聘计划完成了人员招募工作，为公司的发展提供了人员的保障。

(二)招聘的不足之处

(1)人员招聘的完成率完成欠佳，原因是时间安排紧张。

(2)招聘预算费用超支。

图 7-6 招聘总结报告(续)

 案例分析与讨论

案例 1：招聘工作效果评估报告

一、招聘活动概述

2019 年 5 月 1 日起人力资源部开展了一系列招聘活动，现就此期招聘活动作出汇总分析。此次招聘活动计划招聘 48 岗 127 人(生产部工人由原来的计划招聘 100 人改为 80 人)，主要招聘对象为技术、管理人员及流水线工人。人力资源部门分别在前程无忧招聘网上海页面、上海体育馆新发现人才交流会、公司公示板进行了三次招聘活动，总计应聘人数 2 420人，其中通过网络应聘人员 1 940 人，通过人才市场及公司公示板提交简历人员 480 人。经各部门招聘负责人甄选后确定技术、管理初试人员×人，工人初试人员××余人。经复试、笔试甄选最终录用××人，其中，技术、管理人员×人，工人××人。

此期招聘活动所产生的费用(直接费用)共计 5 955 元人民币，其中前程无忧网络招聘信息发布费为 2 400 元人民币，上海体育馆新发现人才交流会展位费为 2 800 元人民币，布展费 755 元人民币。

二、数据统计

1. 招聘成本评估

总费用(直接费用)A 元人民币，总录用人员 B 人。

2. 录用人员平均费用

$$平均费用比=总费用÷实际录用人员数×100\%$$

3. 招聘完成比率

$$招聘完成比率=录用人数÷计划招聘人数×100\%$$

4. 员工录用率

$$录用比=录用人数÷应聘人数×100\%$$

该指标越小，说明录用者素质越高。

5. 应聘者比率

$$应聘比=应聘人数÷计划招聘人数×100\%$$

该指标反映招聘信息的发布效果。

三、数据分析

(1) 成本分析：此期招聘活动共花费人民币 5 955 元，实际录用人员 94 人，平均每人花费 63.4 元人民币。

(2) 录用人员分析：通过以上录用人员评估中的三组数据我们可以分析出如下三点。

① 此期招聘活动基本满足各部门的人员需求。在数量上达到计划招聘数量的 74%，各部门急需人员基本到岗，部分非紧急岗位尚未甄选到合适的人选，在今后的招聘活动中将视这些岗位的轻重缓急程度陆续招聘到岗。

② 此期招聘活动公司筛选余地较大。此期招聘工作中共计 2 420 人应聘，为各部门的筛选工作提供了很大的空间，从而保证了此批录用人员的质量。

③ 此期招聘活动信息发布面较广。通过应聘者比率除了可以看出此期员工招聘的挑选余地很大外，还可以看出此期招聘信息发布渠道很广、很有效，应聘者数量较多。

四、总结、改进意见

此期招聘活动自 5 月 1 日始至 5 月 29 日终，历时 29 天，进行了三次大型面试活动，通过现场招聘会应聘人数与每天通过网络应聘人员数量比较可以看出，本季度参加现场招聘会的应聘人员与 3 月相比急剧下降，3 月招聘活动中每次现场招聘会均能收到约 1 000 份应聘简历，而本期现场招聘会中仅收到 250 余份简历，并且人员质量较 3 月应聘人员有较大下降。相对于现场招聘会，网络招聘活动凸显了其信息发布面的广度。此次通过网络应聘人员共计 1 940 人，是现场招聘会的 7.76 倍，人员素质与现场招聘会相比较也更高。

另外，工人的招收情况较好，招聘信息发布之后一个工作日内便有 200 余人应聘。相对三四月应聘人员数量有一定减少。

思考与练习

1. 请对以上《招聘工作效果评估报告》进行分析，并补充还有哪些需要改进的地方。

2. 请针对本期招聘活动的不足之处，提出改进意见。

案例2：撰写招聘评估报告

中国博雅实业成立于 2005 年，坐落于众多企业集聚的重庆市渝北区产业园，是一家大型日化研发生产销售的制造型企业，其主要产品有洗发用品、护发用品、护肤用品、化妆品、家居护理用品、个人清洁用品等。经过多年的积累，企业形成了较为专业的研发团队和高效的生产和销售团队。目前，博雅实业正全力推进制造业升级、服务业转型和全球化发展，秉承"员工满意、顾客满意、股东满意"的企业宗旨，恪守"责任、坚韧、创新"的精神理念，致力于为消费者创造舒适、清爽的生活，成为全球值得尊重和信赖的企业。2019年公司根据业务发展需要，面向全国进行招聘。

首先根据公司年度人力资源规划和招聘需求分析制订了招聘计划，主要内容包括以下几方面。

(1) 招聘总人数200人，分公司总经理5人，各省区负责人21人，高级技术人员40人，储备干部134人。拟选择的招聘渠道有猎头公司(招聘预算30万元)、校园招聘(招聘预算50万元)、大型招聘会(招聘预算15万元)。

(2) 招聘时间从2019年5月5日至8日。在招聘过程中实际花费费用如下：校园招聘广告费2.5万元，支付猎头公司费用50万元，招聘会广告费8 000元，校园招聘差旅费14万元，学生笔试、面试、测试等费用共花费18万元，学生体检、背景调查、入职等共花费10万元，为新招聘学生准备办公资料等共花费12万元；与猎头公司谈判共花费直接和间接费用3万元，参与猎头公司组织的人员测试共花费6万元，为分公司总经理准备办公场所和办公资料共花费17万元；参加大型招聘会共花费16万元，通过大型招聘会收集简历4 500份，初步筛选花费3万元，笔试、面试和测试共计花费25万元，录用程序共花费5万元。

最终录用上岗人数为分公司总经理5人，各省区负责人20人，高级技术人员35人，储备干部130人。分公司总经理入职报到时间为2019年10月10日，各省区负责人入职报到时间为2019年9月10日，高级技术人员入职报到时间为2019年9月10日，储备干部统一入职时间为2019年7月1日。

(资料来源：互联网综合收集、整理及加工。)

请根据上述材料，为本次招聘作详细评估，并编写评估报告。

思考与练习

1. 招聘评估的概念是什么？有哪些作用？
2. 招聘评估体系有哪些？各个指标体系的内容分别是什么？
3. 招聘成本评估的概念和作用分别是什么？招聘人员评估的概念和作用分别是什么？
4. 招聘总结的概念和招聘总结的主要内容分别是什么？
5. 如何进行招聘总成本的核算？
6. 如何进行单位招聘成本的核算？
7. 如何进行成本效用评估？
8. 如何进行录用人员和招聘人员的评估？
9. 招聘总结报告撰写的原则有哪些？

■ 拓展阅读

招聘成本难下降，HR 启用云招聘

刘丽(化名)是平安新渠道招聘团队的一员，作为平安集团下属的一级子公司，主要负责保险产品、银行理财类和信用卡产品等新的销售渠道的开拓与创新，其中电话销售岗位人才是招聘量最大的一个职位。

根据她向记者提供的资料，平均每月接收简历约 10 000 份，平均每月招聘约 2 000 人。但整个招聘团队只有十几个人，招聘量大、任务繁重、职位类别单一是让刘丽及她的同事最头疼的事情。

此外，刘丽的工作还包括经常被应聘者的来电咨询"骚扰"、人工整理工作绩效成果分析及人才追踪，在她看来，都是一些琐碎繁复的人工活。怎么才能让如此繁杂的工作变得简单？

1. 云招聘的机会

去年，平安新渠道瞄准了基于 SaaS 理念的云计算，引入了 WinTalent 招聘管理系统，利用该系统可根据企业实际招聘需求，量身打造一个人性化的招聘管理系统。

目前，平安新渠道的招聘团队已改变了各自的工作方式。该招聘管理系统将招聘渠道分为五大类：校园、网络、内部推荐、中介、机构。每个渠道下面又进一步细分，形成了渠道结构树及相应的五大招聘门户前台，并由不同的招聘专员进行渠道管理。而在系统操作中，仅需在发布职位的时候进行关联勾选，就可将职位发布到需要的招聘渠道上。同时，系统每天将收到的近 700 份来自五大招聘渠道的各种格式的简历进行整合解析，并按照统一格式存放，从而替代了原先的手工录入，大大地提高了招聘团队的效率。

最让刘丽开心的是，简历筛选不再需要通过人工，只需输入关键字段作为筛选条件，系统将自动操作完成筛选工作。每天上班后刘丽只要一打开系统就能看到经过筛选的初步符合要求的简历。

负责 WinTalent 招聘管理平台开发的大易科技 CEO 申刚正甚至开玩笑地说，光把不符合要求的简历剔除，就能让招聘团队不需要再加班加点地进行人工排查，原先需要晚上八点半下班，现可提早到正常五点半下班。

从技术的角度讲，云招聘就是基于云计算的招聘管理平台，这种招聘管理平台必须是以系统租赁的方式为用户提供服务。"云招聘就是要把招聘系统当成一种商品在互联网上以租赁的模式给客户提供。"申刚正指出，这种招聘管理平台可根据企业招聘需求的变化快速、便捷、动态地配置服务器、网络以及应用资源。

"简单地说，就是从简历筛选、面试、体检、报到等直到最后的培训和入职，都可以利用系统，实现招聘工作全信息化操作。"申刚正说。

据他预计，通过云计算模式的招聘管理平台能将简历筛选效率提高七成，与候选人进行事务性沟通的时间减少一半，对候选人身份、学历的验证时间缩短九成，简历资源利用率提高 80%。

2. 成本压力下的选择

云招聘的适时出现与全球经济扑朔迷离、企业成本压力凸显不无关系。

科锐国际总裁兼首席执行官郭鑫告诉记者，在当前情况下，企业更加注重如何通过流程和结构优化的方式降低运营成本。一方面企业希望以较低的招聘成本获取优质人才，另一方面企业不能忍受人才到岗后高流动率和高离职率，这都对人才招聘工作的高效、精准提出了更高要求。

　　"过去人力资源最大的挑战相对单一，唯一的挑战就是招不到人，往往会动用所有的招聘渠道招人。而现在不但要招到人，还要面临成本压力。"郭鑫强调。

　　在郭鑫看来，解决招聘效率提高、招聘成本降低、招聘流程优化的难题在于选择外部资源，随需应变的云招聘平台会是未来的趋势。然而，也有不少人认为这种基于云计算的招聘平台并不会在短时间内对任何企业"通吃"。

　　一家小型企业的招聘主管就告诉记者，此类的大型招聘管理平台可能更适合一些对招聘人才有大量需求的大型企业。据他介绍，他所在企业规模并不大，现共有100余名员工，每年的招聘总量在20名左右。据他透露，这套系统每年的费用不菲，根据企业的实际需求接入付费，一年的支出也在几万元到几十万元之间，这对中小企业而言是一笔不小的开销。

■ 推荐阅读

1. 英埃登博洛，李峥. 招聘、选拔和绩效的评估方法[M]. 北京：中国轻工业出版社，2011.

2. 谌新民. 员工招聘成本收益分析[M]. 广州：广东经济出版社，2005.

参 考 文 献

[1]   万玺. 招聘管理[M]. 2 版. 北京：科学出版社，2016.

[2]   李中斌，等. 招聘管理[M]. 北京：中国社会科学出版社，2008.

[3]   董福荣，赵云昌. 招聘与录用[M]. 大连：东北财经大学出版社，2006.

[4]   赵耀. 组织中的招聘管理[M]. 北京：中国劳动社会保障出版社，2005.

[5]   李中斌，等. 人力资源管理[M]. 北京：中国社会科学出版社，2006.

[6]   边文霞. 员工招聘实务[M]. 北京：机械工业出版社，2008.

[7]   蔡岳德. 试析招聘渠道及其效果[J]. 商场现代化，2008(2)：305-306.

[8]   陈飞. 大数据时代信息经济发展趋势及对策建议[J]. 宏观经济管理，2014(3)：61-63.

[9]   陈绍辉，等. 人员招聘的准备、实施与评估[M]. 长春：吉林人民出版社，2006.

[10] 徐二明，等. 中国人民大学工商管理/MBA 案例：人力资源开发与管理卷[M]. 北京：中国人民大学出
      版社，1999.

[11] 赵永乐，等. 招聘与面试[M]. 上海：上海交通大学出版社，2006.

[12] 张颖昆. 招聘管理入门[M]. 广州：广东经济出版社，2006.

[13] 孙宗虎，等. 招聘与录用管理实务手册[M]. 北京：人民邮电出版社，2007.

[14] 崔蕾. 做个轻松面试官：金员工招聘技巧及测试题库[M]. 北京：机械工业出版社，2006.

[15] 王丽娟. 员工招聘与配置[M]. 2 版. 上海：复旦大学出版社，2016.

[16] 赵永乐，等. 人员招聘面试技术[M]. 上海：上海交通大学出版社，2001.

[17] 吴国存. 人力资源开发与管理概论[M]. 天津：南开大学出版社，2001.

[18] 张德. 人力资源开发与管理[M]. 3 版. 北京：清华大学出版社，2007.

[19] 萧鸣政. 人员测评与选拔[M]. 上海：复旦大学出版社，2007.

[20] 姚裕群. 人力资源开发与管理[M]. 北京：中国人民大学出版社，2003.

[21] 赵曙明. 人力资源管理与开发[M]. 北京：北京师范大学出版社，2008.

[22] 闫凤芝. 员工任用[M]. 北京：中国发展出版社，2006.

[23] 秦志华. 人力资源管理[M]. 2 版. 北京：中国人民大学出版社，2006.

[24] 何非，等. 破解企业人才测评中的 10 大难题[M]. 北京：机械工业出版社，2006.

[25] 郑晓明. 人力资源管理导论[M]. 北京：机械工业出版社，2005.

[26] 倪宁，等. 人才选聘[M]. 北京：经济管理出版社，2004.

[27] 董福荣，等. 招聘与录用[M]. 大连：东北财经大学出版社，2006.

[28] 廖泉文. 招聘与录用[M]. 3 版. 北京：中国人民大学出版社，2015.

[29] 刘追. 人员招聘与配置[M]. 北京：中国电力出版社，2014.

[30] 姚裕群. 招聘与配置[M]. 2 版. 大连：东北财经大学出版社，2016.

[31] 刘俊敏. 我的第一本招聘面试实战指南[M]. 北京：人民邮电出版社，2016.

[32] 孔凡柱，等. 员工招聘与录用[M]. 北京：机械工业出版社，2018.

[33] 高秀娟. 人员招聘与配置[M]. 2 版. 北京：中国人民大学出版社，2016.

[34] 宋艳红. 员工招聘与配置[M]. 北京：北京理工大学出版社，2014.

[35] 李丽娟，等. 员工招聘与录用实务[M]. 北京：中国人民大学出版社，2015.

[36] 史珍珍，等. 中国情境下雇主网络招聘模式及其问题分析[J]. 中国人民大学劳动人事学院，2016：(2)，53-57.